Schriftenreihe

Schriften zum Handels- und Gesellschaftsrecht

Band 218

ISSN 1860-8868

Verlag Dr. Kovač

VERLAG DR. KOVAČ GMBH
FACHVERLAG FÜR WISSENSCHAFTLICHE LITERATUR

Leverkusenstr. 13 · 22761 Hamburg · Tel. 040 - 39 88 80-0 · Fax 040 - 39 88 80-55

E-Mail info@verlagdrkovac.de · Internet www.verlagdrkovac.de

Bibliografische Information der Deutschen Nationalbibliothek
Die Deutsche Nationalbibliothek verzeichnet diese Publikation
in der Deutschen Nationalbibliografie;
detaillierte bibliografische Daten sind im Internet
über http://dnb.d-nb.de abrufbar.

ISSN: 1860-8868
ISBN: 978-3-339-10036-8

Zugl.: Dissertation, Universität Bayreuth, 2017

© VERLAG DR. KOVAČ GmbH, Hamburg 2018

Printed in Germany
Alle Rechte vorbehalten. Nachdruck, fotomechanische Wiedergabe, Aufnahme in Online-Dienste und Internet sowie Vervielfältigung auf Datenträgern wie CD-ROM etc. nur nach schriftlicher Zustimmung des Verlages.

Gedruckt auf holz-, chlor- und säurefreiem, alterungsbeständigem Papier. Archivbeständig nach ANSI 3948 und ISO 9706.

Kai Hawemann

Umwandlungskollisionsrecht

Regelungsvorschläge für geschriebene Umwandlungskollisionsnormen

Verlag Dr. Kovač

Hamburg
2018

Dekan:	Prof. Dr. Martin Leschke
Erstberichterstatter:	Prof. Dr. Jessica Schmidt, LL.M. (Nottingham)
Zweitberichterstatter:	Prof. Dr. Michael Grünberger, LL.M. (NYU)
Tag der mündlichen Prüfung:	18.10.2017

Umwandlungskollisionsrecht

Regelungsvorschläge für geschriebene Umwandlungskollisionsnormen

Dissertation
zur Erlangung des Grades eines Doktors der Rechte
der Rechts- und Wirtschaftswissenschaftlichen Fakultät
der Universität Bayreuth

vorgelegt
von
Kai Hawemann
aus Halle/Saale

Vorwort

Die vorliegende Arbeit wurde im Sommersemester 2017 von der Rechts- und Wirtschaftswissenschaftlichen Fakultät der Universität Bayreuth als Dissertation angenommen. Sie geht zurück auf meine Tätigkeit als wissenschaftlicher Assistent am dortigen Lehrstuhl von Herrn Prof. Dr. Lutz Michalski. Für die Veröffentlichung wurde die Arbeit auf den Stand von Ende 2017 gebracht.

Meinem Doktorvater Herrn Prof. Dr. Lutz Michalski danke ich posthum für die Gelegenheit zur Tätigkeit an seinem Lehrstuhl, die ich als überaus gewinnbringend in Erinnerung behalten habe. Für die Übernahme der Betreuung und die zügige Erstellung der Gutachten danke ich Frau Prof. Dr. Jessica Schmidt, LL.M. und Herrn Prof. Dr. Michael Grünberger, LL.M. Meinen Kollegen, Herrn Dr. Lars Peetz und Herrn Florian Lebkücher, danke ich für die stets gute Zusammenarbeit am Lehrstuhl.

Zu guter Letzt danke ich meinen Eltern, ohne die diese Arbeit nicht möglich gewesen wäre.

Berlin, im Januar 2018   Kai Hawemann

Inhaltsübersicht

Inhaltsverzeichnis IX

Abkürzungsverzeichnis XVII

§ 1 Einleitung 1

Erster Teil: Grundlagen 7

§ 2 Grundlagen der Anwendung von Kollisionsnormen 7

§ 3 Die Qualifikation der Umwandlung 12

§ 4 Die Bestimmung des Personalstatuts 33

§ 5 Präzisierung der kollisionsrechtlichen Problematik
von Umwandlungen 43

Zweiter Teil: Die Bestimmung des Umwandlungsstatuts nach geltendem Recht 47

§ 6 Gesetzliche Regelungen 48

§ 7 Theorien zur Bestimmung des Umwandlungsstatuts 59

Dritter Teil: Regelungsentwürfe betreffend das Umwandlungskollisionsrecht 79

§ 8 Entwurf einer Sitzverlegungsrichtlinie 80

§ 9 Referentenentwurf zum Internationalen Gesellschaftsrecht 87

§ 10 Vorschlag des Deutschen Rates für IPR für die Neugestaltung des Internationalen Gesellschaftsrechts 92

§ 11 Rechtsvergleichender Exkurs: Die Regelungen betreffend grenzüberschreitende Umstrukturierungen im schweizerischen IPRG 104

Vierter Teil: Eigener Vorschlag zur Abfassung geschriebener Umwandlungskollisionsnormen **109**

§ 12 Maßstäbe der Bestimmung des anzuwendenden Rechts 110

§ 13 Das Statut der grenzüberschreitenden Verschmelzung 132

§ 14 Das Statut der grenzüberschreitenden Spaltung und Vermögensübertragung 162

§ 15 Das Statut des grenzüberschreitenden Formwechsels 168

Fünfter Teil: Zusammenfassung und Ausblick **187**

Literaturverzeichnis 195

Inhaltsverzeichnis

Abkürzungsverzeichnis XVII

§ 1 Einleitung 1
    I. Überblick 1
    II. Gegenstand der Arbeit und Vorgehensweise 5

Erster Teil: Grundlagen 7

§ 2 Grundlagen der Anwendung von Kollisionsnormen 7
    I. Trennung von Kollisionsrecht und materiellem Recht 7
        1. Trennung von Kollisionsrecht und materiellem Recht im Allgemeinen 7
        2. Die Umwandlung zwischen Kollisionsrecht und materiellem Recht 8
    II. Die Anwendung von Kollisionsnormen im Allgemeinen 9
    III. Auslandsberührung als Anwendungsvoraussetzung des IPR? 10

§ 3 Die Qualifikation der Umwandlung 12
    I. Die Umwandlung als Gegenstand der Anknüpfung 12
        1. Verschmelzung 13
        2. Spaltung 13
            a) Aufspaltung 14
            b) Abspaltung 14
            c) Ausgliederung 15
        3. Vermögensübertragung 15

| | | 4. Formwechsel .... 16 |
| | | 5. Zusammenfassung .... 17 |

    II. Die gesellschaftsrechtliche Qualifikation als Grundsatz 18

    III. Besonderheiten des umwandlungsrechtlichen Vermögensübergangs 19

        1. Gesellschaftsrechtliche Qualifikation 19

        2. Mögliche Konflikte mit dem Einzelstatut 20

        3. Lösungswege 21

    IV. Rechtsverhältnisse gegenüber Arbeitnehmern 22

    V. Die Anwendbarkeit des Art. 11 Abs. 1 EGBGB auf Formfragen 24

        1. Meinungsstand 24

        2. Bewertung 25

        3. Lösungsvorschlag 27

            a) Der Tatbestand des Formerfordernisses 27

            b) Die Anwendbarkeit des Art. 11 Abs. 1 EGBGB auf das Gesellschafts- und im Speziellen auf das Umwandlungsrecht 29

    VI. Zusammenfassung 31

§ 4 Die Bestimmung des Personalstatuts 33

    I. Sitztheorie 33

    II. Gründungstheorie 34

    III. Partieller Übergang zur Gründungstheorie im Anwendungsbereich der Niederlassungsfreiheit und von Staatsverträgen 36

    IV. Partieller Übergang zur Gründungstheorie aufgrund der §§ 4a GmbHG, 5 AktG? 37

        1. Rein sachrechtliche Regelungen 38

        2. Versteckte Kollisionsnormen 38

        3. Stellungnahme 39

V. Stellungnahme ... 39

§ 5 Präzisierung der kollisionsrechtlichen Problematik
von Umwandlungen ... 43
    I. Verschmelzung, Spaltung, Vermögensübertragung ... 43
    II. Formwechsel ... 44

Zweiter Teil: Die Bestimmung des Umwandlungsstatuts nach geltendem Recht ... 47

§ 6 Gesetzliche Regelungen ... 48
    I. § 1 Abs. 1 UmwG als (versteckte) Kollisionsnorm? ... 48
        1. Sachnormqualität ... 48
        2. Kollisionsnormqualität ... 50
        3. Stellungnahme ... 51
            a) Wortlaut ... 51
            b) Normsystematik und Telos ... 52
            c) Gesetzgeberischer Wille ... 54
    II. Kollisionsrechtliche Bedeutung der §§ 122a ff. UmwG ... 55
        1. Kollisionsnormqualität ... 55
         2. Sachnormqualität ... 56
    III. Zusammenfassung ... 58

§ 7 Theorien zur Bestimmung des Umwandlungsstatuts ... 59
    I. Übertragungstheorie ... 59
        1. Die Übertragungstheorie im Allgemeinen ... 59
        2. Die Übertragungstheorie in der Rechtsprechung um 1900 ... 60
        3. Die Anwendung der Übertragungstheorie durch den österreichischen OGH ... 62
            a) Inhalt der Entscheidung ... 62

XI

		b) Kritik im Schrifttum 64
		c) Stellungnahme 65
	II.	Aufnahmetheorie 68
	III.	Vereinigungstheorie 69
	IV.	Modifizierungen der Vereinigungstheorie 73
		1. Der Ansatz von *Prüm* 73
		2. Der Ansatz von *Lennerz* 74
	V.	Zusammenfassung 76

Dritter Teil: Regelungsentwürfe betreffend das Umwandlungskollisionsrecht 79

§ 8 Entwurf einer Sitzverlegungsrichtlinie 80

    I. Ziel und Inhalt des Vorschlags 80

    II. Rechtsnatur der Sitzverlegung 82

        1. Materiellrechtlicher Rechtsformwechsel 82

        2. Kollisionsrechtlicher Statutenwechsel 82

    III. Bewertung des Regelungskonzepts im Allgemeinen 83

    IV. Anknüpfung des Rechtsformwechsels im Einzelnen 84

    V. Zusammenfassung 86

§ 9 Referentenentwurf zum Internationalen Gesellschaftsrecht 87

    I. Kodifizierung der Gründungstheorie 87

    II. Art. 10a EGBGB-RefE als allgemeine Regelung grenzüberschreitender Umwandlungen 88

    III. Art. 10b EGBGB-RefE als Sonderregelung für den grenzüberschreitenden Formwechsel 89

    IV. Bewertung 89

    V. Zusammenfassung 91

§ 10 Vorschlag des Deutschen Rates für IPR für die Neugestaltung des Internationalen Gesellschaftsrechts 92

    I. Regelung der Verschmelzung, Spaltung und Vermögensübertragung 92

        1. Inhalt des Vorschlags 92

        2. Bewertung 94

    II. Regelung des Wechsels des anwendbaren Rechts 95

        1. Inhalt des Vorschlags 96

        2. Zugrundeliegende Erwägungen 97

        3. Bewertung 98

            a) Beschränkung auf EU/EWR-Sachverhalte 98

            b) Kumulation der Rechtsordnungen 99

    III. Zusammenfassung 102

§ 11 Rechtsvergleichender Exkurs: Die Regelungen betreffend grenzüberschreitende Umstrukturierungen im schweizerischen IPRG 104

    I. Inhalt der Regelungen 104

    II. Schlussfolgerungen 106

Vierter Teil: Eigener Vorschlag zur Abfassung geschriebener Umwandlungskollisionsnormen 109

§ 12 Maßstäbe der Bestimmung des anzuwendenden Rechts 110

    I. Vorgaben aufgrund höherrangigen Rechts 110

        1. Niederlassungsfreiheit 110

            a) Vorgaben für das allgemeine Internationale Gesellschaftsrecht 110

            b) Vorgaben für das Umwandlungskollisionsrecht 114

        2. Art. 118 ff. GesRRL (Art. 1 ff. CBMD) 120

		a)	Inhalt der Richtlinie	120

	a)	Inhalt der Richtlinie	120
	b)	Schlussfolgerungen	121
	c)	Bisherige Umsetzung	123
3.	Zusammenfassung		124

II. Rechtstheoretische Grundlagen der Bestimmung des anzuwendenden Rechts 125

    1. Übergeordnete Ansätze 126

        a) Bestimmung vom Sachverhalt her 126

        b) Bestimmung vom Gesetz her 127

    2. Kriterien zur Bestimmung des anzuwendenden Rechts (Anknüpfungsmaximen) 128

        a) Formale Maximen 128

        b) Materiale Maximen 129

III. Konsequenzen für das weitere Vorgehen 129

§ 13 Das Statut der grenzüberschreitenden Verschmelzung 132

    I. Übertragungstheorie 132

    II. Aufnahmetheorie 134

    III. Vereinigungstheorie 135

        1. Grundsätzliche Vorzüge der Kumulation 135

        2. Mögliche Erscheinungsformen der Kumulation 136

        3. Kumulation der Rechtsordnungen im Einzelnen 137

            a) Existenz des Rechtsinstituts der Verschmelzung 138

            b) Aktive und passive Verschmelzungsfähigkeit 139

            c) Verschmelzungsbericht 140

                (1) Maßgeblichkeit des Statuts des jeweiligen Rechtsträgers 140

                (2) Zusätzliche Maßgeblichkeit des jeweils anderen Statuts? 141

		(3)	Zusammenfassung	142
	d)	Verschmelzungsvertrag		143
		(1)	Inhalt	143
		(2)	Form	143
	e)	Verschmelzungsbeschluss		144
	f)	Gläubigerschutz		145
	g)	Arbeitnehmerschutz		146
	h)	Wirksamwerden der Verschmelzung		148
	i)	Vermögensübertragung		152
	j)	Zusammenfassung zur Einzeluntersuchung		154
IV.	Abweichungen aufgrund der Art. 118 ff. GesRRL (Art. 1 ff. CBMD)			156
V.	Vorschlag für eine geschriebene Kollisionsnorm			158
	1.	Normtext		158
	2.	Erläuterung		159

§ 14 Das Statut der grenzüberschreitenden Spaltung und Vermögensübertragung ... 162

    I. Spaltung ... 162

        1. Parallelen zur Verschmelzung ... 162

        2. Bezugnahme auf die Regelung zur Verschmelzung ... 162

            a) Erforderlichkeit einzelner Abweichungen? ... 163

            b) Zwischenergebnis ... 164

            c) Wirksamwerden der Spaltung ... 164

    II. Vermögensübertragung ... 166

    III. Vorschlag für eine geschriebene Kollisionsnorm ... 167

§ 15 Das Statut des grenzüberschreitenden Formwechsels ... 168

    I. Allgemeine Überlegungen zum Statutenwechsel ... 169

II. Übertragungstheorie 171
  III. Aufnahmetheorie 172
  IV. Vereinigungstheorie 174
    1. Grundsätzliche Vorzüge der Kumulation 174
    2. Kumulation der Rechtsordnungen im Einzelnen 175
      a) Existenz des Rechtsinstituts 175
      b) Aktive und passive Umwandlungsfähigkeit 176
      c) Umwandlungsbericht 177
      d) Umwandlungsbeschluss 178
        (1) Inhalt 178
        (2) Verfahren 179
        (3) Form 179
      e) Gläubigerschutz 180
      f) Arbeitnehmerschutz 181
      g) Anzuwendende Gründungsvorschriften 182
      h) Wirksamwerden des Formwechsels 182
      i) Zusammenfassung zur Einzeluntersuchung 183
  V. Vorschlag für eine geschriebene Kollisionsnorm 184
    1. Normtext 184
    2. Erläuterung 185

Fünfter Teil: Zusammenfassung und Ausblick 187

  I. Zusammenfassung 187
  II. Ausblick 193

Literaturverzeichnis 195

Abkürzungsverzeichnis

Aufl.	Auflage
a.A.	andere Ansicht
ABlEG	Amtsblatt der Europäischen Gemeinschaften
ABlEU	Amtsblatt der Europäischen Union
Abs.	Absatz
ADHGB	Allgemeines Deutsches Handelsgesetzbuch
a.E.	am Ende
AEUV	Vertrag über die Arbeitsweise der Europäischen Union
a.F.	alte Fassung
AG	Aktiengesellschaft/Die Aktiengesellschaft (Zeitschrift)
AktG	Aktiengesetz
Alt.	Alternative
Anm.	Anmerkung
Art.	Artikel
AS	Amtliche Sammlung des Bundesrechts (Schweiz)
BayObLG	Bayerisches Oberstes Landesgericht
BB	Betriebs-Berater (Zeitschrift)
BBl.	Bundesblatt (Schweiz)
Bd.	Band
BegrRegE	Begründung Regierungsentwurf
BetrVG	Betriebsverfassungsgesetz
BGB	Bürgerliches Gesetzbuch
BGBl.	Bundesgesetzblatt
BGBl. (A)	Bundesgesetzblatt (Österreich)
BGH	Bundesgerichtshof
BR-Drs.	Drucksachen des Bundesrates
BT-Drs.	Drucksachen des Bundestages
bzw.	beziehungsweise

CBMD	Cross Border Merger Directive (RL 2005/56/EG des Europäischen Parlaments und des Rates vom 26. Oktober 2005 über die Verschmelzung von Kapitalgesellschaften aus verschiedenen Mitgliedstaaten, AB1EU v. 25.11.2005, L 310/1)
DB	Der Betrieb (Zeitschrift)
d.h.	das heißt
DStR	Deutsches Steuerrecht (Zeitschrift)
DZWIR	Deutsche Zeitschrift für Wirtschaftsrecht
EG	Vertrag zur Gründung der Europäischen Gemeinschaft
EGBGB	Einführungsgesetz zum Bürgerlichen Gesetzbuche
EGBGB-E	Entwurf des Deutschen Rates für IPR für die Neugestaltung des Internationalen Gesellschaftsrechts auf nationaler Ebene (EGBGB)
EGBGB-RefE	Referentenentwurf Gesetz zum Internationalen Privatrecht der Gesellschaften, Vereine und juristischen Personen
Einl.	Einleitung
EU	Europäische Union
EuGH	Gerichtshof der Europäischen Union
EuZW	Europäische Zeitschrift für Wirtschaftsrecht
EVÜ	Übereinkommen von Rom über das auf vertragliche Schuldverhältnisse anzuwendende Recht
EWR	Europäischer Wirtschaftsraum
EWiR	Entscheidungen zum Wirtschaftsrecht (Zeitschrift)
EWS	Europäisches Wirtschafts- und Steuerrecht (Zeitschrift)
f./ff.	folgende
Fn.	Fußnote
FS	Festschrift
FusG	Bundesgesetz über Fusion, Spaltung, Umwandlung und Vermögensübertragung (Fusionsgesetz) (Schweiz)
gem.	gemäß

GesRRL	Gesellschaftsrechts-Richtlinie (RL (EU) 2017/1132 des Europäischen Parlaments und des Rates vom 14. Juni 2017 über bestimmte Aspekte des Gesellschaftsrechts, ABlEU v. 30.06.2017, L 169/46)
GesRZ	Der Gesellschafter (Zeitschrift)
GG	Grundgesetz
ggf.	gegebenenfalls
GmbH	Gesellschaft mit beschränkter Haftung
GmbHG	Gesetz betreffend die Gesellschaften mit beschränkter Haftung
GmbHR	GmbH-Rundschau (Zeitschrift)
GPR	Zeitschrift für das Privatrecht der Europäischen Union
GWR	Gesellschafts- und Wirtschaftsrecht (Zeitschrift)
HRegV	Handelsregisterverordnung (Schweiz)
Hrsg.	Herausgeber
hrsg.	herausgegeben
Hs.	Halbsatz
idF	in der Fassung
IGR	Internationales Gesellschaftsrecht
IPR	Internationales Privatrecht
IPRax	Praxis des internationalen Privat- und Verfahrensrechts (Zeitschrift)
IPRG	Bundesgesetz über das Internationale Privatrecht (Schweiz)
IStR	Internationales Steuerrecht (Zeitschrift)
iVm	in Verbindung mit
JW	Juristische Wochenschrift
JZ	Juristenzeitung
KG	Kammergericht
KGJ	Jahrbuch für Entscheidungen des Kammergerichts
LG	Landgericht
lit.	litera (Buchstabe)
Ltd.	Limited Company

MgVG	Gesetz über die Mitbestimmung der Arbeitnehmer bei einer grenzüberschreitenden Verschmelzung
MitBestG	Gesetz über die Mitbestimmung der Arbeitnehmer
MittRhNotK	Mitteilungen der Rheinischen Notarkammer
MoMiG	Gesetz zur Modernisierung des GmbH-Rechts und zur Bekämpfung von Missbräuchen
mwN	mit weiteren Nachweisen
mWv	mit Wirkung vom
NJW	Neue Juristische Wochenschrift
Nr.	Nummer
NZA	Neue Zeitschrift für Arbeitsrecht
NZG	Neue Zeitschrift für Gesellschaftsrecht
o.g.	oben genannt(e)/(n)
OGAW	Organismus für gemeinsame Anlagen in Wertpapieren
OGH	Oberster Gerichtshof (Österreich)
öAktG	Aktiengesetz (Österreich)
öGmbHG	GmbH-Gesetz (Österreich)
öHGB	Handelsgesetzbuch (Österreich)
öIPRG	Bundesgesetz über das internationale Privatrecht (Österreich)
OLG	Oberlandesgericht
öUmwG	Bundesgesetz über die Umwandlung von Handelsgesellschaften (Österreich)
RG	Reichsgericht
RGBl.	Reichsgesetzblatt
RIW	Recht der Internationalen Wirtschaft (Zeitschrift)
RL	Richtlinie
Rn.	Randnummer
RNotZ	Rheinische Notar-Zeitschrift
Rom I-VO	Verordnung (EG) Nr. 593/2008 des Europäischen Parlaments und des Rates vom 17. Juni 2008 über das auf vertragliche Schuldverhältnisse anzuwendende Recht (Rom I)
Rs.	Rechtssache(n)

Rspr.	Rechtsprechung
S.	Satz / Seite
S.A.	Société anonyme
SCE	Societas Cooperativa Europaea
SE	Societas Europaea
Slg.	Sammlung der Rechtsprechung des Gerichtshofes
sog.	sogenannte(r)
S.r.l.	Società a responsabilità limitata
st. Rspr.	ständige Rechtsprechung
sublit.	sublitera (Unterbuchstabe)
Tz.	Textziffer
UGB	Bundesgesetz über besondere zivilrechtliche Vorschriften für Unternehmen – Unternehmensgesetzbuch (Österreich)
UmwBerG	Gesetz zur Bereinigung des Umwandlungsrechts
UmwG	Umwandlungsgesetz
v.	von/vom
VAG	Versicherungsaufsichtsgesetz
VVaG	Versicherungsverein auf Gegenseitigkeit
VO	Verordnung
VO-E	Entwurf des Deutschen Rates für IPR für die Neugestaltung des Internationalen Gesellschaftsrechts auf europäischer Ebene (Verordnung)
WM	Wertpapier-Mitteilungen (Zeitschrift)
z.B.	zum Beispiel
ZfRV	Zeitschrift für Europarecht, internationales Privatrecht und Rechtsvergleichung
ZHR	Zeitschrift für das Gesamte Handelsrecht und Wirtschaftsrecht
ZGB	Zivilgesetzbuch (Schweiz)

ZGR	Zeitschrift für Unternehmens- und Gesellschaftsrecht
ZIP	Zeitschrift für Wirtschaftsrecht
ZRP	Zeitschrift für Rechtspolitik
ZSchR NF	Zeitschrift für Schweizerisches Recht, Neue Folge
ZVglRWiss	Zeitschrift für Vergleichende Rechtswissenschaft

§ 1 Einleitung

I. Überblick

Der Vertrag über die Arbeitsweise der Europäischen Union (AEUV)[1] statuiert in Art. 26 die Schaffung eines europäischen Binnenmarktes als Raum ohne Binnengrenzen, in dem der freie Verkehr von Waren, Personen, Dienstleistungen und Kapital gemäß den Bestimmungen der Verträge gewährleistet ist. Den in den Mitgliedstaaten niedergelassenen Unternehmen kommt bei der Realisierung dieses Binnenmarktes eine grundlegende Rolle zu[2]. Insoweit ist in den vergangenen Jahren die Mobilität von Unternehmen zunehmend in den Blick geraten[3]. Einen wesentlichen Teilaspekt dieser Mobilität bilden Unternehmensumwandlungen über nationale Grenzen hinweg[4].
Mittels der 2001 geschaffenen supranationalen Rechtsform der SE ist es Unternehmen erstmals ausdrücklich ermöglicht worden, sich grenzüberschreitend durch Verschmelzung neu zu strukturieren[5]; entsprechende Regelungen findet sich auch in dem 2003 verabschiedeten Statut der Europäischen Genossenschaft (SCE)[6].
Ein wichtiger Meilenstein im Bereich grenzüberschreitender Umwandlungen nationaler Gesellschaften wurde im Oktober 2005 mit der Cross Border Merger

---

[1] Vertrag über die Arbeitsweise der Europäischen Union, ABlEU Nr. C 115 vom 9.5.2008, S. 47.
[2] *Von Bismarck*, Grenzüberschreitende Sitzverlegung von Kapitalgesellschaften in Europa, 2005, S. 21.
[3] Vgl. nur die mittlerweile umfangreiche Judikatur des EuGH zu Reichweite und Grenzen der europäischen Niederlassungsfreiheit von *Daily Mail* (EuGH v. 27.9.1988, *Daily Mail*, Rs. C-81/87, Slg. 1988 05483, ECLI:EU:C:1988:456) bis *KA Finanz* (EuGH v. 7.4.2016, *KA Finanz*, Rs. C-483/14, ECLI:EU:C:2016:205). Ausführlich zu dieser Rspr. unten § 12 I. 1.
[4] Vgl. empirisch *Bayer*, Grenzüberschreitende Mobilität europäischer und nationaler Rechtsformen – aktuelle Entwicklungen und Perspektiven, in: Bergmann u.a., 10 Jahre SE, S. 230, 238.
[5] Art. 2 Abs. 1, 17 ff. der VO (EG) Nr. 2157/2001 des Rates vom 8. Oktober 2001 über das Statut der Europäischen Gesellschaft (SE), ABlEG v. 10.11.2001, L 294/1.
[6] Art. 2 Abs. 1, 19 ff. der VO (EG) Nr. 1435/2003 des Rates vom 22. Juli 2003 über das Statut der Europäischen Genossenschaft (SCE), ABlEU v. 18.8.2003, L 207/1.

Directive (CBMD)[7] geschaffen, durch welche das mitgliedstaatliche Umwandlungsrecht in Betreff der Verschmelzung von Kapitalgesellschaften aus verschiedenen Mitgliedstaaten harmonisiert wurde[8].

Noch vor Ende der Umsetzungsfrist (Dezember 2007) erfuhren grenzüberschreitende Verschmelzungen eine weitere Stärkung, indem der EuGH in der Rs. *SEVIC* Ende 2005 entschied, dass grenzüberschreitende Verschmelzungen – wie andere Gesellschaftsumwandlungen auch – den Zusammenarbeits- und Umgestaltungsbedürfnissen von Gesellschaften mit Sitz in verschiedenen Mitgliedstaaten entsprächen; sie stellten besondere, für das reibungslose Funktionieren des Binnenmarktes wichtige Modalitäten der Ausübung der Niederlassungsfreiheit[9] dar und gehörten damit zu den wirtschaftlichen Tätigkeiten, hinsichtlich deren die Mitgliedstaaten die Niederlassungsfreiheit zu beachten haben[10].

In der Bundesrepublik wurde die CBMD durch Einfügung eines Zehnten Abschnitts im Zweiten Teil des Zweiten Buches des UmwG[11] (§§ 122a ff. UmwG) umgesetzt[12]. Die grenzüberschreitende Verschmelzung von Kapitalgesellschaften aus verschiedenen Mitgliedstaaten ist damit diejenige Umwandlungsart betreffend nationale Gesellschaften, hinsichtlich welcher in der Europäischen Union bereits ein detaillierter Rechtsrahmen besteht.

Wenige Jahre später bekam eine weitere Variante grenzüberschreitender Umwandlungen durch den EuGH Rückenwind. So führte der EuGH in seiner Entscheidung *Cartesio* Ende 2008 aus, dass die „Verlegung" einer Gesellschaft unter Änderung des anwendbaren Rechts von einem in einen anderen Mitglieds-

---

[7] RL 2005/56/EG des Europäischen Parlaments und des Rates vom 26. Oktober 2005 über die Verschmelzung von Kapitalgesellschaften aus verschiedenen Mitgliedstaaten, AB-lEU v. 25.11.2005, L 310/1. Die Richtlinie wurde mittlerweile gemeinsam mit fünf weiteren gesellschaftsrechtlichen Richtlinien ohne inhaltliche Neuregelung in einer Gesellschaftsrechts-Richtlinie (GesRRL, dort Art. 118 ff.) konsolidiert (RL (EU) 2017/1132 des Europäischen Parlaments und des Rates vom 14. Juni 2017 über bestimmte Aspekte des Gesellschaftsrechts, ABlEU v. 30.06.2017, L 169/46).
[8] Zu grenzüberschreitenden Verschmelzungen von Organismen für gemeinsame Anlagen in Wertpapieren (OGAW), welche gemäß Art. 120 Abs. 3 GesRRL (Art. 3 Abs. 3 CBMD) von deren Anwendungsbereich ausgenommen sind, vgl. Art. 37 ff. der RL 2009/65/EG des Europäischen Parlaments und des Rates vom 13. Juli 2009 zur Koordinierung der Rechts- und Verwaltungsvorschriften betreffend bestimmte Organismen für gemeinsame Anlagen in Wertpapieren (OGAW), ABlEU v. 17.11.2009, L 302/32.
[9] Art. 49, 54 AEUV (ex-Art. 43, 48 EG).
[10] EuGH v. 13.12.2005, *SEVIC Systems*, Rs. C-411/03, Slg. 2005 I-10805, E-CLI:EU:C:2005:762 Tz. 19.
[11] Umwandlungsgesetz (UmwG) v. 28.10.1994, BGBl. I, 3210.
[12] Zweites Gesetz zur Änderung des Umwandlungsgesetzes v. 19.4.2007, BGBl. I, 542.

staat – der Sache nach ein grenzüberschreitender Formwechsel[13] – grundsätzlich von der Niederlassungsfreiheit erfasst ist[14].

Dies konkretisierend entschied der EuGH im Jahr 2012 in der Rs. *VALE*, dass die Mitgliedstaaten einen grenzüberschreitenden Formwechsel nicht generell unterbinden dürfen; die Niederlassungsfreiheit sei dahingehend auszulegen, dass sie nationalen Regelungen entgegenstehe, die zwar für inländische Gesellschaften die Möglichkeit einer Umwandlung vorsehen, die Umwandlung einer dem Recht eines anderen Mitgliedstaates unterliegenden Gesellschaft in eine inländische Gesellschaft mittels Gründung der letztgenannten Gesellschaft aber generell nicht zulassen[15].

In seiner Entscheidung *Polbud* stellte der EuGH im Jahr 2017 weitergehend fest, dass die Niederlassungsfreiheit den Anspruch einer nach dem Recht eines Mitgliedstaates gegründeten Gesellschaft auf Umwandlung in eine dem Recht eines anderen Mitgliedstaates unterliegende Gesellschaft umfasse, sofern die hierzu erforderlichen Voraussetzungen dieses anderen Mitgliedstaates eingehalten werden und die Gesellschaft das für die Verbundenheit mit diesem Mitgliedstaat erforderliche Anknüpfungsmoment aufweist[16]. Bemerkenswert ist, dass der EuGH in dieser Entscheidung die Niederlassungsfreiheit grundsätzlich bereits im Falle einer isolierten Satzungssitzverlegung ohne gleichzeitige Verlegung des Verwaltungssitzes in das Hoheitsgebiet des Zuzugsstaates für einschlägig hält; es sei ausdrücklich für sich genommen nicht rechtsmissbräuchlich, wenn der Formwechsel nur dazu dient, in den Genuss günstigerer Rechtsvorschriften zu gelangen[17]. Es darf angenommen werden, dass der EuGH hierdurch den Wettbewerb unter den europäischen Rechtsformen neu angefacht und der künftigen grenzüberschreitenden Mobilität mitgliedstaatlicher Gesellschaften Vorschub geleistet hat[18].

---

[13] *Bayer/J. Schmidt* BB 2010, 387, 391.
[14] EuGH v. 16.12.2008, *Cartesio*, Rs. C-210/06, Slg. 2008, I-09641, ECLI:EU:C:2008:723 Tz. 110 ff. Näher dazu unten § 12 I. 1. a), b).
[15] EuGH v. 12.7.2012, *VALE Építési*, Rs. C-378/10, ECLI:EU:C:2012:440 Tz. 41.
[16] EuGH v. 25.10.2017, *Polbud*, Rs. C-106/16, ECLI:EU:C:2017:804 Tz. 33, 44.
[17] EuGH v. 25.10.2017, *Polbud*, Rs. C-106/16, ECLI:EU:C:2017:804 Tz. 39 f., 62. Den Mitgliedstaaten bleibt jedoch eine Missbrauchskontrolle im Einzelfall vorbehalten.
[18] *Nenwtig* GWR 2017, 432; *Wachter* NZG 2017, 1308. Eingehend zu der Entscheidung *Bayer/J.Schmidt* ZIP 2017 (zustimmend), 2225; *Feldhaus* BB 2017, 2819; *Stelmaszczyk* EuZW 2017, 890 (ablehnend).

Grenzüberschreitende Umwandlungen haben nach alledem in den vergangenen Jahren seitens des europäischen Primär- und Sekundärrechts einen Schub bekommen. Abgesehen von in den Anwendungsbereich der Art. 118 ff. GesRRL (Art. 1 ff. CBMD) fallenden Verschmelzungen[19] fehlt es jedoch an konkreten Regelwerken, welche abseits der Gründung einer SE oder SCE die Durchführbarkeit grenzüberschreitender Umwandlungen nationaler Gesellschaften rechtssicher gewährleisten. Allein die durch die EuGH-Rechtsprechung gegebene Gewissheit, dass Umwandlungen grundsätzlich in den Anwendungsbereich der Niederlassungsfreiheit fallen[20], wird Unternehmen im Zweifel nicht veranlassen, bei im Übrigen gegebenen Regelungslücken im materiellen Recht eine grenzüberschreitende Umwandlung tatsächlich durchzuführen und auf diese Weise von der Niederlassungsfreiheit Gebrauch zu machen[21]. Erst umfassende konkrete Regelungen zu grenzüberschreitenden Umwandlungen, sei es auf nationaler oder europäischer Ebene, würden daher den erforderlichen rechtlichen Rahmen schaffen[22].

Eine wesentliche Rolle kommt insoweit dem Internationalen Privatrecht zu. Zwar können grenzüberschreitende Umwandlungen im Ergebnis nur durch das materielle Umwandlungsrecht gewährleistet werden. In grenzüberschreitenden Fällen liegt jedoch auf der Hand, dass zunächst bestimmt werden muss, welche Rechtsordnung bzw. Rechtsordnungen auf einen konkreten Umwandlungsvorgang anzuwenden ist/sind. Dies ist Aufgabe des Umwandlungskollisionsrechts als Teilmaterie des Internationalen Privatrechts. Die Bestimmung des Umwand-

---

[19] Nicht erfasst sind Verschmelzungen unter Beteiligung von Personengesellschaften und im Verhältnis zu Drittstaaten.

[20] Vgl. hierzu auch unten § 12 I. 1. b).

[21] *Frobenius* DStR 2009, 487, 491; *Herrler/Schneider* DStR 2009, 2433, 2439; *Knop* DZWIR 2009, 147, 152; *Lutter/Bayer/J. Schmidt*, EuropUR, 6. Aufl. 2018, 7.94 (zum Formwechsel); *Otte/Rietschel* GmbHR 2009, 983, 988; *J. Schmidt*, Cross-border mergers and divisions, transfers of seat: Is there a need to legislate?, study upon request of the JURI committee of the European Parliament, Juni 2016, PE 559.960, S. 11 (Verschmelzung), 12 (Spaltung), 14 (Formwechsel).

[22] Zu einzelnen aus der Praxis bekannten Fällen von grenzüberschreitenden Verschmelzungen vor Umsetzung der CBMD R*ixen/Böttcher* GmbHR 1993, 572 (Verschmelzung einer französischen Aktiengesellschaft auf eine deutsche GmbH); *Dorr/Stukenborg* DB 2003, 647 (Verschmelzung einer italienischen S. r. l. auf ihre deutsche Muttergesellschaft und Verschmelzung von zwei Schwestergesellschaften einer französischen S. A. auf eine deutsche GmbH). Aus jüngerer Zeit zur Durchführung eines grenzüberschreitenden Formwechsels durch analoge Anwendung der §§ 190 ff. UmwG infolge der Rechtsprechung des EuGH in der Rs. *VALE* (dazu unten § 12 I. 1. b)) OLG Nürnberg NZG 2014, 349, KG NJW-RR 2016, 1007 sowie OLG Düsseldorf NZG 2017, 1354.

lungsstatuts erweist sich dabei als diffizil. Dies hat seinen Grund zum einen darin, dass eine Umwandlung als Gegenstand der internationalprivatrechtlichen Anknüpfung kein simples, einaktiges Geschehen ist, sondern ein viele Voraussetzungen und Verfahrensschritte umfassender Vorgang[23]. Zum anderen besteht die Besonderheit, dass aufgrund der Beteiligung mehrerer Rechtsträger[24] bzw. Rechtsformen[25] nicht ohne weiteres eine einzelne Rechtsordnung bestimmt werden kann, die für den Vorgang maßgebend sein muss. Vielmehr sind in grenzüberschreitenden Fällen zweifellos mehrere Rechtsordnungen betroffen, sodass es bereits auf der kollisionsrechtlichen Ebene einer Koordinierung dieser Rechtsordnungen bedarf.

II. Gegenstand der Arbeit und Vorgehensweise

Die vorliegende Arbeit soll einen Beitrag zur Schaffung eines geschriebenen Umwandlungskollisionsrechts leisten. Die Untersuchung beschränkt sich hierbei auf Vorschläge zur Schaffung nationaler Regelungen. Perspektivisch erscheint im Interesse der Rechtsvereinheitlichung freilich eine unionsrechtliche Regelung sinnvoll. Angesichts des ungleich schwierigeren politischen Prozesses auf der Unionsebene und der nach wie vor bestehenden Regelungslücken im materiellen Umwandlungsrecht des Unionsrechts[26] erscheint es gleichwohl zweckmäßig, zunächst Regelungen im nationalen Rahmen zu erarbeiten. Die detaillierte Kodifikation des UmwG erlaubt es hierbei, die Umwandlung – mithin den Gegenstand der Anknüpfung – eingehend zu betrachten und hieraus zunächst nationale Kollisionsnormen abzuleiten. Gegebenenfalls können solche Vorbildcharakter für eine unionsrechtliche Regelung haben. Sollte der politische Prozess zur Regelung grenzüberschreitender Umwandlungen auf der Unionsebene zeitnah in

---

[23] Vgl. nur §§ 2 ff. UmwG.
[24] Im Fall der Verschmelzung, Spaltung und Vermögensübertragung, vgl. §§ 2 ff., 123 ff. und 174 ff. UmwG.
[25] Im Fall des Formwechsels, vgl. §§ 190 ff. UmwG.
[26] Derzeit existieren neben den Art. 118 ff. GesRRL (Art. 1 ff. CBMD) Reglungen zu Verschmelzungen und Spaltungen von Aktiengesellschaften (Art. 87 ff. GesRRL (konsolidierte Fassung der Art. 1 ff. der Richtlinie 2011/35/EU des europäischen Parlaments und des Rates vom 5. April 2011 über die Verschmelzung von Aktiengesellschaften, ABlEU v. 29.4.2011, L110/1 bzw. Art. 1 ff. der Richtlinie 82/891/EWG des Rates vom 17. Dezember 1982 gemäß Artikel 54 Absatz 3 Buchstabe g) des Vertrages betreffend die Spaltung von Aktiengesellschaften, ABlEG v. 31.12.1982, L 378/47)).

Gang kommen – die Zeichen stehen derzeit angesichts einer angekündigten Gesetzgebungsinitiative zu grenzüberschreitenden Verschmelzungen und Spaltungen[27] nicht schlecht –, so können die gewonnenen Erkenntnisse gegebenenfalls auch unmittelbar in eine unionsrechtliche Regelung einfließen.

Im ersten Teil der vorliegenden Arbeit sollen die Grundlagen des Internationalen Privatrechts aufgezeigt und der Anknüpfungsgegenstand „Umwandlung" konkretisiert werden. Infolge der grundsätzlich gesellschaftsrechtlichen Qualifikation der Umwandlung werden in diesem Zusammenhang auch bereits die Grundlagen des Internationalen Gesellschaftsrechts dargelegt werden. Im Zweiten Teil soll die Bestimmung des Umwandlungsstatuts *de lege lata* betrachtet werden. Hieran anschließend werden im Dritten Teil Regelungsentwürfe von Relevanz für das Umwandlungskollisionsrecht in den Blick genommen, die zwar bislang nicht in geltendes Recht umgesetzt wurden, aus denen jedoch wichtige Erkenntnisse für eine künftige Abfassung des Umwandlungskollisionsrechts gewonnen werden können. Im Vierten Teil schließlich soll auf der Basis höherrangigen Rechts, rechtstheoretischer Grundlagen des Internationalen Privatrechts und der bis dahin im Rahmen dieser Arbeit gewonnenen Erkenntnisse ein eigener Vorschlag zur Abfassung geschriebener Umwandlungskollisionsnormen gemacht werden. Die Untersuchung wird hierbei nicht auf Umwandlungen innerhalb des Binnenmarktes beschränkt sein, sondern – im Interesse eines umfassenden und einheitlichen Kollisionsrechts – einen Vorschlag für universelle, auch Umwandlungen im Verhältnis zu bzw. zwischen Drittstaaten erfassende Regelungen hervorbringen.

---

[27] Vgl. COM(2015) 550, 6, 8, 25.

Erster Teil: Grundlagen

§ 2 Grundlagen der Anwendung von Kollisionsnormen

I. Trennung von Kollisionsrecht und materiellem Recht

1. Trennung von Kollisionsrecht und materiellem Recht im Allgemeinen

Die vorliegende Arbeit hat die Betrachtung grenzüberschreitender Umwandlungen aus der Sicht des Kollisionsrechts zum Gegenstand. Dessen Funktion ist es, bei Sachverhalten mit einer Verbindung zu einem ausländischen Staat die auf den Sachverhalt anzuwendende Rechtsordnung zu bestimmen, vgl. Art. 3 a.E. EGBGB[28]. Das Gegenstück zum Kollisionsrecht ist das materielle Recht oder Sachrecht[29]. Im Gegensatz zum Kollisionsrecht entscheidet das Sachrecht unmittelbar über den zu beurteilenden Sachverhalt[30].
Die Beurteilung eines Sachverhalts, der eine Verbindung zu einem ausländischen Staat aufweist, vollzieht sich unter Anwendung des Kollisionsrechts und des Sachrechts im Einzelnen wie folgt[31]: In einem ersten Schritt ist nach den Bestimmungen des Kollisionsrechts zu ermitteln, welcher Rechtsordnung die für die Beurteilung des in Frage stehenden Sachverhalts maßgebenden Sachnormen zu entnehmen sind. In einem zweiten Schritt sind sodann die so berufenen Normen des materiellen Rechts auf den Sachverhalt anzuwenden. Die Kollisionsnorm ist somit in ihrer Rechtsfolge darauf beschränkt, die Rechtsordnung zu bestimmen, die in der Sache zu entscheiden hat. Aufgabe der Kollisionsnorm ist es hingegen nicht, selbst in der Sache zu entscheiden[32]. Sie beeinflusst die Sach-

---

[28] Einführungsgesetz zum Bürgerlichen Gesetzbuche (EGBGB) idF der Bekanntmachung vom 21.9.1994, BGBl. I, 2494, 1997 I, 1061.
[29] *Kropholler*, Internationales Privatrecht, 6. Aufl. 2006, § 13 I.
[30] *Kegel/Schurig*, Internationales Privatrecht, 9. Auflage 2004, S. 53.
[31] Vgl. *Kloster*, Grenzüberschreitende Unternehmenszusammenschlüsse, 2004, S. 298 f.
[32] *Von Hoffmann/Thorn*, Internationales Privatrecht, 9. Aufl. 2007, § 1 Rn. 3-4.

entscheidung durch die Bestimmung der anwendbaren Rechtsordnung vielmehr nur mittelbar[33].

Ausgangspunkt der Rechtsanwendung ist hierbei stets das Kollisionsrecht des jeweiligen Forums[34]. Spricht dieses eine sogenannte Sachnormverweisung aus, so ist die Anwendung der Sachnormen einer benannten ausländischen Rechtsordnung unabhängig davon, ob diese die Verweisung annimmt. Wird hingegen eine sogenannte Gesamtverweisung ausgesprochen, so hängt die Anwendbarkeit der Sachnormen der ausländischen Rechtsordnung davon ab, dass die Verweisung durch das ausländische Recht angenommen wird, was sich nach dem Kollisionsrecht dieser Rechtsordnung beurteilt. Neben einer Annahme der Verweisung kommt in Betracht, dass das ausländische Recht auf das Recht, durch das es zur Anwendung berufen wurde, oder auf eine dritte Rechtsordnung verweist (sogenannter Renvoi)[35].

2. Die Umwandlung zwischen Kollisionsrecht und materiellem Recht

Auf der Basis dessen sind die hier in Rede stehenden Umwandlungen im System von Kollisionsrecht und materiellem Recht wie folgt einzuordnen: Eine Umwandlung ist als solche ein materiellrechtlicher Vorgang, der allgemein umschrieben die Änderung der Vermögenszuordnung und/oder der Rechtsform eines Rechtsträgers bewirkt[36]. Die einzelnen Voraussetzungen und Rechtsfolgen dieses Vorgangs richten sich folglich nach den einschlägigen gesellschafts- und im Speziellen umwandlungsrechtlichen Bestimmungen des materiellen Rechts. Im grenzüberschreitenden Kontext ergibt sich hierbei die Frage, welcher Rechtsordnung eben diese materiellrechtlichen Bestimmungen zu entnehmen sind. Der Beantwortung dieser Frage dient das Umwandlungskollisionsrecht. Die Umwandlung ist mithin zunächst zum Gegenstand einer kollisionsrechtlichen Anknüpfung zu machen. Sie ist hingegen nicht Rechtsfolge der Kollisionsnorm. Rechtsfolge der Kollisionsnorm ist vielmehr nur die Benennung der maßgebenden Rechtsordnung.

---

[33] *Von Hoffmann/Thorn*, Internationales Privatrecht, 9. Aufl. 2007, § 1 Rn. 3-4.
[34] *Von Hoffmann/Thorn*, Internationales Privatrecht, 9. Aufl. 2007, § 1 Rn. 48.
[35] *Von Hoffmann/Thorn*, Internationales Privatrecht, 9. Aufl. 2007, § 6 Rn. 74 ff. Beispielsweise bestimmt Art. 4 Abs. 1 S. 2 EGBGB, dass im Fall der Rückverweisung auf deutsches Recht die deutschen Sachvorschriften anzuwenden sind.
[36] *Kallmeyer*, in: Kallmayer, UmwG, 5. Aufl. 2013, § 1 Rn. 6 f. Näher unten § 3.

Diese funktionale Trennung von Kollisionsrecht und materiellem Recht bestimmt die Betrachtungen der vorliegenden Arbeit. Behandelt wird ausschließlich das Kollisionsrecht der Umwandlung, während das materielle Umwandlungsrecht nicht unmittelbarer Gegenstand der Arbeit ist. Gleichwohl ist für die Betrachtung des Umwandlungskollisionsrechts die regelmäßige Bezugnahme auf das materielle Umwandlungsrecht unerlässlich. Denn da die Umwandlung als materiellrechtlicher Vorgang den Gegenstand der Umwandlungskollisionsnorm bildet, kann die kollisionsrechtliche Anknüpfung und damit die Verweisung auf die „richtige" Rechtsordnung als deren Rechtsfolge nur in Kenntnis des Gegenstandes gelingen, auf den sich die Verweisung bezieht.

II. Die Anwendung von Kollisionsnormen im Allgemeinen

Ebenso wie sich die Anwendung des Rechts auf einen zu beurteilenden Sachverhalt insgesamt in mehreren Schritten vollzieht – zunächst Anwendung des Kollisionsrechts, gefolgt von der Anwendung des so berufenen materiellen Rechts –[37], vollzieht sich die Anwendung des Kollisionsrechts nun ihrerseits ebenso in mehreren Schritten.

Erster Schritt ist die sogenannte Qualifikation. Diese bezeichnet die Subsumtion des zu beurteilenden Sachverhalts unter den im Tatbestand der Kollisionsnorm enthaltenen Anknüpfungsgegenstand[38], der auch als Verweisungsgegenstand bezeichnet wird[39]. Der Anknüpfungsgegenstand ist ein materiellrechtlich geprägter Systembegriff[40], der den Anwendungsbereich der jeweiligen Kollisionsnorm festlegt[41]. Dies kann beispielsweise die Rechts- und Geschäftsfähigkeit[42], die Rechtsnachfolge von Todes wegen[43] oder ein vertragliches[44] oder gesellschaftsrechtliches Rechtsverhältnis sein.

---

[37] Vgl. oben § 2 I.
[38] *Von Hoffmann/Thorn*, Internationales Privatrecht, 9. Aufl. 2007, § 6 Rn. 1.
[39] BeckOKBGB/*Lorenz*, Stand 1.11.2015, Einleitung zum Internationalen Privatrecht Rn. 33.
[40] Synonyme dafür sind Rahmen-, Sammel- oder Verweisungsbegriff, dazu *Kropholler*, Internationales Privatrecht, 6. Aufl. 2006, § 13 II 1.
[41] *Von Hoffmann/Thorn*, Internationales Privatrecht, 9. Aufl. 2007, § 6 Rn. 1; *Kropholler*, Internationales Privatrecht, 6. Aufl. 2006, § 15 I 1.
[42] Art. 7 EGBGB.
[43] Art. 25 EGBGB bzw. Art. 20 ff. der VO (EU) Nr. 650/2012 des Europäischen Parlaments und des Rates vom 4. Juli 2012 über die Zuständigkeit, das anzuwendende Recht, die Anerkennung und Vollstreckung von Entscheidungen und die Annahme und Vollstreckung öffent-

Ist festgestellt, dass der zu beurteilende Sachverhalt unter den Systembegriff einer bestimmten Kollisionsnorm fällt, so ist dieser Sachverhalt in einem zweiten Schritt durch das in der Kollisionsnorm enthaltene Anknüpfungsmoment, das auch als Anknüpfungspunkt bezeichnet wird[45], mit einer bestimmten Rechtsordnung in Verbindung zu bringen[46]. Anknüpfungsmomente sind etwa die Staatsangehörigkeit, der Wohnsitz, die Belegenheit einer Sache oder der Sitz einer Gesellschaft[47]. Das Anknüpfungsmoment ist damit der Teil des Tatbestands einer Kollisionsnorm, der den zu beurteilenden Sachverhalt mit einer bestimmten Rechtsordnung verknüpft[48].

In ihrer Rechtsfolge bestimmt die Kollisionsnorm schließlich, dass auf den zu beurteilenden Sachverhalt die Normen derjenigen Rechtsordnung anzuwenden sind, auf die das maßgebende Anknüpfungsmoment verweist. Zumeist wird diese Rechtsordnung nicht konkret bezeichnet (z.B. „deutsches Recht"), sondern es wird auf das Anknüpfungsmoment Bezug genommen[49]. So bestimmt etwa Art. 7 EGBGB, dass die Rechts- und Geschäftsfähigkeit dem Recht des Staates unterliegt, dem die Person angehört.

III. Auslandsberührung als Anwendungsvoraussetzung des IPR?

Nach der Legaldefinition des Art. 3 EGBGB dient das Internationale Privatrecht der Ermittlung des anwendbaren Rechts bei Sachverhalten, die eine Verbindung zu einem ausländischen Staat aufweisen. Der Wortlaut des Art. 3 EGBGB ist jedoch unscharf – die Anwendbarkeit des Internationalen Privatrechts setzt keine Vorprüfung des Auslandsbezugs eines zu beurteilenden Sachverhalts voraus[50]. Denn der zu der Anwendung einer bestimmten Rechtsordnung erforderli-

---

licher Urkunden in Erbsachen sowie zur Einführung eines Europäischen Nachlasszeugnisses, ABlEU v. 27.7.2012, L 201/107.
[44] Art. 1 Rom I-VO.
[45] BeckOKBGB/*Lorenz*, Stand 1.11.2015, Einleitung zum Internationalen Privatrecht Rn. 33.
[46] *Schotten/Schmellenkamp*, Das Internationale Privatrecht in der notariellen Praxis, 2. Aufl. 2007, § 2 Rn. 25.
[47] *Schotten/Schmellenkamp*, Das Internationale Privatrecht in der notariellen Praxis, 2. Aufl. 2007, § 2 Rn. 25.
[48] *Kegel/Schurig*, Internationales Privatrecht, 9. Auflage 2004, S. 437.
[49] *Kropholler*, Internationales Privatrecht, 6. Aufl. 2006, § 13 II 2.
[50] BeckOKBGB/*Lorenz*, Stand 1.8.2015, EGBGB Art. 3 Rn. 2; MüKoBGB/*Sonnenberger*, 5. Aufl. 2010, EGBGB Art. 3 Rn. 8.

che Bezug eines Sachverhalts zu eben dieser Rechtsordnung ergibt sich unmittelbar aus dem Tatbestand der Kollisionsnorm und nicht aus einer von der eigentlichen kollisionsrechtlichen Prüfung losgelösten Vorprüfung[51]. Der In- bzw. Auslandsbezug ist dementsprechend ausschließlich anhand der konkret einschlägigen Kollisionsnorm herzustellen[52]. So bestimmt etwa Art. 43 Abs. 1 EGBGB, dass Rechte an einer Sache dem Recht des Staates unterliegen, in dem die Sache sich befindet. Der Bezug zum In- bzw. Ausland wird folglich durch das im Tatbestand der Kollisionsnorm enthaltene Anknüpfungsmoment (im Fall des Art. 43 Abs. 1 EGBGB: Lageort der Sache[53]) hergestellt[54]. Art. 43 Abs. 1 EGBGB gilt damit sowohl für im Inland als auch für im Ausland belegene Sachen. Die von dem Wortlaut des Art. 3 EGBGB nahegelegte Vorprüfung des Auslandsbezugs würde dazu führen, dass es für im Inland belegene Sachen zu keiner kollisionsrechtlichen Prüfung käme, das inländische Sachrecht würde unmittelbar angewandt. Dies wäre aber verfehlt, da die vermeintliche Vorprüfung hier durch das Abstellen auf den Lageort im Grunde genommen auf das im Tatbestand der Kollisionsnorm enthaltene Anknüpfungsmoment vorgreifen müsste. Nun könnte der Auslandsbezug nach Art. 3 EGBGB zwar auch über andere, vom Anknüpfungsmoment der anschließend zu prüfenden Kollisionsnorm abweichende Kriterien hergestellt werden. Kollisionsrechtlich ist im Ergebnis aber nur dieses relevant, da nur dieses sich auf die Bestimmung der maßgebenden Rechtsordnung auswirkt.

---

[51] *Von Hoffmann/Thorn*, Internationales Privatrecht, 9. Aufl. 2007, § 1 Rn. 21-22; BeckOKBGB/*Lorenz*, Stand 1.8.2015, EGBGB Art. 3 Rn. 2; MüKoBGB/*Sonnenberger*, 5. Aufl. 2010, EGBGB Art. 3 Rn. 8; a.A. *Looschelders*, Internationales Privatrecht, 2004, Art. 3 Rn. 3; Palandt/*Thorn*, 75. Aufl. 2016, EGBGB Art. 3 Rn. 2 (keine Anwendung des IPR bei reinen Inlandssachverhalten).
[52] MüKoBGB/*Sonnenberger*, 5. Aufl. 2010, EGBGB Art. 3 Rn. 8.
[53] MüKoBGB/*Sonnenberger*, 5. Aufl. 2010, Einl. IPR Rn. 732.
[54] BeckOK BGB/*Spickhoff*, Stand 1.5.2016, EGBGB Art. 43 Rn. 6.

§ 3 Die Qualifikation der Umwandlung

I. Die Umwandlung als Gegenstand der Anknüpfung

Die vorliegende Arbeit betrifft Kollisionsnormen, die das auf Umwandlungen anzuwendende Recht bestimmen. Es ist daher notwendig, zunächst den Anknüpfungsgegenstand „Umwandlung", unter den der zu beurteilende Sachverhalt zu subsumieren sein muss (Qualifikation), zu konkretisieren.

Die Qualifikation hat im Grundsatz nach der *lex fori* zu erfolgen[55]. Das bedeutet, dass die in den Kollisionsnormen des jeweiligen Forums enthaltenen Systembegriffe[56] unter Rückgriff auf die Systembegriffe des materiellen Rechts derselben Rechtsordnung zu konkretisieren sind[57]. Die Abfassung einer nationalen Umwandlungskollisionsnorm hat sich in Bezug auf den Anknüpfungsgegenstand daher an dem nationalen materiellen Umwandlungsrecht zu orientieren.

Das deutsche materielle Umwandlungsrecht stellt dem Rechtsanwender gemäß § 1 Abs. 1 UmwG vier Umwandlungsarten zur Verfügung: die Verschmelzung, die Spaltung, die Vermögensübertragung und den Formwechsel. Für die weitere Betrachtung ist es notwendig, deren wesentliche Merkmale darzulegen, um hierdurch den Systembegriff „Umwandlung" konkretisieren zu können. Die Bezugnahme auf die Bestimmungen des UmwG beinhaltet hierbei jedoch keine Aussage dahingehend, dass das UmwG auf die in Rede stehenden grenzüberschreitenden Umwandlungen auch tatsächlich zur Anwendung kommt. Denn dies hinge von einer Berufung des deutschen materiellen Rechts als Rechtsfolge der Kollisionsnorm ab, wohingegen es an dieser Stelle zunächst um den Anknüpfungsgegenstand, mithin den Tatbestand der Kollisionsnorm geht.

---

[55] St. Rspr., RGZ 138, 243; BHGZ 29, 137; 134, 79.
[56] Dazu *Schotten/Schmellenkamp*, Das Internationale Privatrecht in der notariellen Praxis, 2. Aufl. 2007, § 2 Rn. 25.
[57] *Von Hoffmann/Thorn*, Internationales Privatrecht, 9. Aufl. 2007, § 6 Rn. 12; *Kropholler*, Internationales Privatrecht, 6. Aufl. 2006, § 16 I.

1. Verschmelzung

Das Wesen der Verschmelzung (§§ 1 Abs. 1 Nr. 1, 2 ff. UmwG) lässt sich allgemein umschreiben als die Vereinigung des Vermögens mehrerer Rechtsträger im Wege der Gesamtrechtsnachfolge unter Ausschluss der Liquidation[58]. Das UmwG unterscheidet zwischen der Verschmelzung zur Aufnahme (§ 2 Nr. 1 UmwG), bei der das Vermögen eines oder mehrerer Rechtsträger (übertragende Rechtsträger) auf einen anderen bestehenden Rechtsträger (übernehmender Rechtsträger) übergeht (§ 20 Abs. 1 Nr. 1 UmwG), und der Verschmelzung zur Neugründung (§ 2 Nr. 2 UmwG), bei der das Vermögen zweier oder mehrerer Rechtsträger (übertragende Rechtsträger) auf einen von ihnen anlässlich der Verschmelzung neu gegründeten Rechtsträger übergeht (§ 36 Abs. 1 i.V.m. § 20 Abs. 1 Nr. 1 UmwG). Die Verschmelzung führt zum Erlöschen der übertragenden Rechtsträger (§ 20 Abs. 1 Nr. 2, ggf. i.V.m. § 36 Abs. 1 UmwG). Da hierdurch notwendig auch die Beteiligung der Anteilsinhaber an den übertragenden Rechtsträgern erlischt, werden diese im Wege eines Anteilstauschs Anteilsinhaber des übernehmenden bzw. neu gegründeten Rechtsträgers (§ 20 Abs. 1 Nr. 3, ggf. i.V.m. § 36 Abs. 1 UmwG)[59].

2. Spaltung

Die Spaltung (§§ 1 Abs. 1 Nr. 2, 123 ff. UmwG) bildet das Spiegelbild oder Gegenstück zur Verschmelzung[60]. Allgemein umschrieben bezeichnet sie die Übertragung von Vermögensteilen eines Rechtsträgers (übertragender Rechtsträger) im Wege der partiellen Gesamtrechtsnachfolge auf einen oder mehrere andere Rechtsträger[61]. Im Einzelnen unterscheidet das UmwG zwischen drei Spaltungsarten: Aufspaltung (§ 123 Abs. 1 UmwG), Abspaltung (§ 123 Abs. 2 UmwG) und Ausgliederung (§ 123 Abs. 3 UmwG). Jede dieser Spaltungsarten ist sowohl zur Aufnahme als auch zur Neugründung möglich. Darüber hinaus lässt § 123

---

[58] *Stratz*, in: Schmitt/Hörtnagl/Stratz, UmwG/UmwStG, 7. Aufl. 2016, UmwG § 2 Rn. 3.
[59] *Marsch-Barner*, in: Kallmeyer, UmwG, 5. Aufl. 2013, § 2 Rn. 12; *Stengel*, in: Semler/Stengel, UmwG, 3. Aufl. 2012, § 2 Rn. 3.
[60] *Kallmeyer* ZIP 1994, 1746, 1748; *Wardenbach*, in: Henssler/Strohn, Gesellschaftsrecht, 3. Aufl. 2016, UmwG § 123 Rn. 1; einschränkend *Hörtnagl*, in: Schmitt/Hörtnagl/Stratz, UmwG/UmwStG, 7. Aufl. 2016, UmwG § 123 Rn. 4, da die Ausgliederung als Variante der Spaltung keine exakte Umkehrung der Verschmelzung sei (näher unten c)).
[61] *Stengel*, in: Semler/Stengel, UmwG, 3. Aufl. 2012, § 123 Rn. 1, 6.

Abs. 4 UmwG innerhalb der jeweiligen Spaltungsart auch eine Kombination aus Spaltung zur Aufnahme und Spaltung zur Neugründung zu.

a) Aufspaltung

Die Aufspaltung ist dadurch gekennzeichnet, dass der übertragende Rechtsträger mehrere Vermögensteile, die in der Summe sein gesamtes Vermögen ergeben, auf andere bestehende bzw. neu gegründete Rechtsträger überträgt[62]. Es kommt damit ohne Liquidation zum Erlöschen des übertragenden Rechtsträgers (§ 131 Abs. 1 Nr. 2 S. 1 UmwG, ggf. i.V.m. § 135 Abs. 1 UmwG), dessen Anteilsinhaber im Gegenzug Anteile an den übernehmenden bzw. neu gegründeten Rechtsträgern erhalten (§ 131 Abs. 1 Nr. 3 S. 1, ggf. i.V.m. § 135 Abs. 1 UmwG)[63].

b) Abspaltung

Die Abspaltung unterscheidet sich von der Aufspaltung im Wesentlichen dadurch, dass es durch sie nicht zur Übertragung des gesamten Vermögens des übertragenden Rechtsträgers kommt[64]. Werden mehrere Vermögensteile auf andere Rechtsträger übertragen, so bildet die Summe dieser Vermögensteile nicht das Gesamtvermögen des übertragenden Rechtsträgers[65]. Folglich kommt es anders als bei der Aufspaltung auch nicht zu einem Erlöschen des übertragenden Rechtsträgers (*argumentum e contrario* § 131 Abs. 1 Nr. 2 S. 1 UmwG). Als Ausgleich für die Minderung des Wertes der Anteile an dem übertragenden Rechtsträger erhalten deren Inhaber Anteile an den übernehmenden bzw. neu gegründeten Rechtsträgern (§ 131 Abs. 1 Nr. 3 S. 1, ggf. i.V.m. § 135 Abs. 1 UmwG)[66].

---

[62] *Hörtnagl*, in: Schmitt/Hörtnagl/Stratz, UmwG/UmwStG, 7. Aufl. 2016, UmwG § 123 Rn. 6; *Kallmeyer/Sickinger*, in: Kallmeyer, UmwG, 5. Aufl. 2013, § 123 Rn. 7; *Stengel*, in: Semler/Stengel, UmwG, 3. Aufl. 2012, § 123 Rn. 12.
[63] *Wardenbach*, in: Henssler/Strohn, Gesellschaftsrecht, 3. Aufl. 2016, UmwG § 123 Rn. 5.
[64] *Stengel*, in: Semler/Stengel, UmwG, 3. Aufl. 2012, § 123 Rn. 14; *Wardenbach*, in: Henssler/Strohn, Gesellschaftsrecht, 3. Aufl. 2016, UmwG § 123 Rn. 6.
[65] *Kallmeyer/Sickinger*, in: Kallmeyer, UmwG, 5. Aufl. 2013, § 123 Rn. 7, 9.
[66] *Hörtnagl*, in: Schmitt/Hörtnagl/Stratz, UmwG/UmwStG, 7. Aufl. 2016, UmwG § 123 Rn. 9; *Kallmeyer/Sickinger*, in: Kallmeyer, UmwG, 5. Aufl. 2013, § 123 Rn. 9.

c) Ausgliederung

Ebenso wie bei der Abspaltung werden auch bei der Ausgliederung ein oder mehrere Vermögensteile im Wege der partiellen Gesamtrechtsnachfolge auf übernehmende bzw. neu gegründete Rechtsträger übertragen. Anders als bei der Abspaltung kann dies jedoch so weit gehen, dass – trotz des Wortlauts des § 123 Abs. 3 UmwG – im Ergebnis das gesamte Vermögen des übertragenden Rechtsträgers übertragen wird[67]. Auch in diesem letztgenannten Fall wird der übertragende Rechtsträger aber nicht vermögenslos. Denn neben der (partiellen) Gesamtrechtsnachfolge ist im Gegensatz zur Aufspaltung und zur Abspaltung wesentliches Merkmal der Ausgliederung, dass die Anteile an den übernehmenden bzw. neu gegründeten Rechtsträgern nicht den Anteilsinhabern des übertragenden Rechtsträgers, sondern diesem Rechtsträger selbst gewährt werden (§ 123 Abs. 3 UmwG)[68]. Auch im Fall einer Übertragung des gesamten Vermögens kommt es damit nicht zum Erlöschen des übertragenden Rechtsträgers; dieser würde vielmehr zur reinen Holding[69].

3. Vermögensübertragung

Die Vermögensübertragung (§§ 1 Abs. 1 Nr. 3, 174 ff. UmwG) – insoweit bestehen Parallelen zur Verschmelzung und zur Spaltung – ist durch die Übertragung des gesamten oder von Teilen des Vermögens eines Rechtsträgers (übertragender Rechtsträger) auf einen anderen bestehenden Rechtsträger (übernehmender Rechtsträger) gekennzeichnet. Im Unterschied zu Verschmelzung und Spaltung besteht bei der Vermögensübertragung keine Möglichkeit zur Umwandlung im Wege der Neugründung[70]. Ebenso wie bei Verschmelzung und Spaltung erhalten die Anteilsinhaber des übertragenden Rechtsträgers bzw. dieser selbst zwar eine Gegenleistung. Diese besteht aber gerade nicht in der Ge-

---

[67] Sog. „aufspaltende Ausgliederung" (*Hörtnagl*, in: Schmitt/Hörtnagl/Stratz, UmwG/UmwStG, 7. Aufl. 2016, UmwG § 123 Rn. 11); dazu näher *Ha. Schmidt* AG 2005, 26.
[68] *Hörtnagl*, in: Schmitt/Hörtnagl/Stratz, UmwG/UmwStG, 7. Aufl. 2016, UmwG § 123 Rn. 11; *Kallmeyer/Sickinger*, in: Kallmeyer, UmwG, 5. Aufl. 2013, § 123 Rn. 11; *Stengel*, in: Semler/Stengel, UmwG, 3. Aufl. 2012, § 123 Rn. 15; *Wardenbach*, in: Henssler/Strohn, Gesellschaftsrecht, 3. Aufl. 2016, UmwG § 123 Rn. 7.
[69] *Kallmeyer/Sickinger*, in: Kallmeyer, UmwG, 5. Aufl. 2013, § 123 Rn. 12; *Stengel*, in: Semler/Stengel, UmwG, 3. Aufl. 2012, § 123 Rn. 17.
[70] *Kallmeyer/Sickinger*, in: Kallmeyer, UmwG, 5. Aufl. 2013, § 174 Rn. 1.

währung von Anteilen an dem übernehmenden Rechtsträger, sondern regelmäßig in einer Barleistung[71].

§ 174 Abs. 1 und 2 UmwG unterscheidet zwischen zwei Arten der Vermögensübertragung, namentlich der Vollübertragung und der Teilübertragung. Im Wesentlichen entspricht erstere der Verschmelzung, letztere der Spaltung[72]; wie auch bei der Spaltung wird zwischen aufspaltender, abspaltender und ausgliedernder Vermögensübertragung unterschieden[73]. Dass bei der Vermögensübertragung die Gegenleistung nicht im Wege der Übertragung von Anteilen an den übernehmenden Rechtsträgern erbracht wird, hängt mit der Struktur der beteiligungsfähigen Rechtsträger (§ 175 UmwG) zusammen. So ist eine Gewährung von Anteilen bzw. Mitgliedschaften hieran entweder nicht möglich[74] oder nicht von Interesse[75]. Die Vermögensübertragung wird daher auch als „Ersatzrechtsinstitut" für solche Vorgänge bezeichnet, bei denen es zwar auch zur Vermögensübertragung im Wege der Gesamtrechtsnachfolge kommen soll, dies aufgrund der genannten Besonderheiten aber nicht durch Verschmelzung oder Spaltung erreicht werden kann[76].

4. Formwechsel

Die letzte der vier durch das UmwG geregelten Umwandlungsarten ist der Formwechsel (§§ 1 Abs. 1 Nr. 4, 190 ff. UmwG). Dieser ist die einzige Umwandlungsart, an der stets nur ein Rechtsträger beteiligt ist. Wesen dieses Vorgangs ist die Annahme einer anderen Rechtsform (Zielrechtsform) durch den formwechselnden Rechtsträger. Hierbei bewahrt der formwechselnde Rechtsträger seine Identität, er wechselt mithin lediglich sein „rechtliches Gewand". In-

---

[71] *Hörtnagl*, in: Schmitt/Hörtnagl/Stratz, UmwG/UmwStG, 7. Aufl. 2016, UmwG § 1 Rn. 17.
[72] *Hörtnagl*, in: Schmitt/Hörtnagl/Stratz, UmwG/UmwStG, 7. Aufl. 2016, UmwG § 1 Rn. 17.
[73] *Fonk*, in: Semler/Stengel, UmwG, 3. Aufl. 2012, § 174 Rn. 4.
[74] Dies gilt, soweit übernehmender Rechtsträger eine Gebietskörperschaft, ein Zusammenschluss von Gebietskörperschaften oder ein öffentlich-rechtliches Versicherungsunternehmen ist; dazu *Stratz*, in: Schmitt/Hörtnagl/Stratz, UmwG/UmwStG, 7. Aufl. 2016, UmwG § 174 Rn. 6.
[75] So kann, sofern übernehmender Rechtsträger ein VVaG ist, zwar eine Mitgliedschaft hieran begründet werden. Diese setzt aber die Begründung eines Versicherungsverhältnisses mit dem Verein voraus (§ 20 VAG). Nur soweit übernehmender Rechtsträger eine Versicherungs-AG ist, wäre eine Anteilsgewährung daran möglich. Dazu *Stratz*, in: Schmitt/Hörtnagl/Stratz, UmwG/UmwStG, 7. Aufl. 2016, UmwG § 174 Rn. 6.
[76] *Fonk*, in: Semler/Stengel, UmwG, 3. Aufl. 2012, § 174 Rn. 2; *Sagasser*, in: Sagasser/Bula/Brünger, Umwandlungen, 4. Aufl. 2011, § 21 Rn. 2.

folge der Identität ist der Formwechsel auch die einzige Umwandlungsart nach dem UmwG, bei der es nicht zur Übertragung von Vermögen kommt[77]. Mit dem Wirksamwerden des Formwechsels richtet sich die Beteiligung der Anteilsinhaber nach den für die Zielrechtsform geltenden Bestimmungen (§ 202 Abs. 1 Nr. 2 S. 1 UmwG).

5. Zusammenfassung

Der vorstehende Überblick zu den Umwandlungsarten nach dem deutschen materiellen Umwandlungsrecht diente der Konkretisierung des Systembegriffs „Umwandlung", der den Gegenstand des deutschen Umwandlungskollisionsrechts bestimmt. Dieses ist nur einschlägig, wenn der zu beurteilende Sachverhalt die Wesensmerkmale der genannten Umwandlungsarten aufweist. Dies sind in den Fällen der Verschmelzung und der Spaltung der Übergang des gesamten bzw. von Teilen des Vermögens eines Rechtsträgers auf einen bzw. mehrere andere Rechtsträger im Wege der (partiellen) Gesamtrechtsnachfolge und die Gewährung von Anteilen oder Mitgliedschaften an den übernehmenden bzw. neu gegründeten Rechtsträgern an die Anteilsinhaber der übertragenden Rechtsträger[78]. Dem weitgehend vergleichbar sind die Wesensmerkmale der Vermögensübertragung, deren wesentlicher Unterschied zu Verschmelzung und Spaltung ist, dass die Gegenleistung an die Anteilsinhaber des übertragenden Rechtsträgers nicht in der Gewährung von Anteilen oder Mitgliedschaften an den übernehmenden Rechtsträgern, sondern regelmäßig in einer Barleistung besteht. Demgegenüber ist der Formwechsel dadurch gekennzeichnet, dass hieran stets nur ein Rechtsträger beteiligt ist, der unter Wahrung seiner Identität und damit ohne Vermögensübergang seine Rechtsform wechselt.

---

[77] *Drinhausen/Keinath*, in: Henssler/Strohn, Gesellschaftsrecht, 3. Aufl. 2016, UmwG § 190 Rn. 1; *Stengel*, in: Semler/Stengel, UmwG, 3. Aufl. 2012, § 190 Rn. 1; *Stratz*, in: Schmitt/Hörtnagl/Stratz, UmwG/UmwStG, 7. Aufl. 2016, UmwG § 190 Rn. 1.
[78] Bzw. Gewährung der Anteile an den übertragenden Rechtsträger selbst im Fall der Ausgliederung, § 123 Abs. 3 UmwG.

II. Die gesellschaftsrechtliche Qualifikation als Grundsatz

Umwandlungen unterliegen als gesellschaftsrechtliche Strukturmaßnahmen im Grundsatz dem jeweiligen Personalstatut der von ihnen betroffenen Rechtsträger; dieses entscheidet einheitlich über alle gesellschaftsrechtlichen Rechtsverhältnisse (sog. Einheitstheorie)[79]. Insbesondere sind Umwandlungen auch von dem Ausschlusstatbestand für das Gesellschaftsrecht in Art. 1 Abs. 2 lit. e) EVÜ erfasst, sodass sie nicht schuldrechtlich zu qualifizieren sind – dies hat der EuGH jüngst in der Rs. *KA Finanz* in Bezug auf Fusionen/Verschmelzungen unter Bezugnahme auf den *Giuliano-Lagarde*-Bericht[80] ausdrücklich klargestellt[81]. Entsprechendes gilt auch für die mittlerweile an die Stelle des EVÜ getretene Rom I-VO[82], in welcher die Bereichsausnahme aus dem EVÜ nahezu wortgleich übernommen wurde[83]. Gleichermaßen erfasst die genannte Bereichsausnahme auch die übrigen Umwandlungsarten[84]. Im Grundsatz sind Umwandlungen damit gesellschaftsrechtlich zu qualifizieren[85]. Nach dem Personalstatut beurteilen sich demnach Fragen wie:

- ist das Rechtsinstitut der Umwandlung in der jeweiligen Rechtsordnung überhaupt vorgesehen, oder müssen ggf. alternative Gestaltungswege gesucht werden;
- ist es dem konkreten Rechtsträger in seiner konkreten Rechtsform möglich, sich umzuwandeln (Umwandlungsfähigkeit);
- welchen (weiteren) inhaltlichen und formalen Anforderungen unterliegt der Umwandlungsvorgang;
- inwieweit sind Minderheitsgesellschafter, Arbeitnehmer und Gläubiger des betroffenen Rechtsträgers vor der Umwandlungsmaßnahme geschützt.

---

[79] *Hueck/Fastrich*, in: Baumbach/Hueck, GmbHG, 20. Aufl. 2013, Einleitung Rn. 60.
[80] *Giuliano/Lagarde*, Bericht über das Übereinkommen über das auf vertragliche Schuldverhältnisse anzuwendende Recht, ABlEG v. 31. 10. 1980, C 282/1, 12 f.
[81] EuGH v. 7.4.2016, *KA Finanz*, Rs. C-483/14, ECLI:EU:C:2016:205 Tz. 52.
[82] VO (EG) 593/2008 des Europäischen Parlaments und des Rates vom 17. Juni 2008 über das auf vertragliche Schuldverhältnisse anzuwendende Recht (Rom I), ABlEU v. 4.7.2008, L 177/6.
[83] Dort Art. 1 Abs. 2 lit. f) Rom I-VO. Hierzu *Bayer/J. Schmidt* ZIP 2016, 841, 845 mwN.
[84] Vgl. Staudinger/*Magnus*, 2016, Rom I-VO Art. 1 Rn. 83.
[85] *Großfeld* AG 1996, 302; *Jaensch* EWS 2007, 97, 98; *Koppensteiner* FS Hefermehl, 1976, S. 305, 323 f.; *Kronke* ZGR 1994, 26, 31; *Kusserow/Prüm* WM 2005, 633, 634 f.

Wenngleich somit im Grundsatz kein Zweifel an der gesellschaftsrechtlichen Qualifikation von Umwandlungen besteht, kommt doch für einzelne typische Elemente von Umwandlungen eine abweichende Qualifikation in Betracht. Dem soll im Folgenden nachgegangen werden.

III. Besonderheiten des umwandlungsrechtlichen Vermögensübergangs

Im Zusammenhang mit der Qualifikation von Umwandlungen stellt sich die Frage, ob auch das bei Verschmelzungen, Spaltungen und Vermögensübertragungen ganz wesentliche Element des Vermögensübergangs im Wege der Gesamtrechtsnachfolge[86] gesellschaftsrechtlich zu qualifizieren ist und damit dem Personalstatut unterliegt. Das ist insofern nicht unproblematisch, als sich die Übertragung von Vermögen grundsätzlich nach der Rechtsordnung richtet, der der jeweilige Vermögensgegenstand unterliegt (Einzelstatut)[87]. So bestimmt etwa das Forderungsstatut über die Voraussetzungen der Übertragung einer Forderung (Art. 14 Abs. 1 und 2 Rom I VO)[88], und die *lex rei sitae* bestimmt über die Übereignung von Sachen (Art. 43 Abs. 1 EGBGB)[89]. Dies gilt jedenfalls, sofern es sich um Übertragungen im Wege der Einzelrechtsnachfolge außerhalb von Umwandlungen handelt.

1. Gesellschaftsrechtliche Qualifikation

Dennoch ist der sich im Zuge einer Umwandlung ergebende Vermögensübergang gesellschaftsrechtlich zu qualifizieren[90]. Dieser richtet sich damit nach dem Personalstatut als Gesamtstatut. Das lässt sich zum einen damit begründen, dass der umwandlungsrechtliche Vermögensübergang schon ein anderer Anknüp-

---

[86] Vgl. § 20 Abs. 1 Nr. 1 UmwG.
[87] Vgl. *Prüm*, Die grenzüberschreitende Spaltung, 2006, S. 44.
[88] BeckOKBGB/*Spickhoff*, Stand 1.2.2013, VO (EG) 593/2008 Art. 14 Rn. 2 ff., 7 ff.
[89] BeckOKBGB/*Spickhoff*, Stand 1.5.2016, EGBGB Art. 43 Rn. 9 f.
[90] MüKoBGB/*Kindler*, 6. Aufl. 2015, IntGesR Rn. 811; *Kollmorgen/Feldhaus* BB 2007, 2189, 2190; *Koppensteiner* FS Hefermehl, S. 305, 324; *Kuntz* IStR 2006, 224, 229; *Lennerz*, Die internationale Verschmelzung und Spaltung unter Beteiligung deutscher Gesellschaften, 2001, S. 245; *Prüm*, Die grenzüberschreitende Spaltung, 2006, S. 44 f.

fungsgegenstand als die Einzelrechtsnachfolge ist; die beiden Vorgänge gleichen sich nur in ihrer Rechtsfolge (Übergang von Vermögen). Demzufolge kann auch die Anknüpfung ohne weiteres verschieden ausfallen. Zum anderen ist es gerade Sinn und Zweck des Umwandlungsrechts, betroffenen Rechtsträgern in seinem Anwendungsbereich durch das Instrument der Gesamtrechtsnachfolge eine Alternative zu dem ggf. komplizierten Vermögensübergang im Wege der Einzelrechtsnachfolge, bei der es mitunter auf besondere Publizitätserfordernisse oder die Mitwirkung Dritter ankommen kann, zu bieten, und somit eine vereinfachte Um- oder Neustrukturierung zu ermöglichen[91].

2. Mögliche Konflikte mit dem Einzelstatut

Allerdings liegt auf der Hand, dass das Personalstatut als Gesamtstatut in Konflikt mit den Einzelstatuten geraten kann. So kann zweifelhaft sein, ob die von dem Personalstatut geregelte Übertragung eines Vermögensgegenstandes im Wege der Gesamtrechtsnachfolge von dem Einzelstatut anerkannt wird[92]. Dies ist etwa dann der Fall, wenn das Einzelstatut für die Einzelübertragung besondere Voraussetzungen aufstellt, die nach dem Personalstatut nicht einzuhalten sind (etwa konstitutive Eintragung in einem Register)[93].
Hier ist es nicht mit dem Hinweis getan, darauf komme es nicht an, da der umwandlungsrechtliche Vermögensübergang (Gesamtrechtsnachfolge) ein anderer Anknüpfungsgegenstand sei als die Einzelrechtsnachfolge (vgl. oben). Denn die kollisionsrechtliche Anknüpfung muss stets im Blick haben, ob die Rechtsfolgen, die durch die von ihr berufene Rechtsordnung eintreten, auch in dritten Rechtsordnungen durchsetzbar sein werden[94]. So mag die Anknüpfung an das Gesamtstatut notwendig sein, um dem rechts- und wirtschaftspolitischen Ziel der vereinfachten Übertragung des gesamten Vermögens gerecht werden zu können. Dieses Ziel ist aber nicht geeignet, sämtliche möglichen Interessen, die hinter den Übertragungsvoraussetzungen eines Einzelstatuts stehen, zu überspielen. Stellt dieses für die Übertragung eines Vermögensgegenstandes somit be-

---

[91] Vgl. *Racky* DB 2003, 923.
[92] MüKoBGB/*Kindler*, 6. Aufl. 2015, IntGesR Rn. 812; *Lennerz*, Die internationale Verschmelzung und Spaltung unter Beteiligung deutscher Gesellschaften, 2001, S. 250, 257 (Frage des Entscheidungseinklangs).
[93] Vgl. MüKoBGB/*Kindler*, 6. Aufl. 2015, IntGesR Rn. 812.
[94] Grundsatz der Durchsetzbarkeit, dazu unten § 12 II. 2. a).

sondere Voraussetzungen auf, so können diese nicht ohne weiteres unberücksichtigt bleiben[95]. Andernfalls entstünde für die an einer Umwandlung Beteiligten erhebliche Rechtsunsicherheit, wenn nicht klar wäre, ob etwa die von dem Personalstatut geregelte Übertragung eines Grundstücks auch in dem Belegenheitsstaat anerkannt wird.

3. Lösungswege

Rechtstechnisch ergeben sich für die Lösung dieses Problems zwei mögliche Wege: Entweder auf der Ebene der kollisionsrechtlichen Qualifikation, indem die Übertragung des Vermögens anlässlich der Umwandlung nicht ausschließlich gesellschaftsrechtlich, sondern zusätzlich einzelrechtlich qualifiziert wird, sodass in der Rechtsfolge durch kumulative Anknüpfung sowohl das Gesamtstatut als auch das Einzelstatut berufen werden[96]; die Übertragung des betroffenen Vermögensgegenstandes könnte in diesem Fall nur dann als vollzogen angesehen werden, wenn sowohl die Voraussetzungen des Gesamt- als auch die Voraussetzungen des Einzelstatuts erfüllt wären.

Alternativ könnte die Übertragung des Vermögens im Rahmen der Umwandlung ausschließlich gesellschaftsrechtlich qualifiziert werden. In diesem Fall müssten jedoch die Interessen der Einzelstatuten innerhalb der Umwandlungskollisionsnorm selbst Berücksichtigung finden. Soweit es die Übertragung des Vermögens betrifft, dürfte es mithin nicht dabei bleiben, dass der Umwandlungsvorgang ausschließlich an die Personalstatuten der betroffenen Rechtsträger angeknüpft wird. Stattdessen müsste die Kollisionsnorm dahingehend modifiziert werden, dass auch die Einzelstatuten in einer Weise Beachtung finden, durch welche die Anerkennung des Vermögensübergangs durch diese sichergestellt wird.

Führt man sich nochmals vor Augen, dass der umwandlungsrechtliche Vermögensübergang ein von der Einzelrechtsnachfolge zu unterscheidender Anknüpfungsgegenstand ist, so ist letztere Variante vorzuziehen. Die Problematik um die Übertragung von Vermögen im Rahmen von Umwandlungsvorgängen ist

---

[95] *Kuntz* IStR 2006, 224, 230.
[96] Vgl. *Lennerz,* Die internationale Verschmelzung und Spaltung unter Beteiligung deutscher Gesellschaften, 2001, S. 256, die insoweit von einer kumulativen Anknüpfung an das gesellschaftsrechtliche Anknüpfungsmoment und den Lageort etc. spricht, im Ergebnis aber die alleinige Maßgeblichkeit des Personalstatuts befürwortet.

somit im Ergebnis kein Qualifikationsproblem, sondern ein Problem der „richtigen" umwandlungsrechtlichen Anknüpfung. Es gilt, den Vermögensübergang so anzuknüpfen, dass die Interessen des Gesamtstatuts und der Einzelstatuten zu einem möglichst schonenden Ausgleich gebracht werden. Ein Vorschlag hierzu findet sich weiter unten im Vierten Teil[97].

IV. Rechtsverhältnisse gegenüber Arbeitnehmern

Im Rahmen einer Umwandlung, etwa einer Verschmelzung, können sich für die Arbeitnehmer eines beteiligten Rechtsträgers sowohl individual- als auch kollektivarbeitsrechtliche Fragen stellen[98]. Dazu gehören etwa der Eintritt des aus einer Verschmelzung hervorgehenden Rechtsträgers in die Rechte und Pflichten aus den Arbeitsverträgen, die Fortgeltung von Tarifverträgen und Betriebsvereinbarungen und etwaige Auswirkungen auf die betriebliche Altersversorgung[99]. Inwieweit solche Fragen gesellschafts- oder arbeitsrechtlich zu qualifizieren sind, hängt von dem konkreten Anknüpfungsgegenstand ab.

Die unmittelbaren materiellen Veränderungen individual- und kollektivarbeitsrechtlicher Rechte und Pflichten, die eine Umwandlung nach sich zieht[100], sind nicht gesellschafts-, sondern arbeitsrechtlich zu qualifizieren und nach der entsprechenden Kollisionsnorm anzuknüpfen. So richtet sich etwa der individualarbeitsrechtliche Eintritt des aus der Verschmelzung hervorgehenden Rechtsträgers in das Arbeitsverhältnis nach dem Arbeitsvertragsstatut[101] (Art. 8 Rom I-VO)[102]. Betriebsverfassungsrechtliche Fragen richten sich nach dem Recht am Sitz des Betriebs[103]; sie sind schon deshalb nicht gesellschafts- bzw. umwandlungsrechtlich zu qualifizieren, weil die Umwandlung als solche keine Betriebsveränderung voraussetzt[104].

---

[97] Unten § 13 III. 3. i).
[98] *Marsch-Barner*, in: Kallmeyer, UmwG, 5. Aufl. 2013, § 122e Rn. 8; *Hörtnagl*, in: Schmitt/Hörtnagl/Stratz, UmwG/UmwStG, 7. Aufl. 2016, UmwG § 122e Rn. 11.
[99] *Simon/Hinrichs* NZA 2008, 391, 394.
[100] Vgl. §§ 5 Abs. 1 Nr. 9, 122c Abs. 2 Nr. 4 UmwG.
[101] MüKoBGB/*Kindler*, 6. Aufl. 2015, IntGesR Rn. 811.
[102] Sofern dies die deutsche Rechtsordnung ist, ist § 613a BGB einschlägig.
[103] St. Rspr., BAG NZA 2001, 1033, 1035.
[104] Vgl. *Lennerz*, Die internationale Verschmelzung und Spaltung unter Beteiligung deutscher Gesellschaften, 2001, S. 233.

Hiervon zu unterscheiden sind jedoch etwaige Informationspflichten in Bezug auf die mögliche Veränderung individual- und kollektivarbeitsrechtlicher Rechtsverhältnisse anlässlich einer Umwandlung. Dem entsprechenden Informationsbedürfnis kann etwa ein Verschmelzungsbericht dienen[105]. Insoweit gilt, dass sich solche Informationspflichten nach dem Personalstatut des umzuwandelnden Rechtsträgers, dem die betroffenen Arbeitnehmer angehören, und nicht nach dem Arbeitsstatut richten[106]. Zwar regelt dieses ohne Zweifel (unmittelbar) die individual- und kollektivarbeitsrechtlichen Rechtsverhältnisse[107]. Diesbezügliche Informationspflichten im Rahmen eines Umwandlungsverfahrens sind aber ein davon zu unterscheidender Anknüpfungsgegenstand. So werden durch die Information keine eigenständigen arbeitsrechtlichen Rechte begründet[108].

Von den umwandlungsrechtlichen sind allerdings die arbeitsrechtlichen Informationspflichten zu unterscheiden, die sich anlässlich einer Umwandlung ergeben können. Exemplarisch seien aus der deutschen Rechtsordnung die §§ 92 (Personalplanung) und 111 BetrVG[109] (Betriebsänderung) genannt. Solche Informationspflichten richten sich nach der nach dem Arbeitskollisionsrecht zu ermittelnden Rechtsordnung und stehen gegebenenfalls neben den umwandlungsrechtlichen Informationspflichten. Anknüpfungspunkt ist im deutschen Internationalen Betriebsverfassungsrecht der Sitz des betroffenen Betriebs[110].

---

[105] Vgl. § 122e UmwG. Dazu *Hörtnagl*, in: Schmitt/Hörtnagl/Stratz, UmwG/UmwStG, 7. Aufl. 2016, UmwG § 122e Rn. 1. Damit unterscheidet sich der für die grenzüberschreitende Verschmelzung gemäß § 122e UmwG zu erstattende Bericht von dem sich ausschließlich nach § 8 UmwG richtenden Bericht über die Binnenverschmelzung, der ausschließlich dem Schutz der Anteilsinhaber dient (*Stratz*, in: Schmitt/Hörtnagl/Stratz, UmwG/UmwStG, 7. Aufl. 2016, UmwG § 8 Rn. 1).
[106] Näher unten § 13 III. 3. c) bzw. g).
[107] Einzelheiten zur Anknüpfung im Arbeitskollisionsrecht bei BeckOKArbeitsrecht/*Schönbohm*, Stand 1.6.2016, EGBGB Art. 30 Rn. 1 ff.
[108] Vgl. *Simon/Hinrichs* NZA 2008, 391 und 394 (lediglich beschreibende Darstellung der Auswirkungen der Verschmelzung auf die Arbeitnehmer).
[109] Betriebsverfassungsgesetz (BetrVG) idF der Bekanntmachung v. 25.09.2001 (BGBl. I, 2518).
[110] St. Rspr., BAG NZA 2001, 1033, 1035; hierzu BeckOKArbeitsrecht/*Schönbohm*, Stand 1.6.2016, EGBGB Art. 30 Rn. 25.

V. Die Anwendbarkeit des Art. 11 Abs. 1 EGBGB auf Formfragen

Im Zusammenhang mit der Qualifikation von Umwandlungen ist weiterhin fraglich, ob Formfragen (z.b. Form des Umwandlungsbeschlusses oder -vertrages) gemäß Art. 11 Abs. 1 EGBGB alternativ an das Wirkungsstatut (Personalstatut) oder das an dem Ort der Vornahme des jeweiligen Rechtsaktes geltende Recht angeknüpft werden können (Ortsform, sogenannte *locus-regit-actum*-Regel[111]). Ein Rechtsgeschäft ist nach dieser Bestimmung formwirksam, wenn die Formerfordernisse einer dieser Rechtsordnungen erfüllt sind. Diese Regelung basiert auf der Erwägung, dass die Ermittlung und Einhaltung der Formerfordernisse am Abschlussort des Rechtsgeschäfts für die Beteiligten häufig einfacher ist[112]. Art. 11 Abs. 1 EGBGB begünstigt damit die Formwirksamkeit von Rechtsgeschäften (sogenannter *favor negotii*)[113].

1. Meinungsstand

Die Anwendbarkeit des Art. 11 Abs. 1 EGBGB auf gesellschaftsrechtliche Vorgänge ist schon seit Langem umstritten. Zum Teil wird angenommen, dass für alle gesellschaftsrechtlichen Vorgänge ausschließlich die Formvorschriften des Wirkungsstatuts (Personalstatut) maßgebend seien, Art. 11 Abs. 1 EGBGB folglich keine Anwendung finde[114]. Zur Begründung heißt es, dass nach deutschem Gesellschaftsrecht formbedürftige Rechtsakte tief in die Struktur der Gesellschaft eingriffen und über den Kreis der unmittelbar daran Beteiligten hinausgingen; es müssten daher die Formerfordernisse des Wirkungsstatuts eingehalten werden[115].

Eine insbesondere in der gesellschaftsrechtlichen Literatur stark vertretene Ansicht geht hingegen dahin, dass die Ortsform nicht für alle, jedenfalls aber für solche gesellschaftsrechtlichen Akte ausgeschlossen sei, die sich unmittelbar auf

---

[111] *Kropholler*, Internationales Privatrecht, 6. Aufl. 2006, § 41 III.
[112] *Kropholler*, Internationales Privatrecht, 6. Aufl. 2006, § 41 III 1; BeckOKBGB/*Mäsch*, Stand 1.5.2013, EGBGB Art. 11 Rn. 1.
[113] MüKoBGB/*Spellenberg*, 6. Aufl. 2015, EGBGB Art. 11 Rn. 1.
[114] *Bohrenkämper*, Transnationale Sitzverlegung und Umstrukturierung von Kapitalgesellschaften im bilateralen Verhältnis Deutschland – Schweiz, 2013, S. 532; *Brambring* NJW 1975, 1255; *Kindler* BB 2010, 74, 75; *Schervier* NJW 1992, 593, 594; *Ho. Schmidt* DB 1974, 1216, 1217.
[115] Staudinger/*Großfeld*, 1993, IntGesR Rn. 428.

die Verfassung einer Gesellschaft bzw. juristischen Person beziehen[116]. Rechtstechnisch soll dies *de lege lata* durch eine Analogie zu Art. 11 Abs. 4 EGBGB erreicht werden. Dieser schließt in direkter Anwendung die Ortsform aus Gründen des öffentlichen Interesses für solche Rechtsgeschäfte aus, durch die ein Recht an einer Sache begründet oder über ein solches Recht verfügt wird. Die Analogie rechtfertige sich durch eine identische Interessenlage, da auch gesellschaftsrechtliche Vorgänge häufig die dingliche Zuordnung von Vermögensgegenständen beträfen und somit auch hier das öffentliche Interesse berührt sei[117].

Nach einer insbesondere im international-privatrechtlichen Schrifttum[118] und in Teilen der Rechtsprechung[119] vertretenen Ansicht soll Art. 11 Abs. 1 EGBGB hingegen für alle gesellschaftsrechtlichen Rechtsgeschäfte anwendbar sein. Hierfür spreche insbesondere, dass die Nichtanwendbarkeit des Art. 11 Abs. 1 EGBGB auf gesellschaftsrechtliche Rechtsgeschäfte im Wortlaut der Norm nicht zum Ausdruck komme[120].

2. Bewertung

Der Streit um die Anwendbarkeit des Art. 11 Abs. 1 EGBGB auf gesellschaftsrechtliche Rechtsakte wird wohl solange fortdauern, bis der (deutsche oder europäische) Gesetzgeber durch eine eindeutige Regelung Klarheit schafft. So scheint zwar auf den ersten Blick viel für die zuletzt genannte Ansicht zu sprechen, die unter Hinweis auf den Wortlaut von Art. 11 Abs. 1 EGBGB die Regel *locus regit actum* auch auf gesellschaftsrechtliche Rechtsgeschäfte angewandt

---

[116] *Dignas*, Die Auslandsbeurkundung von gesellschaftsrechtlichen Vorgängen einer deutschen GmbH, 2004, S. 165 ff.; *Ebenroth/Wilken* ZVglRWiss 90 (1991), 235, 252; *Eidenmüller*, in: Eidenmüller, Ausländische Kapitalgesellschaften, 2004, § 4 Rn. 5; *Haerendel* DStR 2001, 1802, 1803; MüKoBGB/*Kindler*, 6. Aufl. 2015, IntGesR Rn. 535; *Klein* RNotZ 2007, 565, 584; BeckOK BGB/*Mäsch*, Stand 1.5.2013, Art. 11 EGBGB Rn. 68.
[117] MüKoBGB/*Kindler*, 6. Aufl. 2015, IntGesR Rn. 535.
[118] *Von Hoffmann/Thorn*, Internationales Privatrecht, 9. Aufl. 2007, § 7 Rn. 42; MüKoBGB/*Spellenberg*, 6. Aufl. 2015, EGBGB Art. 11 Rn. 179; Palandt/*Thorn*, BGB, 75. Aufl. 2016, EGBGB Art. 11 Rn. 13; Staudinger/*Winkler von Mohrenfels*, 2013, EGBGB Art. 11 Rn. 275 ff. (unter Vorbehalt des ordre public, der für die Verfassung einer Gesellschaft betreffende Rechtsakte jedoch nur die öffentliche Beurkundung erfordern soll (Rn. 284)).
[119] BayObLG NJW 1978, 500; OLG Stuttgart DNotZ 1981, 451; OLG Frankfurt WM 1981, 946, 947 f.; OLG Stuttgart NZG 2001, 40, 43.
[120] *Von Hoffmann/Thorn*, Internationales Privatrecht, 9. Aufl. 2007, § 7 Rn. 42; MüKoBGB/*Spellenberg*, 6. Aufl. 2015, EGBGB Art. 11 Rn. 179.

sehen möchte. Denn wenn diese Bestimmung für gesellschaftsrechtliche Rechtsakte nicht gelten soll, so könnte man eine Ausnahmeregelung nach dem Vorbild des Art. 11 Abs. 4 EGBGB erwarten. Insoweit muss allerdings bedacht werden, dass das geschriebene Recht nach wie vor keine systematische Regelung des Internationalen Gesellschaftsrechts enthält[121]. Folglich muss aus normsystematischer Sicht bezweifelt werden, dass Art. 11 Abs. 1 EGBGB auch Rechtsgeschäfte eines Rechtsbereichs (Gesellschaftsrecht) betrifft, den das (geschriebene) deutsche Internationale Privatrecht gar nicht regelt. Zwar steht die Norm im zweiten Abschnitt des zweiten Kapitels des EGBGB, sodass sie ihrer systematischen Stellung nach die Rechtsgeschäfte allgemein und nicht in Bezug auf einen bestimmten Rechtsbereich regelt – die Regelung der besonderen Anknüpfungsgegenstände beginnt erst im dritten Abschnitt; des Weiteren betrifft der ausdrückliche Ausschluss des Gesellschaftsrechts aus dem Anwendungsbereich des EGBGB in Art. 37 Nr. 2 EGBGB a.F. nur den dort geregelten Unterabschnitt (Art. 27 ff. EGBGB a.F.[122]), sodass auch nicht unter Hinweis auf diese Bestimmung die Nichtgeltung des Art. 11 Abs. 1 EGBGB im Gesellschaftsrecht angenommen werden kann[123]. Allerdings ergibt sich aus der Gesetzesbegründung, dass „Art. 11 nicht die Form von Vorgängen regelt, die sich auf die Verfassung von Gesellschaften und juristischen Personen beziehen"[124].

Der nur in der Gesetzesbegründung zum Ausdruck kommende Ausschluss von Vorgängen, die die Verfassung einer Gesellschaft betreffen, soll nach dem Referentenentwurf zum Internationalen Gesellschaftsrecht auch unmittelbare Gesetzeskraft erhalten. Rechtstechnisch soll dies durch Anfügung eines zusätzlichen

---

[121] Dazu sogleich § 4.
[122] Dieser Unterabschnitt wurde durch Gesetz v. 25.6.2009 (BGBl. I, 1574) mWv 17.12.2009 aufgehoben und durch die Rom I-VO ersetzt.
[123] Anders *Goette*, DStR 1996, 709, 711, der annimmt, dass Art. 37 Nr. 2 EGBGB a.F. trotz seines Wortlauts nicht dahingehend verstanden werden dürfe, dass die Sperrwirkung sich nur auf den ersten Unterabschnitt beziehe. Denn Art. 11 EGBGB sei im Rahmen der Umsetzung des EG-Schuldvertragsübereinkommens (BGBl. 1986 II, 810) erlassen worden, das in Art. 1 Abs. 2 lit. e) einen umfassenden Ausschluss des Gesellschaftsrechts enthalte. Die dies betreffenden Normen des EGBGB wichen nur in ihrer systematischen Gliederung, nicht aber in ihrem Inhalt von diesem Übereinkommen ab. Diese Auffassung findet Halt in der Gesetzesbegründung, in der es heißt, dass das IPRG das Gesellschaftsrecht „insgesamt" nicht erfasse (BT-Drs. 10/504, S. 29, 49).
[124] BT-Drs. 10/504, S. 49. Angesichts dieser doch unzweideutigen Gesetzesbegründung vermag auch die Einlassung *Spellenbergs* (MüKoBGB, 6. Aufl. 2015 EGBGB Art. 11 Rn. 182), die Auffassung von der Nichtanwendbarkeit des Art. 11 EGBGB auf gesellschaftsrechtliche Satzungsänderungen beruhe auf einem „Missverständnis", nicht zu überzeugen.

Absatzes an Art. 11 EGBGB erfolgen[125]. Eine Umsetzung dieses Vorschlags ist derzeit jedoch nicht in Sicht, sodass die Frage nach der Reichweite des Art. 11 Abs. 1 EGBGB aktuell bleibt[126]. Im Folgenden soll daher ein Lösungsvorschlag gemacht werden.

3. Lösungsvorschlag

Die Beantwortung der Frage, inwieweit die Ortsform auf gesellschafts- und im Speziellen umwandlungsrechtliche Vorgänge zur Anwendung kommen kann, gelingt methodisch richtig, wenn man zwei Teilfragen unterscheidet. In einem ersten Schritt ist zu fragen, ob es sich bei dem in Rede stehenden umwandlungsrechtlichen Wirksamkeitserfordernis überhaupt um ein „Formerfordernis" im Sinne von Art. 11 EGBGB handelt. In der Regel wird es hierbei um das Erfordernis der notariellen Beurkundung eines bestimmten Rechtsakts gehen. Bejaht man diese Frage, so muss zweitens gefragt werden, ob dieses Wirksamkeitserfordernis (auch im Übrigen) vom Anwendungsbereich des Art. 11 EGBGB erfasst oder ausgenommen ist.

a) Der Tatbestand des Formerfordernisses

Inwieweit ein bestimmtes Wirksamkeitserfordernis ein Formerfordernis im Sinne von Art. 11 EGBGB ist, ist eine Frage der internationalprivatrechtlichen Qualifikation, die sich im Grundsatz nach der materiellen *lex fori* richtet[127]. Aus Sicht des deutschen Internationalen Privatrechts kommt es damit darauf an, wie das Wirksamkeitserfordernis nach dem deutschen materiellen Umwandlungsrecht einzuordnen ist.

Materiellrechtlich sind Formvorschriften Normen, die die Art und Weise der Äußerung einer Willenserklärung regeln und von anderen Regelungen, die in-

---

[125] Wortlaut: „Ein Rechtsgeschäft, das die Verfassung einer Gesellschaft, eines Vereins oder einer juristischen Person betrifft, ist nur formgültig, wenn es die Formerfordernisse des nach Artikel 10 anzuwendenden Rechts erfüllt." Dieses nach Art. 10 anzuwendende Recht ist das Personalstatut (Wirkungsstatut), welches nach dem Entwurf auf der Basis der Gründungstheorie (hierzu unten § 4 II) zu bestimmen wäre.
[126] Näher zu dem Referentenentwurf unten § 9.
[127] Vgl. bereits oben I. sowie BeckOKBGB/*Mäsch*, Stand 1.5.2013, EGBGB Art. 11 Rn. 20.

haltliche Fragen der Wirksamkeit betreffen, zu unterscheiden sind[128]. Zur Bestimmung, welcher Kategorie ein bestimmtes Wirksamkeitserfordernis angehört, ist auf dessen Zwecke abzustellen. Typische Zwecke von Formvorschriften sind der Übereilungsschutz, die Beratung und die Beweissicherung[129]. Soweit Normen etwa die notarielle Beurkundung eines bestimmten Rechtsakts vorsehen, handelt es sich dabei im Grundsatz unzweifelhaft um Formerfordernisse[130]. Wenn nun dennoch die Nichtgeltung des Art. 11 Abs. 1 EGBGB für gesellschaftsrechtliche Beurkundungspflichten behauptet wird, so häufig mit dem Argument, dass das jeweilige Beurkundungserfordernis Zwecke verfolge, die über die klassischen Formzwecke hinausgingen, weshalb es sich um kein typisches Formerfordernis handele. So wurde für die Notwendigkeit der notariellen Beurkundung eines Verschmelzungsvertrages[131] und der entsprechenden Beschlüsse[132] der Anteilsinhaber angenommen, dass diese auch der „materiellen Richtigkeitsgewähr" diene[133]. Der Begriff der Richtigkeitsgewähr bedeutet, dass der Notar durch Belehrung und Prüfung auf die Abfassung materiell richtiger (d.h. die Bestimmungen der materiellen *lex causae* wahrender) Rechtsgeschäfte hinwirkt[134]. Das Beurkundungserfordernis wird hierdurch materiell-inhaltlich und somit nicht als Formerfordernis im Sinne von Art. 11 EGBGB qualifiziert[135]. Bei umwandlungsrechtlichen Vorgängen soll das Umwandlungsstatut damit nicht nur darüber bestimmen, welche inhaltlichen Voraussetzungen zu erfüllen sind, sondern auch darüber, wie deren Erfüllung sicherzustellen ist.

Es kann jedoch kein Zweifel daran bestehen, dass die umwandlungsrechtlichen Beurkundungserfordernisse aufgrund der ihnen innenwohnenden typischen Formzwecke unter die o.g. Definition der Formerfordernisse subsumiert werden können und müssen. Zwar ist es möglich, dass eine Bestimmung des materiellen Rechts daneben weitere Zwecke verfolgt[136]. Im Fall der umwandlungsrechtlichen Beurkundungserfordernisse vermag der Zweck der materiellen Richtig-

---

[128] BeckOKBGB/*Mäsch*, Stand 1.5.2013, EGBGB Art. 11 Rn. 20.
[129] Palandt/*Thorn*, BGB, 75. Aufl. 2016, EGBGB Art. 11 Rn. 7.
[130] Staudinger/*Winkler von Mohrenfels*, 2013, EGBGB Art. 11 Rn. 108.
[131] Vgl. § 6 UmwG.
[132] Vgl. § 13 Abs. 3 UmwG.
[133] LG Augsburg NJW-RR 1997, 420.
[134] *Heckschen* MittRhNotK 1990, 14, 17.
[135] Vgl. etwa LG Augsburg NJW-RR 1997, 420; LG Kiel BB 1998, 120. Hierzu ablehnend Staudinger/*Winkler von Mohrenfels*, 2013, EGBGB Art. 11 Rn. 275.
[136] Vgl. allgemein Palandt/*Ellenberger*, BGB, 75. Aufl. 2016, § 125 Rn. 1 ff. sowie speziell zu § 6 UmwG *Schröer*, in: Semler/Stengel, UmwG, 3. Aufl. 2012, § 6 Rn. 2.

keitsgewähr jedoch nichts daran zu ändern, dass die entsprechenden Bestimmungen jedenfalls wesentlich durch die o.g. typischen Formzwecke geprägt werden. Die entsprechend einheitliche Qualifikation als Formerfordernisse gebietet hierbei schon der Aspekt der Rechtssicherheit. Demzufolge handelt es sich auch bei den umwandlungsrechtlichen Beurkundungserfordernissen um Formerfordernisse im Sinne von Art. 11 EGBGB[137].

b) Die Anwendbarkeit des Art. 11 Abs. 1 EGBGB auf das Gesellschafts- und im Speziellen auf das Umwandlungsrecht

Dass es sich bei den umwandlungsrechtlichen Beurkundungserfordernissen um Formerfordernisse im Sinne von Art. 11 EGBGB handelt, zieht die Anwendbarkeit der alternativen Anknüpfung nach Art. 11 Abs. 1 EGBGB nicht zwingend nach sich. So können diese Formerfordernisse aus anderen Gründen vom Anwendungsbereich dieser Norm ausgenommen sein. Einen solchen Fall regelt Art. 11 Abs. 4 EGBGB, wonach ein Rechtsgeschäft, durch das ein Recht an einer Sache begründet oder über ein solches Recht verfügt wird, nur formgültig ist, wenn es die Formerfordernisse des Wirkungsstatuts erfüllt.
Die Regelung in Art. 11 Abs. 4 EGBGB ist auf die hier interessierenden umwandlungsrechtlichen Formerfordernisse infolge Verschiedenheit des Anknüpfungsgegenstandes nicht unmittelbar anwendbar. Dies führt zu der Frage nach einer im Schrifttum vertretenen analogen Anwendung[138]. Ausgehend vom Normzweck des Art. 11 Abs. 4 EGBGB müsste es mithin ein Interesse des Personalstatuts (Wirkungsstatut) an der Regelung umwandlungsrechtlicher Formerfordernisse geben, das dem Interesse des Belegenheitsstaates an der Regelung dinglicher Verfügungen vergleichbar ist.
Für Verfügungen über Grundstücke lässt sich die Regelung in Art. 11 Abs. 4 EGBGB mit dem engen Zusammenhang zwischen den materiellrechtlichen Formvorschriften und den im Belegenheitsstaat auf behördliche Mitwirkung (Grundbuchamt bzw. entsprechende Stelle) ausgerichteten Verfahrensvorschriften begründen[139]. Zwar gilt die Norm auch für solche Verfügungen, die nach

---

[137] Vgl. auch *Kropholler*, Internationales Privatrecht, 6. Aufl. 2006, § 41 III 2 c; Staudinger/*Winkler von Mohrenfels*, 2013, EGBGB Art. 11 Rn. 275, 108.
[138] Oben 1.
[139] Vgl. BegrRegE BT-Drs. 10/504, S. 49 (zu Art. 11 Abs. 5 EGBGB a.F.) sowie MüKoBGB/*Spellenberg*, 6. Aufl. 2015, EGBGB Art. 11 Rn. 166.

dem Wirkungsstatut (*lex rei sitae*) nicht registriert werden müssen[140]. Entgegen *Spellenberg*[141] kann die Analogie zu Art. 11 Abs. 4 EGBGB für gesellschaftsrechtliche Rechtsakte allerdings nicht mit dieser Erwägung abgelehnt werden. Das lässt sich damit erklären, dass in den Gesetzgebungsverfahren zur Neuregelung des Internationalen Privatrechts und des Internationalen Sachenrechts die Nähe zum Register zwar als wesentlicher Grund für die Regelung benannt und eine Herausnahme nicht registerpflichtiger Verfügungen (insbesondere über bewegliche Sachen) aus dem Anwendungsbereich der Norm durchaus erwogen, mangels Notwendigkeit aber verworfen wurde[142]. Die Beziehung einer Sache zu einer bestimmten Rechtsordnung wird darüber hinaus durch ihre physische Belegenheit bestimmt. Nimmt man (für Grundstücke) die oben dargelegte Nähe zum Register hinzu, so weisen dingliche Verfügungen eine solch enge Beziehung zum Belegenheitsstaat auf, die den dafür in Art. 11 Abs. 4 EGBGB normierten Ausschluss der Ortsform als interessengerechte Regelung erscheinen lässt.

Im Hinblick auf eine Analogie zu Art. 11 Abs. 4 EGBGB ist damit zu fragen, ob die Beziehung eines umwandlungsrechtlichen Rechtsaktes zum Personalstatut (Wirkungsstatut) ähnlich ausgeprägt ist wie die Beziehung einer dinglichen Verfügung zum Belegenheitsstaat der Sache (*lex rei sitae*), sodass auch hier der Ausschluss der Ortsform geboten ist. Die besonderen Interessen des Belegenheitsstaates lassen sich wie gezeigt für dingliche Verfügungen insbesondere über Grundstücke mit deren unveränderlicher Lage sowie die Nähe zum Grundbuchamt bzw. einer entsprechenden Stelle und die dadurch begründete besonders enge räumliche Beziehung zu dem Belegenheitsstaat erklären. Demgegenüber erscheint die mögliche Beziehung einer Gesellschaft zu einer bestimmten Rechtsordnung trotz etwaiger Registrierungspflichten[143] weniger ausgeprägt. Das zeigt sich daran, dass schon im Allgemeinen nach wie vor umstritten ist, ob das Personalstatut nach der Sitz- oder der Gründungstheorie zu bestimmen ist und beide Theorien zur Maßgeblichkeit verschiedener Rechtsordnungen führen können[144].

---

[140] MüKoBGB/*Spellenberg*, 6. Aufl. 2015 EGBGB Art. 11 Rn. 180. Zu denken ist hier etwa an die Übertragung einer Briefhypothek (§§ 1153, 1154 Abs. 1 S. 1 BGB) oder an die Übereignung beweglicher Sachen nach §§ 929 ff. BGB, für die Art. 11 Abs. 4 EGBGB ebenso gilt.
[141] MüKoBGB/*Spellenberg*, 6. Aufl. 2015, EGBGB Art. 11 Rn. 180.
[142] BT-Drs. 10/504, S. 49 sowie BT-Drs. 14/343, S. 15.
[143] Vgl. etwa für die Verschmelzung § 16 UmwG.
[144] Staudinger/*Winkler von Mohrenfels*, 2013, EGBGB Art. 11 Rn. 278. Zu diesen Theorien sogleich § 4.

Ferner wurde es deutschen (Kapital-) Gesellschaften durch die durch das MoMiG[145] geschaffene Möglichkeit der Verwaltungssitznahme im Ausland (§§ 4a GmbHG[146], 5 AktG[147]) erlaubt, ihre Beziehung zur Bundesrepublik zu lockern, bis hin zur im Rahmen einer (Zweig-) Niederlassung ausschließlichen Entfaltung ihrer Geschäftstätigkeit außerhalb des deutschen Hoheitsgebiets[148]. Die für eine Analogie zu Art. 11 Abs. 4 EGBGB erforderliche vergleichbare Interessenlage für gesellschaftsrechtliche Rechtsakte kann folglich nicht durch eine besondere Nähe von Gesellschaften zu einem bestimmten Staat begründet werden. Somit ist festzuhalten, dass nach geltendem Recht auch umwandlungsrechtliche Rechtsakte, selbst wenn sie wie Umwandlungsbeschlüsse oder -verträge unmittelbar die Verfassung einer Gesellschaft betreffen, der alternativen Anknüpfung nach Art. 11 Abs. 1 EGBGB unterfallen. Aus den genannten Gründen erscheint es auch nicht angezeigt, hiervon *de lege ferenda* abzuweichen[149].

VI. Zusammenfassung

Der Anknüpfungsgegenstand „Umwandlung" ist in Anlehnung an die materielle *lex fori* (§§ 1 ff. UmwG) zu konkretisieren. Als gesellschaftsrechtliche Strukturmaßnahme ist er gesellschaftsrechtlich zu qualifizieren. Maßgebend ist damit grundsätzlich das Personalstatut des an einer Umwandlung beteiligten Rechtsträgers. Dieses entscheidet über sämtliche Voraussetzungen und Rechtsfolgen der Umwandlung. Dies gilt auch für die durch eine Umwandlung bewirkte Übertragung von Vermögensgegenständen durch Gesamtrechtsnachfolge. Das Personalstatut steht hierbei jedoch u.U. in einem Konflikt mit dem Einzelstatut, dem ein von einer Umwandlung erfasster Vermögensgegenstand ungeachtet der Umwandlung unterliegt und welches im Einzelfall besondere Übertragungsvoraussetzungen enthalten kann (z.B. *lex rei sitae* oder Forderungsstatut). Bei der Abfassung der Umwandlungskollisionsnorm ist deshalb darauf zu achten, die Anknüpfung diesbezüglich im Interesse der Anerkennung des Vermögensüber-

---

[145] Gesetz v 23.10.2008, BGBl. I, 2026.
[146] Gesetz betreffend die Gesellschaften mit beschränkter Haftung (GmbHG) idF der Bekanntmachung v. 20.5.1898, RGBl., 846.
[147] Aktiengesetz (AktG) v. 6.9.1965, BGBl. I, 1089.
[148] BegrRegE, BR-Drs. 354/07, S. 65.
[149] Vgl. hierzu auch ausführlich unten § 13 III. 3. d) (2).

gangs durch die Einzelstatuten zu modifizieren[150]. Umwandlungsrechtliche Formerfordernisse hingegen unterliegen nach geltendem Recht der alternativen Anknüpfung an das Wirkungsstatut (Personalstatut) oder das Ortsrecht nach Art. 11 Abs. 1 EGBGB.

---

[150] Lösungsvorschlag unten § 13 III. 3. i).

§ 4 Die Bestimmung des Personalstatuts

Die gesellschaftsrechtliche Qualifikation der Umwandlung bedeutet, dass deren Anknüpfung in den Anwendungsbereich des Internationalen Gesellschaftsrechts fällt. Das Internationale Gesellschaftsrecht ist in der Bundesrepublik nicht kodifiziert[151]. Auch die Umsetzung des diesbezüglichen Referentenentwurfs, durch den es zur Kodifizierung der sogleich noch darzustellenden Gründungstheorie käme, ist derzeit nicht absehbar[152]. Folglich ist nach wie vor auf ungeschriebene Anknüpfungstheorien zurückzugreifen. Vorherrschend sind seit jeher die Sitztheorie und die Gründungstheorie.

I. Sitztheorie

Nach der Sitztheorie, die im 19. Jahrhundert in Belgien und Frankreich entwickelt wurde[153], ist das Personalstatut das Recht des Staates, in dem die Gesellschaft ihren Verwaltungssitz hat[154]. Dies ist der Ort, an dem die grundlegenden Entscheidungen der Unternehmensleitung effektiv in laufende Geschäftsführungsakte umgesetzt werden[155]. Die Sitztheorie ist in erster Linie eine Schutztheorie, da sie zur Anwendung des materiellen Gesellschaftsrechts des Staates führt, der aufgrund der räumlichen Beziehung von der Geschäftstätigkeit der Gesellschaft am stärksten betroffen ist[156]. Einer Gesellschaft ist es damit praktisch nicht möglich, ihren Verwaltungssitz von dem Gründungsstaat in einen anderen Staat zu verlegen. Denn dies hätte nach der Sitztheorie ab dem Zeitpunkt der Verlegung die Anwendung des Gesellschaftsrechts des Zuzugsstaates zur Folge (Statutenwechsel). Da die gesellschaftsrechtlichen Verhältnisse damit

---

[151] *Kropholler*, Internationales Privatrecht, 6. Aufl. 2006, § 55 I 1.
[152] Einzelheiten zu dem Entwurf unten § 9.
[153] MüKoBGB/*Kindler*, 6. Aufl. 2015, IntGesR Rn. 420.
[154] *Leible*, in: Michalski, GmbHG, 2. Aufl. 2010, Systematische Darstellung 2, Internationales Gesellschaftsrecht Rn. 4.
[155] BGHZ 97, 269.
[156] *Großfeld/König* RIW 1992, 433; MüKoBGB/*Kindler*, 6. Aufl. 2015, IntGesR Rn. 421; *Leible*, in: Michalski, GmbHG, 2. Aufl. 2010, Systematische Darstellung 2, Internationales Gesellschaftsrecht Rn. 4; *Leuering* ZRP 2008, 73, 74 („Wächteramt" des Sitzstaates); ebenso *Lutter/Bayer/J. Schmidt*, EuropUR, 6. Aufl. 2018, 7.5; *K. Schmidt* ZGR 1999, 20, 23.

nicht mehr nach der Gründungsrechtsordnung zu beurteilen wären, könnte die Gesellschaft nicht mehr als in der Gründungsrechtsform fortbestehend angesehen werden. Damit käme nur in Frage, die Gesellschaft als Gesellschaft des Zuzugsstaates anzusehen, was in der Regel jedoch (schon mangels Eintragung im nationalen Register) an der nicht wirksamen Gründung nach dieser Rechtsordnung scheitern wird[157].

II. Gründungstheorie

Nach der im 18. Jahrhundert in England entwickelten Gründungstheorie ist Personalstatut hingegen das Recht, nach dem die Gesellschaft gegründet wurde[158]. Das Gründungsrecht ist anhand der Gründungsdokumente und der Registrierung der Gesellschaft unschwer feststellbar[159]. Indem sie nicht wie die Sitztheorie auf das objektive Kriterium des effektiven Verwaltungssitzes abstellt, trägt die Gründungstheorie damit primär (subjektiv) dem Willen der Gründer Rechnung[160]. Historischer Zweck der Gründungstheorie war insbesondere, die überseeischen Wirtschaftsaktivitäten der damaligen Kolonial-, See- und Handelsmacht England zu schützen und zu kontrollieren, indem die in den Kolonien operierenden Gesellschaften dem heimischen Recht unterstehen sollten[161]. Eine tatsächliche Beziehung zu dem Gründungsstaat ist nicht erforderlich; die subjektive Anknüpfung an den Willen der Gründer erfährt lediglich insoweit eine Einschränkung, als sich nach dem Gründungsrecht wenigstens der Satzungssitz wird in dem Gründungsstaat befinden müssen[162].

---

[157] Zu der Möglichkeit, eine zugezogene (Kapital-) Gesellschaft als rechtsfähige Personengesellschaft des Zuzugsstaates anzuerkennen (sog. modifizierte Sitztheorie oder Wechselbalgtheorie) BGH DStR 2002, 1679 mit Anm. *Goette.*
[158] MüKoBGB/*Kindler*, 6. Aufl. 2015, IntGesR Rn. 359.
[159] MüKoBGB/*Kindler*, 6. Aufl. 2015, IntGesR Rn. 361.
[160] *Leible*, in: Michalski, GmbHG, 2. Aufl. 2010, Systematische Darstellung 2, Internationales Gesellschaftsrecht Rn. 7; *Leuering* ZRP 2008, 73, 74.
[161] *Von Bismarck*, Grenzüberschreitende Sitzverlegung von Kapitalgesellschaften in Europa, 2005, S. 35; vgl. auch *Lutter/Bayer/J. Schmidt*, EuropUR, 6. Aufl. 2018, 7.6.
[162] *Von Bismarck*, Grenzüberschreitende Sitzverlegung von Kapitalgesellschaften in Europa, 2005, S. 34; *Dinkhoff*, Internationale Sitzverlegung von Kapitalgesellschaften unter besonderer Berücksichtigung des internationalen Gesellschaftsrechts und des Steuerrechts, 2001, S. 16.

Die Gründungstheorie birgt damit allerdings auch die Gefahr, dass die Gründer eine Gesellschaftsrechtsordnung wählen, in der der Schutz nationaler und individueller Interessen schwächer ausgeprägt ist als in der Rechtsordnung des Staates, in dem die Gesellschaft im Wesentlichen ihre Tätigkeit entfaltet[163]. Der hauptsächliche Kritikpunkt an der Gründungstheorie lautet daher dahingehend, dass sich hierdurch dauerhaft im Sinne eines „race to the bottom" diejenigen Gesellschaftsrechtsordnungen mit dem geringsten Schutz von Drittinteressen durchsetzen würden[164]. Beispielhaft seien die Regelungen zur unternehmerischen Mitbestimmung der Arbeitnehmer und gläubigerschützende Kapitalaufbringungs- und -erhaltungsvorschriften genannt[165].

Aus diesem Grunde wurden die Gründungstheorie in ihrer reinen Form einschränkende Ansätze entwickelt, die einer missbräuchlichen Wahl des Personalstatuts entgegenwirken sollen[166]. Hierzu zählen mit der Sitztheorie vermittelnde Theorien, die meist auf der Gründungstheorie aufbauen, im Sinne der Sitztheorie aber Interessen des Sitzstaates berücksichtigen. So soll die Gesellschaft nach der Überlagerungstheorie zwar grundsätzlich nach dem Gründungsrecht beurteilt werden; dieses soll aber durch einzelne zwingende Bestimmungen des Sitzrechts „überlagert" werden können[167]. Nach der Kombinationslehre *Zimmers* ist ebenso von dem Gründungsrecht auszugehen; weist die betroffene Gesellschaft jedoch nur zu einem anderen Staat substanzielle Beziehungen auf, so soll dessen Recht zur Anwendung kommen[168].

---

[163] MüKoBGB/*Kindler*, 6. Aufl. 2015, IntGesR Rn. 368.
[164] Dazu von *Bismarck*, Grenzüberschreitende Sitzverlegung von Kapitalgesellschaften in Europa, 2005, S. 36 f.; MüKoGmbHG/*Weller*, 2. Aufl. 2015, Einleitung Rn. 337.
[165] MüKoBGB/*Kindler*, 6. Aufl. 2015, IntGesR Rn. 368 f.
[166] Ausführlich MüKoBGB/*Kindler*, 6. Aufl. 2015, IntGesR Rn. 387 ff.; vgl. auch *Leible*, in: Michalski, GmbHG, 2. Aufl. 2010, Systematische Darstellung 2, Internationales Gesellschaftsrecht Rn. 11 ff.
[167] *Sandrock* RabelsZ 42 (1978), 227, 246 ff., 250 ff; kritisch *Ebenroth* JZ 1988, 18, 21; *Großfeld/König* RIW 1992, 433, 436.
[168] *Zimmer*, Internationales Gesellschaftsrecht, 1996, S. 232 ff; kritisch *Eidenmüller*, in: Eidenmüller, Ausländische Kapitalgesellschaften, 2004, § 1 Rn. 9.

III. Partieller Übergang zur Gründungstheorie im Anwendungsbereich der Niederlassungsfreiheit und von Staatsverträgen

Jeweils einer der beiden Theorien folgen über den gesamten Globus verteilt zahlreiche Rechtsordnungen[169]. Die deutsche Rechtsprechung ist im Grundsatz bislang der Sitztheorie gefolgt[170], was dieser in der Bundesrepublik gewohnheitsrechtliche Geltung verschafft hat[171]. Die Rechtsprechung des EuGH zur europäischen Niederlassungsfreiheit (Art. 49, 54 AEUV, ex Art. 43, 48 EG)[172] hat jedoch im Ergebnis zu einem partiellen Übergang zur Gründungstheorie geführt. So hat der EuGH in der insoweit zentralen Rs. *Überseering* entschieden, dass der Mitgliedstaat, in den eine Gesellschaft ihren Sitz verlegt, verpflichtet ist, „die Rechtsfähigkeit und damit die Parteifähigkeit zu achten, die diese Gesellschaft nach dem Recht ihres Gründungsstaats besitzt"[173]. Ob hieraus folgt, dass die Sitztheorie selbst gegen Unionsrecht verstößt, oder ob der eigentliche Verstoß nicht erst durch das durch die Sitztheorie zur Anwendung berufene Sachrecht eintritt, ist lebhaft umstritten[174]. Der Streit braucht hier nicht weiter vertieft werden. Für die Zwecke dieser Darstellung genügt die Feststellung, dass die Rechtsprechung des EuGH die deutsche Rechtsprechung jedenfalls im Ergebnis dazu veranlasst hat, im Anwendungsbereich der Niederlassungsfreiheit der Gründungstheorie zu folgen[175]. Die Gründungsanknüpfung kommt des Weiteren dort zur Anwendung, wo aufgrund von Staatsverträgen die Anerkennung von Gesellschaften der beteiligten Staaten vereinbart ist[176].

---

[169] Vgl. hierzu den Überblick bei MüKoBGB/*Kindler*, 6. Aufl. 2015, IntGesR Rn. 508 ff.
[170] So bereits RG JW 1904, 231; 1934, 28, 45; aus der jüngeren Zeit BGHZ 151, 204, 206 = NJW 2002, 3539; BGHZ 153, 353, 355 = NJW 2003, 1607. Vgl. hierzu ausführlich mit zahlreichen weiteren Nachweisen MüKoBGB/*Kindler*, 6. Aufl. 2015, IntGesR Rn. 5, 358.
[171] MüKoBGB/*Kindler*, 6. Aufl. 2015, IntGesR Rn. 5; MüKoGmbHG/*Mayer*, 2. Aufl. 2015, § 4a Rn. 75; *Servatius*, in: Henssler/Strohn, Gesellschaftsrecht, 3. Aufl. 2016, Internationales Gesellschaftsrecht Rn. 5.
[172] Hierzu noch ausführlich unten § 12 I. 1. a).
[173] EuGH v. 5.11.2002, *Überseering*, Rs. C-208/00, Slg. 2002 I-09919, ECLI:EU:C:2002:632 Tz. 95.
[174] Ausführlich zu diesem Streit MüKoBGB/*Kindler*, 6. Aufl. 2015, IntGesR Rn. 122 f.; *Leible*, in: Michalski, GmbHG, 2. Aufl. 2010, Systematische Darstellung 2, Internationales Gesellschaftsrecht Rn. 19 ff.
[175] MüKoBGB/*Kindler*, 6. Aufl. 2015, IntGesR Rn. 123.
[176] Insbesondere EWR-Abkommen v. 2.5.1992, BGBl. 1993 II, 266 und Freundschafts-, Handels- und Schifffahrtsvertrag zwischen der Bundesrepublik und den USA v. 29.10.1954, BGBl. II, 487. Dazu Bayer/J. Schmidt ZHR 173 (2009), 735, 738 mwN sowie *Leible*, in: Mi-

Auf Gesellschaften hingegen, die weder entsprechenden Staatsverträgen unterliegen noch in den Schutzbereich der Niederlassungsfreiheit fallen, wendet die Rechtsprechung weiterhin die Sitztheorie an. Das hat der BGH in seiner Entscheidung *Trabrennbahn* in Bezug auf eine nach schweizerischem Recht gegründete Gesellschaft ausdrücklich klargestellt[177]. Der BGH hat sich durch die Entscheidungen des EuGH zur Niederlassungsfreiheit somit nicht zu einem generellen Übergang zur Gründungstheorie veranlasst gesehen. Indirekt bestätigt wurde er insoweit durch die Entscheidung des EuGH in der Rs. *Grimme*. Der EuGH hat hierin festgestellt, dass auf schweizerische Gesellschaften auch nicht aufgrund des Freizügigkeitsabkommens zwischen den EU-Mitgliedstaaten und der Schweiz[178] die Niederlassungsfreiheit – und damit in der Folge die Gründungstheorie – anzuwenden ist[179]. In der Konsequenz hat dies dazu geführt, dass das deutsche Internationale Gesellschaftsrecht derzeit durch eine gespaltene Anknüpfung nach der Gründungstheorie einerseits und der Sitztheorie andererseits geprägt ist[180].

IV. Partieller Übergang zur Gründungstheorie aufgrund der §§ 4a GmbHG, 5 AktG?

Ein weiterer partieller Übergang zur Gründungstheorie könnte sich auch durch die Neufassung der §§ 4a GmbHG, 5 AktG durch das MoMiG[181] vollzogen haben. Einer nach deutschem Recht gegründeten GmbH bzw. AG sollte es hierdurch ermöglicht werden, von Anfang an ihren Verwaltungssitz im Ausland zu begründen oder diesen später dorthin zu verlegen; realisiert wurde dies durch Streichung der §§ 4a Abs. 2 GmbHG a.F., 5 Abs. 2 AktG a.F.[182]. Fraglich ist, ob den zweifellos sachrechtlichen Regelungen der §§ 4a GmbHG, 5 AktG jeweils

---

chalski, GmbHG, 2. Aufl. 2010, Systematische Darstellung 2, Internationales Gesellschaftsrecht Rn. 59 ff.

[177] BGHZ 178, 192 = NJW 2009, 289 Tz. 20 ff. („Trabrennbahn").

[178] Abkommen zwischen der Europäischen Gemeinschaft und ihren Mitgliedstaaten einerseits und der Schweizerischen Eidgenossenschaft andererseits über die Freizügigkeit, ABlEG v. 30.4.2002, L 114/06.

[179] EuGH v. 12.11.2009, *Grimme*, Rs. C-351/08, ECLI:EU:C:2009:697 Tz. 32 ff.

[180] *Leuering* ZRP 2008, 73, 74 („Zweispurigkeit"); zur Kritik hieran *Bayer/J. Schmidt* ZHR 173 (2009), 735, 772; *Lutter/Bayer/J. Schmidt*, EuropUR, 6. Aufl. 2018, 7.65 ff.

[181] BGBl. 2008 I, 2026.

[182] BegrRegE MoMiG, BR-Drs. 354/07, S. 65.

auch ein kollisionsrechtlicher Aussagegehalt dahingehend zu entnehmen ist, dass der deutsche Gesetzgeber für nach deutschem Recht gegründete Gesellschaften mit beschränkter Haftung und Aktiengesellschaften partiell zur Gründungstheorie übergegangen ist.

1. Rein sachrechtliche Regelungen

Nach zum Teil vertretener Auffassung handelt es sich bei den §§ 4a GmbHG, 5 AktG um rein sachrechtliche Regelungen im Sinne bloßer Definitionsnormen, die das nationale Gesellschaftskollisionsrecht unberührt lassen[183]. Die Streichung der §§ 4a Abs. 2 GmbHG a.F., 5 Abs. 2 AktG a.F. könne schon deshalb keine kollisionsrechtliche Bedeutung haben, weil die Sitztheorie ihre Grundlage nicht in diesen Bestimmungen, sondern im Gewohnheitsrecht habe[184].

2. Versteckte Kollisionsnormen

Nach der Gegenauffassung beinhalten die §§ 4a GmbHG, 5 AktG hingegen eine versteckte, einseitige und rechtsformspezifische Kollisionsnorm entsprechend der Gründungstheorie[185]. Für diese Auffassung wird im Wesentlichen vorgebracht, dass im Falle der rein sachrechtlichen Interpretation das erklärte gesetzgeberische Ziel der Sitznahme im Ausland nicht zu realisieren wäre; auch die *Trabrennbahn*-Entscheidung des BGH[186], in der dieser sich für die Fortgeltung der Sitztheorie in Bezug auf Gesellschaften aus Drittstaaten entschieden hat,

---

[183] *Eidenmüller* ZGR 2007, 168, 204; *Franz* BB 2009, 1250, 1251; *ders./Laeger* BB 2008, 678, 681 f.; *Kindler* NJW 2008, 3249, 3251; *ders.* IPRax 2009, 189, 197 ff.; MüKoBGB/*ders.*, 6. Aufl. 2015, IntGesR Rn. 5, 517; *Nolting* NotBZ 2009, 109, 113; *Peters* GmbHR 2008, 245, 249; *Preuß* GmbHR 2007, 57, 62; MüKoGmbHG/*Weller*, 2. Aufl. 2015, Einleitung Rn. 384; *Weng* EWS 2008, 264, 267.
[184] MüKoGmbHG/*Weller*, 2. Aufl. 2015, Einleitung Rn. 384.
[185] *Bayer/J. Schmidt* ZHR 173 (2009), 735, 749; *ders.*, Grenzüberschreitende Mobilität europäischer und nationaler Rechtsformen – aktuelle Entwicklungen und Perspektiven, in: Bergmann u.a. (Hrsg.) 10 Jahre SE, S. 230, 232 (jeweils für generellen, d.h. nicht lediglich auf den „Wegzug" von AG oder GmbH beschränkten Übergang zur Gründungstheorie); *Lutter/ders./J. Schmidt*, EuropUR, 6. Aufl. 2018, 7.83; *Däubler/Heuschmid* NZG 2009, 493, 494; *Fingerhuth/Rumpf* IPrax 2008, 90, 94; *Herrler* DNotZ 2009, 484, 489; *Hoffmann* ZIP 2007, 1581, 1586; *Koch/Eickmann* AG 2009, 73, 74 f.; MüKoGmbHG/*Mayer*, 2. Aufl. 2015, § 4a Rn. 76 („Satzungssitztheorie"); *Paefgen* WM 2009, 529, 530 (für eine Beschränkung auf EU-Mitgliedstaaten). Vgl. auch *Hirte* NZG 2008, 761, 766 (Aufgabe der Sitztheorie).
[186] BGHZ 178, 192 = NJW 2009, 289 („Trabrennbahn").

stehe der kollisionsrechtlichen Sichtweise nicht entgegen, da diese Entscheidung lediglich den Umgang mit ausländischen Gesellschaften betraf, nicht hingegen die Anknüpfung in Bezug auf deutsche Kapitalgesellschaften mit ausländischem Verwaltungssitz[187].

3. Stellungnahme

In der Gesamtschau überwiegen die für die (auch) kollisionsrechtliche Sichtweise sprechenden Argumente. Zwar erscheint es auf den ersten Blick gewagt, die *Streichung* der §§ 4a Abs. 2 GmbHG a.F., 5 Abs. 2 AktG a.F., mithin materiellrechtlicher Bestimmungen, dahingehend zu interpretieren, dass hierdurch eine partielle Normierung des Internationalen Gesellschaftsrechts geschaffen werden sollte. Entscheidend ist jedoch der aus den Materialien herzuleitende gesetzgeberische Wille, deutschen Kapitalgesellschaften die Verwaltungssitznahme im Ausland zu ermöglichen[188]. Inwieweit dies tatsächlich zu realisieren ist, hängt zwar maßgebend auch davon ab, ob das Gesellschaftskollisionsrecht an dem ausländischen Verwaltungssitz der Sitz- oder der Gründungstheorie folgt[189]. In Anbetracht des Regelungszwecks der §§ 4a GmbHG, 5 AktG wäre es aber geradezu widersinnig, wenn schon der Gründungsstaat selbst, mithin die Bundesrepublik, die Sitznahme im Ausland durch das eigene Gesellschaftskollisionsrecht im Ergebnis vereitelte[190]. Aufgrund des Zusammenspiels von Kollisions- und materiellem Recht spricht daher insbesondere auch der Aspekt der Einheit der Rechtsordnung für die auch kollisionsrechtliche Sichtweise.

V. Stellungnahme

Wenngleich nicht das allgemeine Internationale Gesellschaftsrecht, sondern das spezielle Umwandlungskollisionsrecht im Mittelpunkt der vorliegenden Betrachtung steht, soll doch an dieser Stelle dafür plädiert werden, umfassend zur Gründungstheorie überzugehen. So war die Sitztheorie im Anwendungsbereich

---

[187] *Bayer/J. Schmidt* ZHR 173 (2009), 735, 749.
[188] BegrRegE MoMiG, BR-Drs. 354/07, S. 65.
[189] MüKoBGB/*Kindler*, 6. Aufl. 2015, IntGesR Rn. 515 ff.; MüKoGmbHG/*Mayer*, 2. Aufl. 2015, § 4a Rn. 74.
[190] Vgl. *Bayer/J. Schmidt* ZHR 173 (2009), 735, 749.

der Niederlassungsfreiheit jedenfalls im Ergebnis nicht mehr zu halten[191], was der Gründungstheorie partiell bereits langfristige, ja sogar gewohnheitsrechtliche Geltung verschafft haben dürfte. Die hieraus resultierende gespaltene Anknüpfung macht das nationale Gesellschaftskollisionsrecht unnötig kompliziert und stiftet nicht unerhebliche Rechtsunsicherheit[192]. Eindrucksvoll zeigt dies die in dem Verfahren *Trabrennbahn* von dem Berufungsgericht angestellte und vom BGH sodann verworfene Erwägung, jedenfalls in Bezug auf schweizerische Gesellschaften sei es gerechtfertigt, die für EU- und EWR-Gesellschaften geltenden Grundsätze anzuwenden, obwohl es sich bei der Schweiz um einen Drittstaat handelt[193]. Hinzu kommt, dass nicht nur die Rechtsprechung, sondern auch der nationale Gesetzgeber selbst mittels der Neufassung der §§ 4a GmbHG, 5 AktG durch das MoMiG bereits einen ersten, wenn auch nur versteckten Schritt hin zur Gründungstheorie getan hat[194].

Der vermeintlichen Gefahr eines „race to the bottom" sollte dabei nicht mit einem partiellen Beharren auf der Sitztheorie mit der Folge einer generell gespaltenen Anknüpfung begegnet werden. Wesentlich konsistenter erscheint es, umfänglich zur Gründungstheorie überzugehen und dort, wo infolge der Gründungsanknüpfung tatsächlich Drittinteressen gefährdet werden, dem durch spezielle Verkehrsschutzregelungen nach dem Vorbild von Art. 12 Abs. 2, 3 EG-BGB-RefE, durch Sonderanknüpfungen[195] oder als *ultima ratio* durch den ordre-public-Vorbehalt[196] Rechnung zu tragen[197].

Darüber hinaus stößt man bei der Auseinandersetzung mit den hier in Rede stehenden grenzüberschreitenden Umwandlungen auf einen Aspekt, der in die allgemeine Diskussion zwischen Sitz- und Gründungstheorie einzubeziehen ist und der im Ergebnis gleichermaßen für die Gründungstheorie spricht.

Dies ergibt sich aus folgender Erwägung: Nach den bislang gewonnenen Erkenntnissen ist eine grenzüberschreitende Umwandlung dadurch geprägt, dass hierdurch mindestens zwei Personalstatuten berührt werden, da eine solche

---

[191] *Koch*, in: Hüffer/Koch, AktG, 12. Aufl. 2016, § 1 Rn. 42.
[192] *Bayer/J. Schmidt* ZHR 173 (2009), 735, 772; *Rehm*, in: Eidenmüller, Ausländische Kapitalgesellschaften, 2004, § 2 Rn. 88; a.A. MüKoBGB/*Kindler*, 6. Aufl. 2015, IntGesR Rn. 367.
[193] BGHZ 178, 192 = NJW 2009, 289 Tz. 11, 20 („Trabrennbahn").
[194] Oben IV.
[195] Vgl. hierzu *Leuering* ZRP 2008, 73, 77.
[196] Art. 6 EGBGB.
[197] *Bayer/J. Schmidt* ZHR 173 (2009), 735, 773.

Umwandlung entweder mehrere Rechtsträger[198] oder mehrere Rechtsformen[199], die verschiedenen Rechtsordnungen unterliegen, betrifft. Unter Zugrundelegung der Sitztheorie sind jedoch Fallgestaltungen denkbar, in denen sich eine Umwandlung trotz ihres zweifellos grenzüberschreitenden Charakters nach nur einem einzigen Personalstatut richten würde. So mag es vorkommen, dass eine Gesellschaft ihre grenzüberschreitende Mobilität nicht sofort durch eine Umwandlung verwirklicht. Eine nach ausländischem Recht gegründete Gesellschaft mag etwa im Laufe der Zeit zunehmend am deutschen Markt tätig werden und aufgrund dessen zunächst ihren Verwaltungssitz in die Bundesrepublik verlegen. Nach einiger Zeit mag der Entschluss reifen, sich mit einer in Deutschland gegründeten und ansässigen Gesellschaft zu verschmelzen. Wendet man auf die Umwandlung die Sitztheorie an, so ergibt sich die Betroffenheit lediglich einer, nämlich der inländischen Rechtsordnung, da sich der Verwaltungssitz beider beteiligter Gesellschaften im Inland befindet. Die Umwandlung müsste sich unter Zugrundelegung der Sitztheorie mithin ausschließlich nach dem deutschen Umwandlungsrecht richten, die Kumulation mehrerer Rechtsordnungen käme von vornherein nicht in Betracht[200].

Auch umgekehrte Fälle erscheinen gerade infolge der Neufassung der §§ 4a GmbHG, 5 AktG denkbar, da hiernach nach deutschem Recht gegründete Kapitalgesellschaften auch einen ausländischen Verwaltungssitz wählen können[201]. Haben sie dies getan und soll nun etwa eine Umwandlung in eine an dem ausländischen Verwaltungssitz gegebene Rechtsform erfolgen, so wäre aus Sicht der Bundesrepublik und unter Zugrundelegung der Sitztheorie ausschließlich das ausländische Recht maßgebend. Wer folglich in den §§ 4a GmbHG, 5 AktG keinerlei kollisionsrechtlichen Gehalt im Sinne der Gründungstheorie erblickt[202], muss der deutschen Rechtsordnung in der Konsequenz auch unterstellen, dass diese nicht über die Zulässigkeit einer solchen Umwandlung mitbestimmen möchte, obwohl daran zweifellos eine Gesellschaft beteiligt ist, der die deutsche Rechtsordnung ihre Existenz verliehen hat.

Mit anderen Worten: Bleibt der Verwaltungssitz im Rahmen der Umwandlung unverändert, so ist nach Maßgabe der Sitztheorie für die Berücksichtigung meh-

---

[198] Im Fall von Verschmelzung, Spaltung und Vermögensübertragung.
[199] Im Fall des Formwechsels.
[200] Zu dieser Problematik auch *Hörtnagl*, in: Schmitt/Hörtnagl/Stratz, UmwG/UmwStG, 7. Aufl. 2016, UmwG § 122a Rn. 8.
[201] Hierzu oben IV.
[202] Oben IV. 1.

rerer Rechtsordnungen von vornherein kein Raum, die Umwandlung wäre kollisionsrechtlich praktisch neutral[203]. Die Zugrundelegung der Sitztheorie würde folglich die Gefahr bergen, einen Teil der zweifellos betroffenen Rechtsordnungen von vornherein zu übergehen[204]. Wie noch ausführlich zu zeigen sein wird, kann dies kein interessengerechtes Ergebnis sein[205]. Nach alledem erscheint es im Internationalen Gesellschaftsrecht an der Zeit, umfassend zur Gründungstheorie überzugehen.

---

[203] *Jaensch* EWS 2007, 97, 98.
[204] Die Betroffenheit beider Rechtsordnungen zeigt sich besonders daran, dass die Ausgangsrechtsform der einen und die Zielrechtsform der anderen Rechtsordnung angehört.
[205] Unten § 13 I. bis III.

§ 5 Präzisierung der kollisionsrechtlichen Problematik von Umwandlungen

Die Frage nach der Anknüpfung einer Umwandlung ist mit der Bestimmung des Personalstatuts nicht gelöst. Sie wäre dies nur dann, wenn mit der Bestimmung des Personalstatuts eine ganz bestimmte Rechtsordnung als zur Anwendung auf die Umwandlung berufen und die Anknüpfung damit vollzogen wäre[206]. Von einer Umwandlung sind jedoch stets mehrere Rechtsträger bzw. mehrere Rechtsformen betroffen[207]. Das hat im grenzüberschreitenden Kontext die Betroffenheit mehrerer Personalstatuten zur Folge. Die wesentliche kollisionsrechtliche Problematik von Umwandlungsmaßnahmen ist damit nicht die Bestimmung des Personalstatuts (nach dem allgemeinen Internationalen Gesellschaftsrecht), sondern die dieser nachgelagerte Frage, wie sich die mehreren von einer Umwandlung betroffenen Personalstatuten zueinander verhalten[208]. Die Problematik sei im Folgenden nochmals für die einzelnen Umwandlungsarten verdeutlicht.

I. Verschmelzung, Spaltung, Vermögensübertragung

Evident ist die Problematik etwa bei einer Verschmelzung zur Aufnahme, an der mehrere bereits existente, selbständige, unterschiedlichen Rechtsordnungen unterliegende Rechtsträger beteiligt sind. Mit der Bestimmung *des* Personalstatuts ist die kollisionsrechtliche Problematik daher nicht gelöst. Problematisch und entscheidend ist vielmehr, wie sich die betroffenen Personalstatuten nach der einschlägigen Umwandlungskollisionsnorm zueinander verhalten. Bestimmt sie, dass nur eine Rechtsordnung zur Anwendung kommt, diese folglich allein über die Umwandlung entscheidet? Oder kommen alle betroffenen Personalstatuten zur gemeinsamen Anwendung (Kumulation)? Bejaht man Letzteres, muss geklärt werden, wie die Kumulation mehrerer Rechtsordnungen konkret auszuge-

---

[206] Vgl. *Lennerz*, Die internationale Verschmelzung und Spaltung unter Beteiligung deutscher Gesellschaften, 2001, S. 138.
[207] Vgl. bereits oben § 1 I.
[208] Vgl. *Kuntz* IStR 2006, 224, 225; *Neye*, in: Lutter, Kölner Umwandlungsrechtstage, 1995, S. 7 spricht in diesem Zusammenhang davon, dass bei Umwandlungen über die Grenze immer mindestens zwei Rechtsordnungen „zusammenspielen" müssten.

stalten ist[209]. Kommt es zu einer strengen Kumulation in dem Sinne, dass für sämtliche Voraussetzungen und Rechtsfolgen der Umwandlung alle Rechtsordnungen gemeinsam anzuwenden sind? Oder sind im Sinne sogenannter distributiver Rechtsanwendung einige Voraussetzungen nach der einen, andere Voraussetzungen hingegen nach der anderen Rechtsordnung zu beurteilen? Ebenso ist eine Mischform in dem Sinne denkbar, dass es hinsichtlich einiger Voraussetzungen/Rechtsfolgen zu einer strengen Kumulation kommen muss, hinsichtlich anderer Voraussetzungen/Rechtsfolgen hingegen zu einer distributiven Anknüpfung.

Die angesprochene Verschmelzung zur Aufnahme steht insoweit nur stellvertretend für alle Umwandlungsarten, die mehrere Rechtsträger betreffen, d.h. für sämtliche Varianten der Verschmelzung, der Spaltung und der Vermögensübertragung. Die Problematik stellt sich damit in gleicher Weise in Fällen, in denen ein beteiligter Rechtsträger erst anlässlich der Umwandlung neu gegründet wird.

II. Formwechsel

Die Problematik stellt sich in vergleichbarer Weise aber auch beim (grenzüberschreitenden) Formwechsel, obwohl hieran im Gegensatz zu den anderen Umwandlungsarten stets nur ein Rechtsträger beteiligt ist. Denn daraus darf nicht abgeleitet werden, beim Formwechsel könne auch nur ein Personalstatut betroffen sein, sodass sich die Frage nach dessen Verhältnis zu anderen Rechtsordnungen nicht stelle[210]. So sind beim Formwechsel zwar nicht mehrere Rechtsträger betroffen, jedoch gehört die Ziel*rechtsform* einer anderen Rechtsordnung an als die Ausgangsrechtsform. Das Umwandlungskollisionsrecht muss mithin bestimmen, ob und inwieweit die betroffenen Rechtsordnungen zusammenwirken, um aus einem Rechtsträger des Wegzugsstaates einen Rechtsträger des Zielstaates werden zu lassen. Um dies noch anschaulicher zu machen, seien an dieser Stelle exemplarisch die verschiedenen "Existenzzyklen" einer formwechselnden Gesellschaft aufgezeigt:

---

[209] Zu den möglichen Varianten noch ausführlich unten § 13 III. 2.
[210] So aber noch *Kronke* ZGR 1994, 26, 31.

1. In einer ersten Phase besteht die Gesellschaft in der Form, in der sie gegründet wurde. Das Umwandlungsverfahren wurde noch nicht eingeleitet, das Personalstatut bestimmt sich nach der maßgebenden Anknüpfungstheorie (Sitz- oder Gründungstheorie).
2. In einer zweiten Phase vollzieht die Gesellschaft den Formwechsel. Hier wird die Gesellschaft aus der Gründungsrechtsordnung herausgelöst und in die Zielrechtsordnung eingegliedert.
3. In einer dritten Phase ist der Umwandlungsvorgang bereits abgeschlossen und die Gesellschaft in der Zielrechtsordnung „angekommen". Das „neue" Personalstatut bestimmt sich wiederum nach der Sitz- bzw. der Gründungstheorie[211].

Gegenstand dieser Untersuchung ist nur die zweite Phase. Deren internationalprivatrechtliche Problematik ergibt sich aus dem geschilderten Umstand, dass die Gründungs- und die Zielrechtsordnung einander berühren. Dies wird besonders deutlich, wenn man sich das grundlegende Prinzip des Formwechsels vor Augen führt, dass der formwechselnde Rechtsträger seine von dem Wegzugsstaat verliehene Identität wahrt, er folglich lediglich eine Rechtsform eines anderen Staates annimmt und es aufgrund dieser Identität zu keiner Vermögensübertragung kommt[212]. Das bedeutet, dass der Zuzugsstaat den betroffenen Rechtsträger von dem Wegzugsstaat „übernehmen" soll[213]. Er soll den Rechtsträger in die eigene Rechtsordnung integrieren, allerdings gerade nicht durch Neugründung, sondern indem er an jene Identität anknüpft, die dem Rechtsträger von dem Wegzugsstaat verliehen wurde. Inwieweit sich die an diesen Vorgang zu stellenden Anforderungen nach der Gründungs- und/oder der Zielrechtsordnung richten, muss sich aus der Umwandlungskollisionsnorm ergeben.

---

[211] Denkbar ist freilich auch, dass die Gesellschaft im Laufe ihres Bestehens nicht nur einen, sondern mehrere grenzüberschreitende Formwechsel vollzieht. Dann sollte in Phase 1 nicht mehr von der Gründungs-, sondern von der Ausgangsrechtsform gesprochen werden.
[212] *Kallmeyer*, in: Kallmeyer, UmwG, 5. Aufl. 2013, § 190 Rn. 6.
[213] Vgl. auch bereits *Beitzke* ZHR 127 (1964), 1, 26.

Zweiter Teil: Die Bestimmung des Umwandlungsstatuts nach geltendem Recht

Die deutsche Rechtsordnung enthält weder im internationalprivatrechtlichen Teil des EGBGB (Art. 3 ff.) noch spezialgesetzlich ausdrückliche Regelungen des Umwandlungskollisionsrechts. Dies ist insofern nicht überraschend, als schon das allgemeine Internationale Gesellschaftsrecht nicht gesetzlich normiert ist[214]. Mitunter wird jedoch angenommen, vorhandene gesetzliche Regelungen enthielten „versteckte" Normierungen des Internationalen Umwandlungsrechts. Dem sowie ungeschriebenen Anknüpfungstheorien soll im Folgenden nachgegangen werden.

---

[214] Vgl. Art. 37 S. 1 Nr. 2 EGBGB a.F., nunmehr Art. 1 Abs. 2 lit. f) Rom I-VO.

§ 6 Gesetzliche Regelungen

I. § 1 Abs. 1 UmwG als (versteckte) Kollisionsnorm?

Diskutiert wird, ob § 1 Abs. 1 UmwG in seiner durch das Gesetz zur Bereinigung des Umwandlungsrechts vom 28.10.1994 (UmwBerG)[215] geschaffenen Fassung eine (versteckte) kollisionsrechtliche Regelung von Umwandlungsvorgängen enthält. Nach dieser Bestimmung stehen die im UmwG geregelten Umwandlungsarten Rechtsträgern „mit Sitz im Inland" zur Verfügung. Während einige die Norm aufgrund dieses Merkmals für eine Kollisionsnorm halten, nehmen andere an, dass es sich dabei um eine rein sachrechtliche Beschränkung des Anwendungsbereichs des deutschen UmwG handele. Die Diskussion um die Bedeutung des § 1 Abs. 1 UmwG wird häufig mit der Frage verknüpft, welche inhaltliche Aussage die Norm zur *Zulässigkeit* grenzüberschreitender Umwandlungen trifft[216]. Die Zulässigkeit einer Umwandlung ist jedoch bereits eine Frage des materiellen Rechts. Die nachfolgende Untersuchung soll sich daher darauf konzentrieren, Aussagen zur Kollisionsnormqualität des § 1 Abs. 1 UmwG zu treffen.

1. Sachnormqualität

Die Mehrzahl der Autoren geht davon aus, dass es sich bei § 1 Abs. 1 UmwG nicht um eine Kollisionsnorm, sondern um eine sogenannte selbstbeschränkte/autolimitierte Sachnorm handelt, die ihren räumlich-persönlichen Anwendungsbereich eigenständig festlegt[217]. Die Norm komme folglich erst dann zur

---

[215] BGBl. I 1994, 3210.
[216] Etwa *Bruhn*, Niederlassungsfreundliche Sitzverlegung und Verschmelzung über die Grenze nach italienischem Recht, 2002, S. 260 ff.; *Kuntz* EuZW 2005, 524, 526.
[217] *Von Busekist* GmbHR 2004, 650, 651 Fn. 22; *Dorr/Stukenborg* DB 2003, 647; *Hörtnagl*, in: Schmitt/Hörtnagl/Stratz, UmwG/UmwStG, 7. Aufl. 2016, UmwG § 1 Rn. 24; *Jaensch* EWS 2007, 97 f.; MüKoBGB/*Kindler*, 6. Aufl. 2015, IntGesR Rn. 791; *Kronke* ZGR 1994, 26, 35; *Leible/Hoffmann* RIW 2006, 161; *Leible*, in: Michalski, GmbHG, 2. Aufl. 2010, Systematische Darstellung 2, Internationales Gesellschaftsrecht Rn. 204; *Prüm*, Die grenzüberschreitende Spaltung, 2006, S. 36; *Spahlinger/Wegen* NZG 2006, 721; *Weng*, Zulässigkeit und Durchführung grenzüberschreitender Verschmelzungen, 2008, S. 70 f.

Anwendung und beschränke die Umwandlungsmöglichkeiten sachrechtlich, wenn ihre Anwendbarkeit als Rechtsfolge der einschlägigen Kollisionsnorm festgestellt worden ist[218]. Mitunter wird auch angenommen, eine Streichung des Merkmals „mit Sitz im Inland" änderte nichts am Regelungsgehalt der Norm; die Verfasser des § 1 Abs. 1 UmwG hätten lediglich erkannt, dass das deutsche materielle Recht den ausländischen Tatbestandsteil einer grenzüberschreitenden Umwandlung[219] gar nicht regeln könne[220]. Die Norm berge in ihrer jetzigen Fassung mit dem (materiellrechtlichen) Tatbestandsmerkmal „mit Sitz im Inland" gar die Gefahr, einen durch das Internationale Privatrecht einer anderen Rechtsordnung möglicherweise ausgesprochenen Befehl, auf den inländischen Tatbestandsteil einer Umwandlung deutsches Recht anzuwenden, materiellrechtlich zu unterlaufen. Denn aufgrund der Formel „mit Sitz im Inland" liege die Schlussfolgerung nahe, das UmwG wolle nur nationale, nicht hingegen grenzüberschreitende Umwandlungen regeln[221]. Diese Sichtweise wird zum einen auf die Begründung zum UmwBerG gestützt, nach der angesichts der (bereits damaligen) europäischen Bemühungen um international einheitliche Regelungen[222] und politischer wie rechtstechnischer Probleme eine Ausdehnung des Gesetzes auf internationale Fälle zurückgestellt werden sollte[223]. Zum anderen habe die Richtlinie über die grenzüberschreitende Verschmelzung den Mitgliedstaaten vorgegeben, dass eine an einer grenzüberschreitenden Verschmelzung beteiligte Gesellschaft die Vorschriften und Formalitäten des für sie geltenden innerstaatlichen Rechts zu beachten habe[224]. Der deutsche Gesetzgeber ist dem durch die Einfügung der speziellen §§ 122a ff. in das UmwG nachgekommen[225]. Dies zei-

---

[218] MüKoBGB/*Kindler*, 6. Aufl. 2015, IntGesR Rn. 791. Zur Reichweite dieser materiellrechtlichen Beschränkung, die unter den Vertretern dieser Ansicht umstritten ist (Anwendbarkeit des UmwG nur auf reine Inlandssachverhalte oder auch Anwendbarkeit auf den inländischen Sachverhaltsteil einer grenzüberschreitenden Umwandlung) *Weng*, Zulässigkeit und Durchführung grenzüberschreitender Verschmelzungen, 2008, S. 60.
[219] Das meint etwa im Fall der Verschmelzung solche Voraussetzungen, die andere als der deutschen Rechtsordnung unterliegende Rechtsträger betreffen.
[220] *Kronke* ZGR 1994, 26, 35 f.; vgl. zur Möglichkeit dieser Lesart auch *Prüm*, Die grenzüberschreitende Spaltung, 2006, S. 27.
[221] So *Kronke* ZGR 1994, 26, 35 f.
[222] Die europäische Kommission hatte bereits im Jahr 1985 einen ersten Vorschlag einer Richtlinie über die grenzüberschreitende Verschmelzung vorgelegt, dazu MüKoBGB/*Kindler*, 3. Aufl. 1999, IntGesR Rn. 32.
[223] BR-Drs. 75/94, S. 80.
[224] Art. 121 Abs. 1 lit. b) GesRRL (Art. 4 Abs. 1 lit. b) CBMD). Die Regelung erfasst freilich nur Verschmelzungen von Kapitalgesellschaften aus verschiedenen Mitgliedstaaten.
[225] Zweites Gesetz zur Änderung des Umwandlungsgesetzes v. 19.4.2007, BGBl. I, 542.

ge, dass es außerhalb dieses besonderen Regelungsbereichs bei dem Grundsatz bleibe, dass das UmwG grenzüberschreitende Umwandlung (auch teilweise) nicht regelt[226].

2. Kollisionsnormqualität

Andere Autoren nehmen hingegen an, dass § 1 Abs. 1 UmwG durchaus – neben einem sachrechtlichen – einen kollisionsrechtlichen Regelungsgehalt habe[227]. So besage die Norm nach *Kuntz*, dass „das Gesetz nur Inlandssachverhalte regelt und nach ihr kein ausländisches Recht Anwendung finden kann"; es handele sich somit um eine halb- bzw. einseitige Kollisionsnorm[228]. Werde die Norm als selbstbeschränkt/autolimitiert bezeichnet, so sei dies irreführend, da es den Doppelcharakter der Norm als sach- und kollisionsrechtliche Regelung verschleiere[229].

Nach *Kloster* enthält § 1 Abs. 1 UmwG einen eigenständigen kollisionsrechtlichen Anwendungsbefehl, der als Sonderregelung den allgemeinen kollisionsrechtlichen Grundsätzen vorginge[230]. Zur Untermauerung dieser Ansicht beruft *Kloster* sich auf die Gesetzesbegründung, nach der das UmwG grenzüberschreitende Umstrukturierungen bewusst nicht erfassen sollte[231]; nur die Qualifizierung des § 1 Abs. 1 UmwG als spezielle Kollisionsnorm stehe im Einklang mit dem gesetzgeberischen Willen, den Anwendungsbereich des UmwG auf nationale Sachverhalte zu beschränken. Hieraus folge, dass das UmwG nur zur Anwendung kommen könne, wenn alle und nicht lediglich ein beteiligter Rechtsträger über einen inländischen Sitz verfügten. Als weiteres Argument für die Kollisionsnormqualität führt *Kloster* an, dass es kaum vorstellbar sei, dass der

---

[226] Vgl. *Kallmeyer*, in: Kallmeyer, UmwG, 5. Aufl. 2013, § 1 Rn. 3.
[227] *Kuntz* EuZW 2005, 524, 525 f.; *ders*. IStR 2006, 224, 226; nicht ganz eindeutig *Lutter/Drygala*, in: Lutter, UmwG, 4. Aufl. 2009, § 1 Rn. 15 f., die die Norm im Ergebnis für eine Sachnorm zu halten scheinen (vgl. auch aaO Rn. 5), gleichwohl aber annehmen, sie sei „im Sinne der Gründungstheorie" dahingehend zu verstehen sei, dass das deutsche Umwandlungsrecht nur auf den Rechtsträger Anwendung findet, der nach deutschem Recht gegründet wurde und nach wie vor in Deutschland inkorporiert ist.
[228] *Kuntz* EuZW 2005, 524, 526 (halbseitige Kollisionsnorm); *ders*. IStR 2006, 224, 226 (einseitige Kollisionsnorm). *Kuntz* scheint anzunehmen, dass beide Begriffe dasselbe ausdrücken, was jedoch nicht der Fall ist; hierzu unten 3. a).
[229] *Kuntz* EuZW 2005, 524, 526.
[230] *Kloster*, Grenzüberschreitende Unternehmenszusammenschlüsse, 2004, S. 303 ff.
[231] *Kloster*, Grenzüberschreitende Unternehmenszusammenschlüsse, 2004, S. 305 Fn. 1727 (Verweis auf BegrRegE zu § 1 UmwG, BT-Drs. 12/6699 sowie BR-Drs. 75/94, S. 80).

Gesetzgeber mit dem Merkmal „mit Sitz im Inland" materiellrechtlich die Selbstverständlichkeit habe aussprechen wollen, dass er für ausländische Rechtsträger keine Regelung zu treffen beanspruche[232].

3. Stellungnahme

Richtigerweise sind für die Abgrenzung von Sach- und Kollisionsnormen insbesondere die *Rechtsfolgen* der jeweiligen Norm zu betrachten[233]. Während die Regelung einer Kollisionsnorm sich darin erschöpft, für einen bestimmten Sachverhalt eine bestimmte Rechtsordnung zur Anwendung zu berufen, entscheidet das so berufene Sachrecht unmittelbar in der Sache[234]. Welches die Rechtsfolge des § 1 Abs. 1 UmwG ist, ist durch Auslegung nach der klassischen Methode zu ermitteln.

a) Wortlaut

Ihrem Wortlaut nach schränkt die Bestimmung des § 1 Abs. 1 UmwG die Umwandlungsmöglichkeiten dahingehend ein, dass die in Nr. 1 bis 4 genannten Umwandlungsarten nur Rechtsträgern mit Sitz im Inland zur Verfügung stehen. Dies lässt sich einerseits als materiellrechtliche Beschränkung des Anwendungsbereichs des UmwG deuten: die Norm setzt der privatautonomen Gestaltungsfreiheit personelle Grenzen, indem sie die Umwandlungsmöglichkeiten des UmwG ausschließlich Rechtsträgern mit Sitz im Inland vorbehält.

Die in dieser Regelung anhand des Sitzes vorgenommene Unterscheidung zwischen in- und ausländischen Rechtsträgern lässt sich andererseits aber auch dahingehend verstehen, dass das Merkmal „mit Sitz im Inland" keine materiellrechtliche Beschränkung, sondern das kollisionsrechtliche Anknüpfungsmoment ist. Hierfür spricht die begriffliche Nähe zum Internationalen Gesellschaftsrecht, wo ebenso der Sitz als Anknüpfungsmoment fungiert (Sitztheorie). So interpre-

---

[232] *Kloster*, Grenzüberschreitende Unternehmenszusammenschlüsse, 2004, S. 304.
[233] *Von Bar*, Internationales Privatrecht, 1987, S. 195 ff.; *Lennerz*, Die internationale Verschmelzung und Spaltung unter Beteiligung deutscher Gesellschaften, 2001, S. 53; *Siems* EuZW 2006, 135, 137.
[234] Vgl. *von Bar*, Internationales Privatrecht, 1987, S. 195: Sachnormen heißen Sachnormen, weil sie „in der Sache selbst" entscheiden; Kollisionsnormen dagegen „do not themselves decide casese" (*Reese* FS Vischer, 1983, S. 287).

tiert könnte die Norm im Sinne einer *halbseitigen* Kollisionsnorm bestimmen, dass im Falle einer grenzüberschreitenden Umwandlung das deutsche Umwandlungsrecht nur für die „deutsche Seite" des Vorgangs zur Anwendung kommt[235]. Alternativ käme in Betracht, § 1 Abs. 1 UmwG im Sinne einer *einseitigen* Kollisionsnorm[236] dahingehend zu verstehen, dass nicht lediglich ein Teil des Sachverhalts „Umwandlung" dem deutschen Recht untersteht, sondern sich der Vorgang bei inländischem Sitz insgesamt nach deutschem Recht richtet[237].
Indes reicht es für die Einordnung als Kollisionsnorm nicht aus, dass der *Tatbestand* der zu beurteilenden Norm auf eine kollisionsrechtliche Regelung hindeutet[238]. Erlaubt mithin der Wortlaut des § 1 Abs. 1 UmwG, das *Tatbestandsmerkmal* „mit Sitz im Inland" als Anknüpfungsmoment zu klassifizieren, so lässt dies noch nicht den Schluss zu, die Norm auch als Kollisionsnorm einzuordnen. Vielmehr entscheidend ist, wie gezeigt, ob auf *Rechtsfolgenseite* lediglich eine bestimmte Rechtsordnung zur Anwendung berufen wird (dann Kollisionsnorm), oder bereits eine Entscheidung in der Sache getroffen wird (dann Sachnorm). Ob auf § 1 Abs. 1 UmwG dieses oder jenes zutrifft, kann durch eine bloße Wortlautanalyse nicht abschließend festgestellt werden. Es sind somit weitere Auslegungskriterien heranzuziehen.

b) Normsystematik und Telos

Nun sprechen insbesondere normsystematische Gründe gegen eine Einordnung als Kollisionsnorm. Für eine Klassifizierung als *halbseitige* Kollisionsnorm ergibt sich dies aus Folgendem: Es sei einmal unterstellt, bei der Vorschrift handelte es sich um eine eben solche. Sie bestimmte, dass für den an dem Umwand-

---

[235] Vgl. *Bruhn*, Niederlassungsfreundliche Sitzverlegung und Verschmelzung über die Grenze nach italienischem Recht, 2002, S. 260: das deutsche UmwG treffe eine „Teilregelung".
[236] Als einseitig werden typischerweise Kollisionsnormen bezeichnet, die bestimmen, unter welchen Voraussetzungen die inländische Rechtsordnung, die materielle *lex fori*, zur Anwendung kommt. Eine Aussage darüber, wann ausländisches Recht zur Anwendung kommt, enthalten einseitige Kollisionsnormen hingegen nicht, sie sprechen mithin keinen allseitigen Rechtsanwendungsbefehl aus (BeckOKBGB/*Lorenz*, Stand 1.11.2015, Einleitung zum Internationalen Privatrecht Rn. 45).
[237] Im Falle dieser Auslegung wäre noch zu entscheiden, ob es hierfür genügt, dass ein beteiligter Rechtsträger über einen inländischen Sitz verfügt, oder ob diese bei allen beteiligten Rechtsträgern der Fall sein muss. Ersteres wäre freilich im Hinblick auf die Interessen in dann betroffenen Drittstaaten problematisch.
[238] Vgl. *von Bar*, Internationales Privatrecht, 1987, S. 197.

lungsvorgang beteiligten inländischen Rechtsträger bzw. die inländische Rechtsform das deutsche UmwG Anwendung findet. Das Problem liegt hier darin, dass damit die kollisionsrechtlichen Fragen einer grenzüberschreitenden Umwandlung im Sinne dieser halbseitigen Regelung nur zum Teil[239] geklärt wären. Denn über das auf einen beteiligten ausländischen Rechtsträger bzw. eine ausländische Rechtsform anwendbare Recht ist damit noch keine Aussage getroffen. Da auch an anderer Stelle keine positive Regelung zu dieser Frage existiert, müsste man dem Gesetzgeber unterstellen, dass er die Regelung der übrigen Teile einer Umwandlung nicht treffen wollte oder er deren Notwendigkeit übersehen hat. Welchen Sinn macht dann aber eine Kollisionsnorm, die nur eine Seite eines grenzüberschreitenden Vorgangs regelt? Freilich erscheint hier denkbar, das auf ausländische Rechtsträger bzw. Rechtsformen anwendbare Recht schlicht nach dem ungeschriebenen Internationalen Gesellschaftsrecht, mithin nach der Sitz- oder der Gründungstheorie zu bestimmen[240]. Die kollisionsrechtliche Behandlung grenzüberschreitender Umwandlungen wäre damit aber in mehrere Teile zerrissen: Auf der einen Seite stünde die geschriebene, spezialgesetzliche Regelung in § 1 Abs. 1 UmwG für den inländischen Sachverhaltsteil, und auf der anderen Seite stünde eine ungeschriebene Regelung für den ausländischen Sachverhaltsteil. Ein solcher Zustand ist gewiss nicht undenkbar. Die Bejahung der Kollisionsnormqualität erschiene aber nur dann naheliegend, wenn auch ausländische Sachverhaltsteile grenzüberschreitender Umwandlungen eine geschriebene Regelung erfahren hätten. Selbst dies wäre aber noch insofern fragwürdig, als dann mit dem Internationalen Umwandlungsrecht ein ganz spezieller Bereich des Internationalen Gesellschaftsrechts (zumindest teilweise) gesetzlich normiert wäre, wohingegen schon das auf allgemeine gesellschaftsrechtliche Fragen wie Verfassung oder Gesellschafterhaftung anwendbare Recht nach wie vor nach ungeschriebenen Theorien zu ermitteln wäre.

Die soeben aufgezeigten Gründe, die gegen eine Einordnung des § 1 Abs. 1 UmwG als halbseitige Kollisionsnorm sprechen, sprechen allerdings nicht unbedingt auch gegen eine Einordnung als *einseitige* Kollisionsnorm. Handelte es sich bei § 1 Abs. 1 UmwG um eine solche, so bestimmte die Norm nicht allsei-

---

[239] Im Sinne einer „Teilregelung" (vgl. oben Fn. 235).
[240] So *Lutter/Drygala*, in: Lutter, UmwG, 4. Aufl. 2009, § 1 Rn. 15, nach denen für den ausländischen Partner der Maßnahme das an seinem statutarischen Sitz geltende Recht maßgebend sein soll.

tig, welche Rechtsordnung auf eine Umwandlung zur Anwendung kommen soll, sondern lediglich, unter welchen Voraussetzungen (inländischer Sitz) die deutsche Rechtsordnung berufen sein soll[241]. Anders als bei einer halbseitigen Kollisionsnorm stellte sich hier nicht die Frage, nach welcher Kollisionsregel weitere Sachverhaltsteile anzuknüpfen sind, da die deutsche Rechtsordnung bei Gegebenheit der Voraussetzungen allein über die Umwandlung zu entscheiden hätte. Liest man die Bestimmung des § 1 Abs. 1 UmwG jedoch im Zusammenhang mit den daran anschließenden, konkretisierenden Bestimmungen über die einzelnen umwandlungsfähigen Rechtsträger[242], so zeigt sich, dass § 1 Abs. 1 UmwG offenbar nicht dazu dienen soll, in einem kollisionsrechtlichen Sinne eine Aussage über die Anwendbarkeit des UmwG auf bestimmte Rechtsträger zu treffen. Denn dies würde die Anwendbarkeit des UmwG für jeden beliebigen Rechtsträger nach sich ziehen, sofern er nur über einen inländischen Sitz verfügt, möglicherweise gefolgt von der sofortigen Feststellung, dass dieser Rechtsträger (materiellrechtlich) nicht dem Kreis der umwandlungsfähigen Rechtsträger angehört. Die Bestimmung des § 1 Abs. 1 UmwG hat ihrer systematischen Stellung nach somit vielmehr die Funktion, in einem materiellrechtlichen Sinne einleitend und allgemein zu beschreiben, welche Umwandlungsformen das Gesetz grundsätzlich zur Verfügung stellt[243].

c) Gesetzgeberischer Wille

Gegen die Einordnung des § 1 Abs. 1 UmwG als ein- wie auch als halbseitige Kollisionsnorm spricht schließlich auch der Wille des historischen Gesetzgebers. So ergibt die Gesetzesbegründung, dass eine Regelung grenzüberschreitender Umwandlungsvorgänge zurückgestellt werden sollte[244]. Der grenzüberschreitende Bezug eines zu beurteilenden Sachverhalts und damit die mögliche Betroffenheit einer ausländischen Rechtsordnung ist aber gerade das Element, das einer Kollisionsnorm ihren Sinn gibt[245]. Denn er führt dazu, dass die Anwendung der materiellen *lex fori* nicht selbstverständlich ist, sodass erst durch

---

[241] Vgl. oben a).
[242] §§ 3, 124, 175, 191 UmwG. Die speziellen §§ 122a ff. UmwG (hier § 122b UmwG) sind aufgrund ihrer Abweichung von § 1 Abs. 1 UmwG von dieser Betrachtung auszunehmen.
[243] Vgl. auch die Gesetzesbegründung (BR-Drs. 75/94, S. 80): § 1 Abs. 1 UmwG zähle die Arten der Umwandlung auf.
[244] BR-Drs. 75/94, S. 80.
[245] Vgl. Art. 3 a.E. EGBGB. Hierzu oben § 2 III.

Anwendung der Kollisionsnorm die zu berufende Rechtsordnung zu ermitteln ist. Es wäre mithin widersinnig, hätte der Gesetzgeber mit § 1 Abs. 1 UmwG ausgerechnet in einem Bereich eine Kollisionsnorm geschaffen, in welchem er ausschließlich Inlandssachverhalte regeln wollte.

II. Kollisionsrechtliche Bedeutung der §§ 122a ff. UmwG

Es hat sich gezeigt, dass die das UmwG einleitende Norm des § 1 Abs. 1 keinen kollisionsrechtlichen, sondern einen rein materiellrechtlichen Regelungsgehalt hat. Anderes könnte für die speziellen Bestimmungen der §§ 122a ff. UmwG über die grenzüberschreitende Verschmelzung gelten. Durch diese Bestimmungen wurden die Art. 118 ff. GesRRL (Art. 1 ff. CBMD) in deutsches Recht umgesetzt[246]. Gemäß Art. 121 Abs. 1 lit. b) GesRRL (Art. 4 Abs. 1 lit. b) CBMD) muss eine Gesellschaft, die sich an einer grenzüberschreitenden Verschmelzung beteiligt, die Vorschriften und Formalitäten des für sie geltenden innerstaatlichen Rechts einhalten bzw. erledigen. Dementsprechend bestimmt § 122a Abs. 2 UmwG die Anwendbarkeit der Normen des UmwG auf die in § 3 Abs. 1 Nr. 2 UmwG genannten, dem deutschen Recht unterliegenden Kapitalgesellschaften (Gesellschaften mit beschränkter Haftung, Aktiengesellschaften, Kommanditgesellschaften auf Aktien[247]). Es stellt sich die Frage, ob es sich hierbei um eine kollisionsrechtliche Regelung handelt.

1. Kollisionsnormqualität

Für eine Einordnung des § 122a Abs. 2 UmwG als Kollisionsnorm spricht, dass schon der entsprechenden Richtlinienbestimmung[248] die – sogleich noch darzustellende – kollisionsrechtliche Vereinigungstheorie[249] zugrunde liegt[250] und die-

---

[246] Zweites Gesetz zur Änderung des Umwandlungsgesetzes v. 19.4.2007, BGBl. 2007 I, 542.
[247] Aufgrund von Art. 9 Abs. 1 lit. c) sublit. ii) und Art. 10 SE-Statut gilt die Bestimmung auch für die SE mit Satzungs- und Verwaltungssitz in Deutschland).
[248] Art. 121 Abs. 1 lit. b) GesRRL (Art. 4 Abs. 1 lit. b) CBMD).
[249] Unten § 7 III.
[250] *Bayer/J. Schmidt* NJW 2006, 401, 402; *Inwinkl/Schneider* Der Konzern 2007, 705, 709; *Leible*, in: Michalski, GmbHG, 2. Aufl. 2010, Systematische Darstellung 2, Internationales Gesellschaftsrecht Rn. 204; *Polley*, in: Henssler/Strohn, Gesellschaftsrecht, 3. Aufl. 2016, UmwG § 122a Rn. 4; *Veil* Der Konzern 2007, 98, 103.

se Norm in ihrer Rechtsfolge lediglich bestimmte Normen für anwendbar erklärt, ohne eine Entscheidung in der Sache zu treffen. Damit regelte die Norm zwar nicht – wie die Mehrzahl der Kollisionsnormen[251] – generell die Anwendbarkeit einer bestimmten (hier der deutschen) Rechtsordnung. Denn sie erklärt ganz bestimmte Normen des UmwG als Teil der deutschen Rechtsordnung für anwendbar. Der Verweis auf konkrete Normen einer bestimmten Rechtsordnung steht der Einordnung als Kollisionsnorm jedoch nicht entgegen[252].

Verstünde man § 122a Abs. 2 UmwG demnach als Kollisionsnorm, so fiele die Besonderheit auf, dass es sich dabei in dreierlei Hinsicht um keine umfassende Kollisionsnorm handelte. So würde es sich erstens um eine nur ein- und keine allseitige Regelung handeln. Denn die Norm regelte nur die Anwendbarkeit der deutschen, nicht aber auch dritter Rechtsordnungen. Zweitens handelte es sich nur um eine Teilregelung, da sie das anwendbare Recht nur für die in § 3 Abs. 1 Nr. 2 UmwG genannten, „deutschen", nicht aber für andere an der Verschmelzung beteiligte Rechtsträger bestimmte. Drittens schließlich wäre § 122a Abs. 2 UmwG als Kollisionsnorm auch insoweit nicht umfassend, als die Norm nicht – wie dies im Internationalen Gesellschaftsrecht bisher üblich war[253] – für sämtliche Gesellschaftsformen gilt, sondern nur für die in § 3 Abs. 1 Nr. 2 UmwG genannten. Freilich überrascht insbesondere Letzteres im Hinblick auf die zugrundeliegende Richtlinie nicht, da deren Anwendungsbereich ihrem Art. 1 nach auf Kapitalgesellschaften beschränkt ist.

2. Sachnormqualität

Überzeugender ist es im Ergebnis jedoch, § 122a Abs. 2 UmwG als Sachnorm zu lesen, die über die Reichweite des UmwG bestimmt, *nachdem* die Anwendbarkeit der deutschen Rechtsordnung nach der maßgebenden Kollisionsnorm festgestellt wurde. Der nationale Gesetzgeber hat somit nur die materiellrechtlichen Vorgaben der Art. 118 ff. GesRRL (Art. 1 ff. CBMD) unmittelbar umgesetzt[254].

---

[251] *Kropholler*, Internationales Privatrecht, 6. Aufl. 2006, § 13 II 2.
[252] Vgl. *Kropholler*, Internationales Privatrecht, 6. Aufl. 2006, § 13 II 2.
[253] Vgl. MüKoBGB/*Kindler*, 6. Aufl. 2015, IntGesR 282 ff. (Einheitlichkeit der Kollisionsnorm).
[254] Vgl. hierzu auch unten § 12 I. 2. c).

Hierfür sprechen insbesondere normsystematische Gründe. So war der Anwendungsbereich des UmwG vor Umsetzung der Richtlinie auf innerstaatliche Umwandlungen beschränkt[255]. Dem deutschen Gesetzgeber musste es folglich darum gehen, durch Öffnung der §§ 2 ff. UmwG für grenzüberschreitende Verschmelzungen deren Durchführbarkeit materiellrechtlich zu ermöglichen[256]. Zwar schließt dies allein noch nicht aus, dass § 122a Abs. 2 UmwG zugleich auch eine kollisionsrechtliche Aussage enthält. Dagegen spricht aber der zweite Halbsatz dieser Norm, nach dem die Verweisung auf die §§ 2 ff. UmwG unter dem Vorbehalt steht, dass sich nicht aus den §§ 122a ff. UmwG etwas anderes ergibt. Eine Norm, die diese Verweisung einschränkt, ist etwa § 122h Abs. 1 UmwG[257]. Die Verweisung auf die dort genannten §§ 14 Abs. 2 und 15 UmwG wird von unzweifelhaft materiellrechtlichen Voraussetzungen abhängig gemacht, die sich teils aus einer beteiligten ausländischen Rechtsordnung (Eröffnung eines Verfahrens zur Kontrolle und Änderung des Umtauschverhältnisses der Anteile), teils aus der deutschen Rechtsordnung selbst ergeben (Zustimmung der Anteilsinhaber). Aufgrund dessen kann nicht von einer kollisionsrechtlichen Regelung ausgegangen werden, da eine Kollisionsnorm nicht von den materiellrechtlichen Bestimmungen einer Rechtsordnung abhängen kann, die durch sie selbst zu benennen ist. § 122h Abs. 1 UmwG dient damit auf materiellrechtlicher Ebene der Koordinierung der Bestimmungen der beteiligten Umwandlungsstatuten.

Auch § 122h Abs. 2 UmwG hat trotz seines auf das Gegenteil hindeutenden Wortlauts keinen kollisionsrechtlichen Regelungsgehalt. Die Norm bestimmt, dass § 15 UmwG nicht nur für deutsche, sondern auch für anderen Rechtsordnungen unterliegende übertragende Gesellschaften gilt, wenn nach ihrem Recht ein Verfahren zur Kontrolle und Änderung des Umtauschverhältnisses der Anteile vorgesehen ist und deutsche Gerichte für die Durchführung eines solchen Verfahrens international zuständig sind[258]. Die Norm bestimmt damit nicht etwa die Anwendbarkeit des deutschen materiellen Umwandlungsrechts auf die aus-

---

[255] §§ 1 Abs. 1 und 2 ff. UmwG.
[256] Vgl. BegrRegE BT-Drs. 16/2919, S. 12 sowie S. 14 zu § 122a Abs. 2 UmwG.
[257] Die Norm findet ihre Grundlage in Art. 10 Abs. 3 der Richtlinie.
[258] Die internationale Zuständigkeit kann sich aus einer Gerichtsstandsvereinbarung oder Art. 5 Nr.1 lit. a) bzw. Art. 2 Abs. 1 iVm Art. 60 VO (EG) 44/2001 des Rates vom 22. Dezember 2000 über die gerichtliche Zuständigkeit und die Anerkennung und Vollstreckung von Entscheidungen in Zivil- und Handelssachen (Brüssel I), ABlEG v. 16.1.2001, L12/1, ergeben. (*Marsch-Barner*, in: Kallmeyer, UmwG, 5. Aufl. 2013, § 122h Rn. 8).

ländische Gesellschaft, sondern gewährt dieser lediglich ein prozessuales Recht, namentlich zur Einleitung eines Spruchverfahrens nach § 15 Abs. 1 S. 2 UmwG[259]. Die Norm bezweckt damit die Vermeidung einer mehrfachen Prüfung und sich widersprechender Entscheidungen deutscher und ausländischer Gerichte, etwa wenn eine deutsche und eine ausländische übertragende Gesellschaft vor einem Gericht ihres jeweiligen Herkunftsstaates die Überprüfung beantragen[260]. § 122h Abs. 2 UmwG bedeutet damit insbesondere nicht, dass den Anteilsinhabern der ausländischen übertragenden Gesellschaft bei zu niedrigem Umtauschverhältnis ein materiellrechtlicher Zuzahlungsanspruch nach deutschem Recht zusteht. Dieser richtet sich vielmehr nach dem Personalstatut dieser Gesellschaft[261].

III. Zusammenfassung

Im Ergebnis enthalten damit die speziellen Bestimmungen der §§ 122a ff. UmwG über die grenzüberschreitende Verschmelzung von Kapitalgesellschaften ebenso wenig wie § 1 Abs. 1 UmwG kollisionsrechtliche Regelungen. Es handelt sich vielmehr um nur materielles Recht, dessen Anwendbarkeit die Berufung der deutschen Rechtsordnung durch die maßgebende Umwandlungskollisionsnorm voraussetzt. Das Internationale Umwandlungsrecht ist in der Bundesrepublik derzeit somit insgesamt nicht gesetzlich normiert. Es bedarf daher bis auf weiteres des Rückgriffs auf ungeschriebene Anknüpfungstheorien, die im Folgenden untersucht werden sollen.

---

[259] *Marsch-Barner*, in: Kallmeyer, UmwG, 5. Aufl. 2013, § 122h Rn. 7.
[260] BegrRegE BT-Drs. 16/2919, S. 16.
[261] *Marsch-Barner*, in: Kallmeyer, UmwG, 5. Aufl. 2013, § 122h Rn. 7.

§ 7 Theorien zur Bestimmung des Umwandlungsstatuts

I. Übertragungstheorie

1. Die Übertragungstheorie im Allgemeinen

Nach der Übertragungstheorie, die überwiegend im Zusammenhang mit der grenzüberschreitenden Verschmelzung diskutiert wird, ist allein auf das Personalstatut des übertragenden Rechtsträgers abzustellen[262]. Dieses bestimme über die Voraussetzungen, das Verfahren und die Wirkungen des Umwandlungsvorgangs[263]. Das Recht eines übernehmenden Rechtsträgers bleibt nach dieser Theorie außer Betracht. Besondere Relevanz hat dies für den Schutz betroffener Personenkreise (Anteilsinhaber, Gläubiger und Arbeitnehmer), der unter Geltung der Übertragungstheorie (nur) in dem Maße gewahrt ist, in dem er in der Übertragungsrechtsordnung vorgesehen ist. Nicht gewahrt ist dieser Schutz hingegen insoweit, wie er in der Rechtsordnung eines übernehmenden Rechtsträgers vorgesehen ist, da diese nach der Übertragungstheorie nicht zur Anwendung berufen ist. Insbesondere aus diesem Grund wird die Übertragungstheorie für die Verschmelzung überwiegend als nicht interessengerechte Lösung angesehen[264].

---

[262] Dazu MüKoBGB/*Kindler*, 6. Aufl. 2015, IntGesR Rn. 796.
[263] MüKoBGB/*Kindler*, 6. Aufl. 2015, IntGesR Rn. 796, der dieser Theorie für den Fall der Verschmelzung selbst nicht folgt.
[264] MüKoBGB/*Kindler*, 6. Aufl. 2015, IntGesR Rn. 796; *Kleinhenz*, Die grenzüberschreitende Verschmelzung unter Beteiligung deutscher Unternehmen nach Umsetzung der Richtlinie 2005/56/EG, 2008, S. 122; a.A. *Meilicke/Rabback* GmbHR 2006, 123, 124 mit dem Argument, dass sich auch die Verschmelzung einer deutschen Kapitalgesellschaft auf einen Alleingesellschafter gem. §§ 120 – 122 UmwG ausschließlich nach deutschem Recht richte, selbst wenn der Alleingesellschafter eine ausländische natürliche Person sei; im Fall der Verschmelzung mehrerer Gesellschaften sei die Situation für die aufnehmende Gesellschaft nicht anders, als wenn sie aus einem anderen, sich nach ausländischem Recht richtenden Rechtsgrund Vermögen erwerben würde; dagegen *Weng*, Zulässigkeit und Durchführung grenzüberschreitender Verschmelzungen, 2008, S. 362.

Die Übertragungstheorie wird vereinzelt auch im Zusammenhang mit dem (grenzüberschreitenden) Formwechsel vertreten[265]. Sie hätte zur Folge, dass der Formwechsel ausschließlich nach der Gründungsrechtsordnung zu beurteilen wäre und die Zielrechtsordnung außer Betracht bliebe. Hierbei wird für die Übertragungstheorie mitunter geltend gemacht, dass eine Abgrenzung mehrerer Personalstatuten schon gar nicht erforderlich sei, da an einem Formwechsel – anders als bei einer Verschmelzung – stets nur ein Rechtsträger beteiligt sei. Zwar sei zu erwägen, den Vorgang in zwei Teile zu trennen und zwischen dem formwechselnden und dem Zielrechtsträger zu unterscheiden. Demnach käme in Betracht, die Gründungs- und die Zielrechtsordnung zur kumulativen Anwendung zu berufen[266]. Ein solches Vorgehen verkenne aber gerade die Betroffenheit nur *eines* Rechtsträgers und damit die Maßgeblichkeit nur eines Personalstatuts, da hierdurch die Begriffe „Zielrechtsträger" und „Zielrechtsform" unzulässig miteinander vermengt würden.

2. Die Übertragungstheorie in der Rechtsprechung um 1900

In der Rechtsprechung klang die Übertragungstheorie bereits um 1900 an, ohne so bezeichnet zu werden. So entschied das Kammergericht im Fall einer grenzüberschreitenden Fusion zwischen einer deutschen und einer luxemburgischen Aktiengesellschaft, dass sich der Anfall des Vermögens einer juristischen Person an einen Gesamtrechtsnachfolger (hier die luxemburgische Aktiengesellschaft) in Ermangelung besonderer Vorschriften hinsichtlich der örtlichen und zeitlichen Anwendbarkeit der Gesetze nach den gleichen Grundsätzen wie die Erbfolge in den Nachlass einer natürlichen Person zu richten habe[267]. Die Annahme, dass es sich hierbei um einen internationalprivatrechtlichen Gedanken handelt, lässt sich darauf stützen, dass die damalige Zeit geprägt war durch *von Savignys* Abhandlung über „Oertliche Gränzen der Herrschaft der Rechtsregeln über die Rechtsverhältnisse" in Band VIII seines Systems des heutigen Römischen

---

[265] *Kallmeyer* ZIP 1996, 535 (diese Ansicht aus § 1 Abs. 1 UmwG ableitend); *Kleinhenz*, Die grenzüberschreitende Verschmelzung unter Beteiligung deutscher Unternehmen nach Umsetzung der Richtlinie 2005/56/EG, 2008, S. 222; *Spahlinger/Wegen* NZG 2006, 721, 722.
[266] *Kleinhenz*, Die grenzüberschreitende Verschmelzung unter Beteiligung deutscher Unternehmen nach Umsetzung der Richtlinie 2005/56/EG, 2008, S. 222. *Kleinhenz* erwägt damit die Anwendung der sogleich noch darzustellenden Vereinigungstheorie, lehnt dies im Ergebnis jedoch ab.
[267] KGJ 21 A 294, 295.

Rechts[268], welche als die Grundlage des heutigen kontinentaleuropäischen Internationalen Privatrechts angesehen wird[269].

Die Erbfolge richtete sich bereits damals nach dem für die persönlichen Verhältnisse des Erblassers maßgebenden Recht, das durch das jeweilige Anknüpfungsmoment zu bestimmen war[270]. Das Kammergericht hatte nicht über die Fusion als solche, deren Wirksamkeit nicht in Frage stand, sondern allein darüber zu entscheiden, ob das Grundeigentum der übertragenden Gesellschaft auf die übernehmende Gesellschaft umzuschreiben war, weil diese es infolge der Fusion durch Gesamtrechtsnachfolge erworben hatte. Nach Ansicht des Gerichts konnte in dem zu beurteilenden Fall eine Gesamtrechtsnachfolge nicht angenommen werden, da das allein maßgebende deutsche Recht als das Recht der übertragenden Gesellschaft zwar in Art. 247, 215 ADHGB[271] die Gesamtrechtsnachfolge vorgesehen habe, diese aber nur eingetreten wäre, wenn auch die übernehmende Gesellschaft ihren Sitz innerhalb des Deutschen Reichs gehabt hätte.

In einer ähnlichen Entscheidung sah auch das Bayerische Oberste Landesgericht die Voraussetzungen der Gesamtrechtsnachfolge gemäß § 305 HGB a.F. als nicht gegeben an. In dem zugrundeliegenden Fall beabsichtigte eine luxemburgische Aktiengesellschaft, das Vermögen einer deutschen Aktiengesellschaft durch Gesamtrechtsnachfolge infolge einer Fusion zu erwerben. Das Gericht hat insoweit entschieden, dass die Voraussetzungen einer solchen Gesamtrechtsnachfolge nicht vorgelegen hätten, da § 305 HGB a.F.[272] verlangt habe, dass auch die übernehmende Gesellschaft eine inländische sei[273]. Auch in diesem Fall hat das Gericht folglich ausschließlich das deutsche Recht und damit implizit die Übertragungstheorie angewandt.

---

[268] *Von Savigny*, System des heutigen römischen Rechts, Band 8, 2. Neudruck 1981, S. 8.
[269] *Von Hoffmann/Thorn*, Internationales Privatrecht, 9. Aufl. 2007, § 2 Rn. 29.
[270] Nach der einseitigen Regelung des Art. 24 Abs. 1 EGBGB v. 18.8.1896 (RGBl. S 604), die bis zum 31.8.1986 galt (Änderung durch das Gesetz zur Neuregelung des Internationalen Privatrechts v. 25.7.1986 (BGBl. I, 1142) richtete sich die Erbfolge in das Vermögen eines Deutschen nach den deutschen Gesetzen. Vor Inkrafttreten des EGBGB war noch an den Wohnsitz des Erblassers anzuknüpfen (*von Savigny*, aaO S. 295). Heute ist nach der allseitigen Regelung des Art. 21 Abs. 1 der VO (EU) Nr. 650/2012 (oben Fn. 43), ggf. iVm Art. 25 EGBGB, grundsätzlich der gewöhnliche Aufenthalt des Erblassers im Zeitpunkt seins Todes das maßgebende Anknüpfungsmoment.
[271] Allgemeines Deutsches Handelsgesetzbuch, Bundesgesetzblatt des Norddeutschen Bundes 1869, Nr. 32, S. 404, im Jahr 1871 Übernahme als Reichsgesetz (RGBl. S. 63, 87).
[272] RGBl. 1897 S. 219.
[273] BayObLG OLG Rspr. 14, S. 357.

3. Die Anwendung der Übertragungstheorie durch den österreichischen OGH

In jüngerer Zeit hat in einer bemerkenswerten und anschaulichen Entscheidung der österreichische Oberste Gerichtshof für eine besondere Form einer grenzüberschreitenden Umwandlung ausgeführt, dass hinsichtlich der Voraussetzungen, der Durchführung und der Wirkung dieses Vorgangs allein das Recht der übertragenden Gesellschaft zugrunde zu legen sei[274]. Der OGH hat in dem zu beurteilenden Fall somit die Übertragungstheorie angewandt. Da diese Entscheidung auch Erkenntnisse für das deutsche Internationale Privatrecht liefern kann, soll sie an dieser Stelle untersucht werden.

a) Inhalt der Entscheidung

Der Entscheidung lag folgender Sachverhalt zugrunde: Eine nach österreichischem Recht gegründete GmbH sollte durch Übertragung ihres Unternehmens auf ihren ausländischen Alleingesellschafter (eine nach deutschem Recht gegründete GmbH) umgewandelt werden. Nach dem österreichischen materiellen Umwandlungsrecht handelt es sich hierbei nicht um eine Verschmelzung nach §§ 96 ff. öGmbHG[275], §§ 220 ff. öAktG[276], sondern um eine sogenannte verschmelzende Umwandlung nach §§ 2 ff. öUmwG[277].

Der OGH bezieht in seine Erwägungen nun durchaus ein, dass nach dem österreichischen Schrifttum die Voraussetzungen, das Verfahren und die Wirkungen

---

[274] OGH IPRax 2004, 128.
[275] Gesetz über Gesellschaften mit beschränkter Haftung, RGBl. Nr. 58/1906.
[276] Bundesgesetz über Aktiengesellschaften, BGBl. (A) Nr. 98/1965.
[277] Bundesgesetz über die Umwandlung von Handelsgesellschaften, BGBl. (A) Nr. 304/1996. Eine solche Umwandlungsform findet im deutschen Umwandlungsrecht keine unmittelbare Entsprechung (*Doralt* NZG 2004, 396, 397). So enthalten zwar die §§ 120 ff. UmwG Regelungen über die Verschmelzung von Kapitalgesellschaften mit dem Vermögen eines Alleingesellschafters. Diese Vorschriften gelten allerdings nur, wenn der Alleingesellschafter eine natürliche Person ist, vgl. § 3 Abs. 2 Nr. 2 UmwG (*Marsch-Barner*, in: Kallmeyer, UmwG, 5. Aufl. 2013, § 120 Rn. 1; a.A. *Maier-Reimer/Seulen*, in: Semler/Stengel, UmwG, 3. Aufl. 2012, § 120 Rn. 16 ff.). Nach deutschem Umwandlungsrecht wäre für den zu beurteilenden Fall daher auf eine Verschmelzung durch Aufnahme nach § 2 Nr. 1 UmwG zurückzugreifen, die die Wirkungen des Vorgangs aber – anders als das österreichische Recht – von der Eintragung in das Register des Sitzes des übernehmenden Rechtsträgers abhängig macht (§ 20 Abs. 1 UmwG im Vergleich zu § 2 Abs. 2 öUmwG (Eintreten der Wirkungen mit Eintragung bei der übertragenden Gesellschaft)).

einer grenzüberschreitenden Verschmelzung für jede der beteiligten Gesellschaften nach ihrem Personalstatut zu beurteilen seien[278]. Ob dem aber zu folgen sei, könne in dem zu beurteilenden Fall offen bleiben. Dies ergebe sich daraus, dass die zu beurteilende verschmelzende Umwandlung nach §§ 2 ff. öUmwG von der Verschmelzung nach §§ 96 ff. öGmbHG, §§ 220 ff. öAktG zu unterscheiden sei. Bei ihr werde nämlich gerade nicht in die gesellschaftsrechtliche Organisation des übernehmenden Alleingesellschafters eingegriffen. Die deutsche GmbH erwerbe durch Gesamtrechtsnachfolge das Vermögen der österreichischen GmbH, ohne dass dies etwas an ihrer gesellschaftsrechtlichen Struktur ändere. Der Vermögenserwerb sei hier mit einer Anwachsung nach § 142 öHGB[279] zu vergleichen[280]. Da es folglich nur bei der umzuwandelnden (und zu löschenden) Gesellschaft zu einem Organisationsakt komme, sei eine Prüfung und Eintragung des Umwandlungsvorgangs durch das Gericht am deutschen Sitz der GmbH nicht erforderlich. Maßgeblich für die Beurteilung des Umwandlungsvorgangs sei daher allein das Personalstatut des umzuwandelnden Rechtsträgers, hier das nach § 12 öIPRG[281] berufene österreichische materielle Umwandlungsrecht[282].

Dass es auf das Personalstatut der übernehmenden Gesellschaft nicht ankommen soll, hat der OGH überdies mit der europäischen Niederlassungsfreiheit begründet und sich hierbei auf die Entscheidung des EuGH in der Rs. *Überseering*[283] berufen. Die Überlegungen des EuGH, dass im Falle der Verlegung des Verwaltungssitzes der Zuzugsstaat die betroffene Gesellschaft anzuerkennen habe, wenn der Gründungsstaat den Wegzug gestatte, träfen auch auf die zu beurteilende grenzüberschreitende Umwandlung zu. Erlaube mithin das Personalstatut der umzuwandelnden Gesellschaft den Vorgang, so könne das Personalstatut der übernehmenden Gesellschaft ihn aufgrund der Niederlassungsfreiheit grundsätzlich nicht verhindern.

Schließlich hat der OGH die Nichtanwendung der deutschen Rechtsordnung damit begründet, dass das deutsche UmwG nur Umwandlungsvorgänge von

---

[278] OGH IPRax 2004, 128, 129.
[279] Handelsgesetzbuch (nunmehr Bundesgesetz über besondere zivilrechtliche Vorschriften für Unternehmen (UGB)), RGBl. 1897, S. 219.
[280] OGH IPRax 2004, 128, 130.
[281] Bundesgesetz über das internationale Privatrecht, BGBl. (A) Nr. 304/1978.
[282] OGH IPRax 2004, 128, 130.
[283] OGH IPRax 2004, 128, 130.

Rechtsträgern mit statutarischem Sitz in Deutschland erfasse[284], wodurch er auf § 1 Abs. 1, 2 UmwG abgehoben hat. Der OGH hat sich damit in dem von ihm zu beurteilenden Fall implizit für die Übertragungstheorie entschieden.

b) Kritik im Schrifttum

Die Ansicht des OGH wurde im Schrifttum vielfach kritisiert[285]. So könne sie nicht mit der Niederlassungsfreiheit begründet werden, da die übertragende Gesellschaft keine von der Niederlassungsfreiheit geschützte Ortsveränderung vornehme, sondern sie mittels der Umwandlung ohne Ortsveränderung ihre Auflösung betreibe[286]. Zwar sei auf der anderen Seite in Bezug auf den übernehmenden Rechtsträger die Niederlassungsfreiheit in der Tat einschlägig. Hieraus ergebe sich aber kein Gebot, den Vorgang der grenzüberschreitenden Umwandlung ausschließlich nach dem Personalstatut der übertragenden Gesellschaft zu beurteilen[287]. Auch unter Geltung der Niederlassungsfreiheit sollte es im Fall einer grenzüberschreitenden Umwandlung dem Zuzugsstaat möglich sein, zum Schutz des aufnehmenden Rechtsträgers, seiner Anteilsinhaber oder Gläubiger bestimmte Schutzmechanismen vorsehen zu können. Indem der OGH nun aber allein das Recht des Wegzugsstaates für maßgeblich hält, hebele er das Recht des übernehmenden Rechtsträgers völlig aus, in dem zu beurteilenden Fall mithin das deutsche Recht[288].

Die Nichtbeachtung der Rechtsordnung der aufnehmenden Gesellschaft könne ferner auch nicht damit begründet werden, dass es bei der in Rede stehenden besonderen Form einer Umwandlung nach dem Recht der übertragenden Gesellschaft bei der aufnehmenden, einem anderen Recht unterstehenden Gesellschaft keines Organisationsaktes bedürfe. Die Bestimmungen der Rechtsordnung der aufnehmenden Gesellschaft könnten auch aus diesem Grund nicht außer Acht gelassen werden. Denn ein solches Vorgehen öffne unabhängig von einem Or-

---

[284] OGH IPRax 2004, 128, 131.
[285] *Doralt* NZG 2004, 396 ff.; *Eidenmüller*, in: Eidenmüller, Ausländische Kapitalgesellschaften, 2004, § 4 Rn. 69 f.; *Leible*, in: Michalski, GmbHG, 2. Aufl. 2010, Systematische Darstellung 2, Internationales Gesellschaftsrecht Rn. 204; *Paefgen* IPRax 2004, 132, 133; *Rüffler* GesRZ 2004, 3.
[286] *Doralt* NZG 2004, 396, 398; *Paefgen* IPRax 2004, 132, 133 („corporate suicide"); a.A. *Schenk/Scheibeck* RIW 2004, 673, 675.
[287] MüKoBGB/*Kindler*, 6. Aufl. 2015, IntGesR Rn. 797; *Paefgen* IPRax 2004, 132, 133.
[288] *Doralt* NZG 2004, 396, 399.

ganisationsakt die Tür für Verkürzungen des Minderheitenschutzes (Beschlussfassung, Beschlussmängelklage) auf Seiten der übernehmenden Gesellschaft[289]. Schließlich spreche gegen die Ansicht des OGH, dass infolge der Nichtbeachtung des deutschen materiellen Umwandlungsrechts in keiner Weise sichergestellt sei, dass auch die deutsche Rechtsordnung die Gesamtrechtsnachfolge, zu der es mit der Umwandlung kommen soll, als wirksam betrachtet[290].

c) Stellungnahme

Die Entscheidung des OGH kann aus mehreren Gründen nicht überzeugen. Der OGH begründet die ausschließliche Anwendung des österreichischen materiellen Rechts im Wesentlichen mit der Nichterforderlichkeit eines Organisationsaktes auf Seiten des aufnehmenden Rechtsträgers, der GmbH deutschen Rechts. Er trennt hierdurch methodisch nicht überzeugend nicht hinreichend zwischen materiellem Recht und Internationalem Privatrecht. Denn der Ausschluss einer Rechtsordnung (hier der deutschen) kann nicht unmittelbar mit dem Inhalt der materiellrechtlichen Bestimmungen einer anderen Rechtsordnung begründet werden[291]. Der OGH macht auf diese Weise den zweiten Schritt vor dem ersten, da der Regelungsgehalt des materiellen Rechts erst dann unmittelbar relevant sein kann, wenn die Anwendbarkeit der jeweiligen Rechtsordnung aufgrund internationalprivatrechtlicher Anknüpfung festgestellt wurde[292].
Zwar orientiert sich die Bestimmung der Anknüpfungsgegenstände an der materiellen *lex fori*[293]. Dem OGH ist damit an sich nicht vorzuwerfen, dass er die Anknüpfung unter Berücksichtigung der §§ 2 ff. öUmwG vorgenommen hat. Hieraus jedoch die Schlussfolgerung abzuleiten, dass es der Anwendung der deutschen Rechtsordnung mangels eines Organisationsaktes bei der deutschen GmbH nicht bedürfe, kann nicht überzeugen. Stattdessen hätte der OGH erkennen müssen, dass im Fall einer Umwandlung unter Beteiligung mehrerer Rechtsträger auf Seiten eines jeden dieser Rechtsträger Interessen im Raum stehen können, die es erforderlich machen können, das materielle Recht der Rechtsordnung, der der jeweilige Rechtsträger unterliegt, anzuwenden. So hat im Allge-

---

[289] *Paefgen* IPRax 2004, 132, 135.
[290] *Doralt* NZG 2004, 396, 399.
[291] Vgl. *Eidenmüller*, in: Eidenmüller, Ausländische Kapitalgesellschaften, 2004, § 4 Rn. 70.
[292] Oben § 2 I.
[293] Oben § 3 I.

meinen jede Rechtsordnung ein Interesse daran, zu entscheiden, ob und inwieweit es den ihr angehörenden Rechtsträgern ermöglicht sein soll, sich etwa durch Verschmelzung und der damit einhergehenden Gesamtrechtsnachfolge umzustrukturieren, oder ob andere Wege beschritten werden sollen[294].
Neben allgemeinen öffentlichen Interessen der betroffenen Rechtsordnung bestehen im Falle einer Umwandlung stets auch individuelle Interessen von Personen, die zu den beteiligten Rechtsträgern in rechtlicher Beziehung stehen. Dies sind Anteilsinhaber, Arbeitnehmer und Gläubiger, die bei einer Verschmelzung auf Seiten eines jeden betroffenen Rechtsträgers existieren können. Nach Ansicht des OGH würde sich deren Schutz nicht nur auf Seiten der übertragenden österreichischen GmbH, sondern auch auf Seiten der aufnehmenden deutschen GmbH ausschließlich nach dem österreichischen Recht richten, nicht aber nach dem deutschen Recht. Dies mit dem Fehlen eines Organisationsaktes auf Seiten des aufnehmenden Rechtsträgers zu rechtfertigen, kann deshalb nicht überzeugen, da auch ein bloßer Vermögenserwerb erhebliche Auswirkungen auf den aufnehmenden Rechtsträger und damit auf mit ihm in Beziehung stehende Personen haben kann. Zwar erhält der aufnehmende Rechtsträger nicht wie im Fall einer gewöhnlichen Verschmelzung durch Anteilstausch neue Anteilsinhaber[295]. Für die vorhandenen Anteilsinhaber kann der Erwerb aber weitreichende Folgen für den Wert ihrer Beteiligung haben. Es stellt sich damit die Frage, inwieweit ihnen die Möglichkeit gegeben ist, den Vermögenserwerb zu beeinflussen, ihn gegebenenfalls zu verhindern. Dabei drängt sich auf, dass sich entsprechende Möglichkeiten nach der Rechtsordnung richten müssen, der der aufnehmende Rechtsträger unterliegt. Denn bei der Gründung haben die Anteilsinhaber eine bestimmte Rechtsordnung in dem Vertrauen gewählt, im Hinblick auf ihre Beteiligung den Schutz dieser Rechtsordnung zu genießen. In diesem Vertrauen sind die Anteilsinhaber auch dann schutzwürdig, wenn das zu erwerbende Vermögen aus dem Ausland kommt.

---

[294] Im zugrundeliegenden Fall kam insoweit etwa die Liquidation der österreichischen GmbH und der Verkauf des Vermögens an die deutsche Gesellschafterin in Betracht (vgl. *Maier-Reimer/Seulen*, in: Semler/Stengel, UmwG, 3. Aufl. 2012, § 120 Rn. 7). Es kann daher durchaus ein Interesse einer Rechtsordnung bestehen, die grenzüberschreitende Umstrukturierung nicht möglichst einfach durch Umwandlung und damit (steuerneutrale) Gesamtrechtsnachfolge zu gestatten (vgl. *Eidenmüller*, in: Eidenmüller, Ausländische Kapitalgesellschaften, 2004, § 4 Rn. 63, 68 (Warn- und Sicherstellungsfunktion der Auflösung und Liquidation)).
[295] Vgl. §§ 2 Nr. 1, 20 Abs. 1 Nr. 3 UmwG.

Dass es auf Seiten des aufnehmenden Rechtsträgers Interessen geben kann, die eine Anwendung seiner Rechtsordnung erforderlich machen, ergibt sich darüber hinaus aus einem Vergleich des vom OGH zu beurteilenden Falls mit einer strukturell ähnlichen Binnenumwandlung nach dem deutschen UmwG. Hier regeln die §§ 120 ff. UmwG speziell die Möglichkeit der Verschmelzung durch Übertragung des Vermögens einer Kapitalgesellschaft auf ihren Alleingesellschafter. Diese Bestimmungen wären bei einem vergleichbaren Binnensachverhalt aber nicht anwendbar, da in dem vom OGH zu beurteilenden Fall der aufnehmende Rechtsträger nicht, wie von den §§ 120 ff. UmwG vorausgesetzt, eine natürliche Person war[296], sondern eine GmbH. Folglich wäre auf die allgemeinen Vorschriften zurückzugreifen, hier §§ 2 Nr. 1, 4 ff. UmwG (Verschmelzung durch Aufnahme). Grundsätzlich erforderlich ist damit ein Beschluss der Anteilsinhaber aller beteiligten Rechtsträger[297], was die Betroffenheit schutzwürdiger Interessen dieser Anteilsinhaber zum Ausdruck bringt. Übertragen auf eine vergleichbare grenzüberschreitende Konstellation legt dies den Schluss nahe, dass sich die Verschmelzungsvoraussetzungen auf Seiten des übernehmenden Rechtsträgers nach dessen eigenem Personalstatut richten müssen – auch wenn dieser nicht infolge eines Anteilstauschs neue Anteilsinhaber erhält.

Die Nichtanwendung der deutschen Rechtsordnung konnte der OGH schließlich nicht damit überzeugend begründen, dass das deutsche UmwG nur Umwandlungsvorgänge von Rechtsträgern mit Sitz in Deutschland erfasse. Dieses Argument kann nicht verfangen, da ein etwaiger Normenmangel für grenzüberschreitende Umwandlungen auf deutscher Seite nicht ohne Weiteres mit der „hilfsweisen" Anwendung der Bestimmungen einer anderen Rechtsordnung beantwortet

---

[296] *Stratz*, in: Schmitt/Hörtnagl/Stratz, UmwG/UmwStG, 7. Aufl. 2016, UmwG § 120 Rn. 5.
[297] § 13 Abs. 1 UmwG. Zwar bestimmt der spezielle § 62 Abs. 1 UmwG als Ausnahme hiervon, dass ein Beschluss beim übernehmenden Rechtsträger nicht erforderlich ist, wenn sich in dessen Hand mindestens neun Zehntel des Stammkapitals oder des Grundkapitals der übertragenden Kapitalgesellschaft befinden. Hieraus kann jedoch nicht abgeleitet werden, dass es im Fall einer solchen Konzernverschmelzung auf Seiten des übernehmenden Rechtsträgers generell keine Interessen gäbe, die eine Beschlussfassung bzw. andere Schutzmechanismen erforderlich machten. So gilt § 62 Abs. 1 UmwG nur für Verschmelzungen von Kapitalgesellschaften auf eine Aktiengesellschaft, mithin nicht bei Beteiligung von Personengesellschaften als übertragende bzw. anderen Rechtsträgern als Aktiengesellschaften als übernehmende Rechtsträger (zur Kritik an dieser Differenzierung *Grunewald*, in: Lutter, UmwG, 4. Aufl. 2009, § 62 Rn. 1). Dass ein Verzicht auf die Beschlussfassung bei Konzernverschmelzungen nicht bedeutet, dass es auf Seiten des übernehmenden Rechtsträgers keine besonderen Interessen gäbe, zeigt zudem § 62 Abs. 3 UmwG, der zugunsten der Anteilsinhaber umfassende Informations- und Mitteilungsrechte statuiert (dazu *Stratz*, in: Schmitt/Hörtnagl/Stratz, UmwG/UmwStG, 7. Aufl. 2016, UmwG § 62 Rn. 2).

werden kann. Das ist besonders evident, wenn sich der Gesetzgeber auf Seiten des aufnehmenden Rechtsträgers bewusst gegen eine Regelung grenzüberschreitender Umwandlungen entschieden hat[298]. Dann spricht einiges dafür, diese Entscheidung zu achten und die grenzüberschreitende Umwandlung nicht zuzulassen[299].

Zusammenfassend lässt sich somit festhalten, dass der OGH die implizite Anwendung der Übertragungstheorie, die ihn zur ausschließlichen Anwendung des österreichischen materiellen Rechts führte, nicht überzeugend begründet hat. Ob der Übertragungstheorie dennoch aus anderen Gründen und ungeachtet der Besonderheiten des von dem OGH zu beurteilenden Falls zu folgen ist, soll weiter unten im Zusammenhang mit dem eigenen Regelungsvorschlag noch untersucht werden[300].

II. Aufnahmetheorie

Nach der Aufnahmetheorie[301] käme auf den Umwandlungsvorgang ausschließlich das Recht des übernehmenden Rechtsträgers bzw. (im Fall des Formwechsels) der Zielrechtsform zur Anwendung. Das Recht eines übertragenden Rechtsträgers bzw. der Ausgangsrechtsform bleibt nach dieser Theorie außer Betracht.

An dieser Theorie wird für den Fall der grenzüberschreitenden Verschmelzung insbesondere kritisiert, dass eine Verschmelzung zum Erlöschen des übertragenden Rechtsträgers führt, was sich nach den allgemeinen Prinzipien des Internationalen Gesellschaftsrechts nach dessen eigenem Personalstatut richten müsse[302].

---

[298] Dazu oben § 6 I. 3. c).

[299] Freilich unter dem Vorbehalt der Vereinbarkeit dieser Entscheidung mit höherrangigem Recht. Vgl. hierzu die (nach der Entscheidung des OGH ergangene) Entscheidung des EuGH in der Rs. *SEVIC* (EuGH v. 13.12.2005, *SEVIC Systems*, Rs. C-411/03, Slg. 2005 I-10805, ECLI:EU:C:2005:762); dazu noch unten § 12 I. 1. b).

[300] Unten § 13 I.

[301] Dazu für die grenzüberschreitende Verschmelzung MüKoBGB/*Kindler*, 6. Aufl. 2015, IntGesR Rn. 795.

[302] *Beitzke* FS Hallstein, 1966, S. 14, 20; MüKoBGB/*Kindler*, 6. Aufl. 2015, IntGesR Rn. 795; allgemein gegen die Einheitstheorien, als die Übertragungs- und Aufnahmetheorie auch zusammenfassend bezeichnet werden *Kleinhenz*, Die grenzüberschreitende Verschmelzung unter Beteiligung deutscher Unternehmen nach Umsetzung der Richtlinie 2005/56/EG, 2008, S. 121 f.; *Lutter/Drygala*, in: Lutter, UmwG, 4. Aufl. 2009, § 1 Rn. 21; *Weng*, Zulässigkeit und Durchführung grenzüberschreitender Verschmelzungen, 2008, S. 362. *Weng* aaO begrün-

Diese Kritik ist auf die kollisionsrechtliche Behandlung anderer Umwandlungsvorgänge freilich nur teilweise übertragbar, namentlich auf die Behandlung der Aufspaltung, die ebenso wie die Verschmelzung zum Erlöschen des übertragenden Rechtsträgers führt[303]. Nicht übertragbar ist sie hingegen auf die Behandlung der Abspaltung, der Ausgliederung und des Formwechsels, bei denen es zu keinem Erlöschen eines Rechtsträgers kommt[304].
Die Aufnahmetheorie wurde bislang lediglich als Gegensatz zur Übertragungstheorie diskutiert, jedoch weder in der Rechtsprechung noch in der Literatur mit Nachdruck vertreten.

III. Vereinigungstheorie

Herrschend im Bereich des Umwandlungskollisionsrechts ist die sogenannte Vereinigungstheorie. Nach dieser Theorie ist auf grenzüberschreitende Umwandlungsvorgänge das Recht aller davon betroffenen Rechtsträger bzw. Rechtsformen zur Anwendung zu bringen[305].
Überwiegend wird angenommen, die Vereinigungstheorie gehe auf *von Spindler*[306] zurück[307]. Mag dies für den Bereich der Verschmelzung zutreffend sein, so fand diese Theorie doch für die Verlegung des Satzungssitzes bereits vor *von Spindler* etwa bei *Quassowski*[308] oder in der Rechtsprechung des Kammerge-

---

det die Ablehnung der Aufnahmetheorie zudem damit, dass die Handlungsmöglichkeiten von Gesellschaften im Ausland immer unter der Bedingung ihrer Akzeptanz durch das Gründungsrecht stünden, da es sich bei der Gesellschaft um ein aus dieser Rechtsordnung geborenes Gebilde handele.
[303] Vgl. § 123 Abs. 1 UmwG.
[304] Vgl. §§ 123 Abs. 2 und 3 und 190 Abs. 1 UmwG.
[305] *Dorr/Stukenborg* DB 2003, 647 f.; *Hoffmann* NZG 1999, 1077, 1083; *Horn* ZIP 2000, 473, 477; *Inwinkl/Schneider* Der Konzern 2007, 705, 709; *dies.* RIW 2008, 4, 9; *Kieninger* EWS 2006, 49, 50 f.; MüKoBGB/*Kindler*, 6. Aufl. 2015, IntGesR Rn. 799 ff.; *Klein* RNotZ 2007, 565, 577; *Leible*, in: Michalski, GmbHG, 2. Aufl. 2010, Systematische Darstellung 2, Internationales Gesellschaftsrecht Rn. 204; *Lutter/Bayer/J. Schmidt*, EuropUR, 6. Aufl. 2018, 7.104; *Paefgen* GmbHR 2004, 463; *Spahlinger/Wegen* NZG 2006, 721 f.
[306] *Von Spindler*, Wanderungen gewerblicher Körperschaften von Staat zu Staat als Problem des internen und des internationalen Privatrchts, 1932, S. 71, 78 (für die Fusion).
[307] So etwa MüKoBGB/*Kindler*, 6. Aufl. 2015, IntGesR Rn. 799 und *Prüm*, Die grenzüberschreitende Spaltung, 2006, S. 59.
[308] *Quassowski*, in: Gruchots Beiträge, Bd. 65 (1921), S. 403, 413 ff.

richts[309] Anklang (jeweils ohne den Begriff „Vereinigungstheorie" zu verwenden). Heute wird die Vereinigungstheorie insbesondere im Zusammenhang mit der grenzüberschreitenden Verschmelzung vertreten[310]. Sie sei gegenüber den Einzeltheorien (Aufnahme- und Übertragungstheorie) zu bevorzugen, da die Kumulation der Rechtsordnungen zu einer ausgewogenen und drittschutzorientierten Regelung der Umwandlungsmaßnahme führe, ohne dass eine der beteiligten Rechtsordnungen unbegründet bevorzugt werde[311]. Die Vereinigungstheorie sei dabei nicht im Sinne einer uneingeschränkten Kumulation der betroffenen Rechtsordnungen zu verstehen. Vielmehr sei zunächst zwischen den Voraussetzungen, dem Verfahren und den Wirkungen des Umwandlungsvorgangs zu unterscheiden. Die Voraussetzungen und das Verfahren beurteilten sich für jeden beteiligten Rechtsträger nach seinem eigenen Personalstatut, was auch als distributive Rechtsanwendung bezeichnet wird[312]. Die an der Verschmelzung beteiligten Rechtsträger bestünden hier noch als selbständige Rechtsgebilde, ohne direkten Bezug zu den jeweils anderen Rechtsträgern. So ergebe sich etwa die grundsätzliche Umwandlungsfähigkeit oder das für den Umwandlungsbeschluss erforderliche Mehrheitserfordernis aus der Rechtsordnung des jeweiligen Rechtsträgers, sodass es insoweit zu keiner Kumulation im engeren Sinne kom-

---

[309] KG JW 1927, 1701.

[310] *Audretsch*, Die grenzüberschreitende Verschmelzung von Personengesellschaften, 2008, S. 81 ff.; *Beitzke* ZHR 127 (1964), 1, 30 (für die identitätswahrende Sitzverlegung, allerdings ohne den Begriff Vereinigungstheorie zu verwenden); *Jaensch* EWS 2007, 97, 98 (für den grenzüberschreitenden Formwechsel); *Kallmeyer* ZIP 1996, 535, 536; MüKoBGB/*Kindler*, 6. Aufl. 2015, IntGesR Rn. 799 ff.; *Kleinhenz*, Die grenzüberschreitende Verschmelzung unter Beteiligung deutscher Unternehmen nach Umsetzung der Richtlinie 2005/56/EG, 2008, S. 122 ff.; *Leible/Hoffmann* RIW 2006, 161; *Leible*, in: Michalski, GmbHG, 2. Aufl. 2010, Systematische Darstellung 2, Internationales Gesellschaftsrecht Rn. 204; *Lutter/Drygala*, in: Lutter, UmwG, 4. Aufl. 2009, § 1 Rn. 21; *Lutter/Bayer/J. Schmidt*, EuropUR, 6. Aufl. 2018, 7.89, 104, 107 (für Formwechsel, Verschmelzung und Spaltung); *Siems* EuZW 2006, 135, 137; *Thiermann*, Grenzüberschreitende Verschmelzungen deutscher Gesellschaften, 2010, S. 112 ff.

[311] *Thiermann*, Grenzüberschreitende Verschmelzungen deutscher Gesellschaften, 2010, S. 114; unter den Einzeltheorien hält *Weng*, Zulässigkeit und Durchführung grenzüberschreitender Verschmelzungen, 2008, S. 363 ff. insbesondere die Aufnahmetheorie für ungenügend, da die Interessen der Gläubiger, Gesellschafter und Arbeitnehmer der übertragenden Gesellschaft stärker betroffen seien als die der übernehmenden Gesellschaft.

[312] MüKoBGB/*Kindler*, 6. Aufl. 2015, IntGesR Rn. 801, 803 ff; *Weng*, Zulässigkeit und Durchführung grenzüberschreitender Verschmelzungen, 2008, S. 363 ff.

me[313]. Nur soweit es für die beteiligten Rechtsträger um gemeinsame Erfordernisse bzw. ein gemeinsames Tätigwerden ginge, griffen beide Rechtsordnungen derart ineinander, dass sich grundsätzlich die strengere durchsetze[314]. Dies gelte etwa für die an den Inhalt eines Verschmelzungsvertrages zu stellenden Anforderungen[315]. Zu einer Kumulation der Rechtsordnungen im engeren Sinne müsse es schließlich auch bezüglich der Wirkungen des Vorgangs kommen; diese sollen folglich nur eintreten, wenn die Voraussetzungen aller beteiligten Rechtsordnungen erfüllt sind[316].

Freilich wird sich im Fall einer Kumulation mehrerer Rechtsordnungen, die hinsichtlich eines bestimmten Erfordernisses verschiedene Regelungen enthalten, nicht stets die „strengere" beider Regelungen ermitteln lassen. So mag eine Rechtsordnung das Wirksamwerden einer Umwandlungsmaßnahme an die Eintragung im jeweiligen Register knüpfen, während es nach einer anderen Rechtsordnung auf die Beschlussfassung über die Umwandlungsmaßnahme ankommt[317]. In diesem Beispiel ist nicht eine Regelung strenger als die andere, sondern schlicht anders, da bei der Frage des Wirksamwerdens eher die Zweckmäßigkeit als die Strenge der entsprechenden Regelung im Vordergrund steht[318]. Zur Lösung der Problematik wird von den Vertretern der Vereinigungstheorie auf die Anpassungsmethode verwiesen[319]. Die Anpassungsmethode dient dazu, die auf der Berufung mehrerer, inhaltlich nicht aufeinander abgestimmter Rechtsordnungen beruhenden Normenkonflikte zu lösen[320]. Diese Lösung kann entweder in einer wertenden Modifikation der den Normenkonflikt verursachen-

---

[313] In diesem Sinne *Ebenroth/Wilken* ZVglRWiss 90 (1991), 235, 252; *Lutter/Drygala*, in: Lutter, UmwG, 4. Aufl. 2009, § 1 Rn. 21.
[314] *Dorr/Stukenborg* DB 2003, 647, 648; *Ebenroth/Wilken* ZVglRWiss 90 (1991), 235, 252; *Inwinkl/Schneider* Der Konzern 2007, 705, 709; *dies.* RIW 2008, 4, 9; MüKoBGB/*Kindler*, 6. Aufl. 2015, IntGesR Rn. 807; *Kleinhenz*, Die grenzüberschreitende Verschmelzung unter Beteiligung deutscher Unternehmen nach Umsetzung der Richtlinie 2005/56/EG, 2008, S. 124; *Spahlinger/Wegen* NZG 2006, 721 f.; *Thiermann*, Grenzüberschreitende Verschmelzungen deutscher Gesellschaften, 2010, S. 117.
[315] Vgl. *Schädler*, Die grenzüberschreitende Realsitzverlegung und sonstige grenzüberschreitende Restrukturierungsformen von Handelsgesellschaften im Verhältnis von Deutschland und Spanien, 1999, S. 225.
[316] MüKoBGB/*Kindler*, 6. Aufl. 2015, IntGesR Rn. 814.
[317] Näher unten § 13 III. 3. h).
[318] *Lutter/Drygala*, in: Lutter, UmwG, 4. Aufl. 2009, § 1 Rn. 23. Dies übersieht *Jaensch* EWS 2007, 97, 104.
[319] MüKoBGB/*Kindler*, 6. Aufl. 2015, IntGesR Rn. 817; *Klein* RNotZ 2007, 565, 577 f.; *Lutter/Drygala*, in: Lutter, UmwG, 4. Aufl. 2009, § 1 Rn. 21; *Weng*, Zulässigkeit und Durchführung grenzüberschreitender Verschmelzungen, 2008, S. 365.
[320] Dazu von *Hoffmann/Thorn*, Internationales Privatrecht, 9. Aufl. 2007, § 6 Rn. 31 ff.

den Kollisionsregel oder einer modifizierten Anwendung des berufenen materiellen Rechts liegen[321].

In anderen Rechtsordnungen ist die Vereinigungstheorie bereits kodifiziert worden. So bestimmt etwa Art. 9.11 Abs. 2 des spanischen Código Civil[322]: „Bei der Verschmelzung von Gesellschaften verschiedener Staatsangehörigkeit werden die jeweiligen Personalstatuten berücksichtigt."[323]; und gemäß Art. 163a des schweizerischen IPRG kann eine Fusion zwischen einer schweizerischen und einer ausländischen Gesellschaft durchgeführt werden, wenn das auf die ausländische Gesellschaft anwendbare Recht dies gestattet und dessen Voraussetzungen erfüllt sind, wobei gemäß Satz 2 dieser Bestimmung die Fusion im Übrigen dem schweizerischen Recht untersteht[324].
Die Vereinigungstheorie liegt auch den Art. 118 ff. GesRRL (Art. 1 ff. CBMD), die in den §§ 122a ff. UmwG umgesetzt wurden, zugrunde[325]. Entsprechendes gilt für den Referentenentwurf für ein Gesetz zum Internationalen Privatrecht der Gesellschaften, Vereine und juristischen Personen des Privatrechts, nach dessen Art. 10a sich die Voraussetzungen, das Verfahren und die Wirkungen der Umwandlung nach dem Statut eines jeden beteiligten Rechtsträgers richten[326].

Die Vereinigungstheorie wurde insbesondere für die Verschmelzung konzipiert, an der mehrere, verschiedenen Rechtsordnungen unterstehende Rechtsträger beteiligt sind. Sie wird jedoch auch für den Formwechsel vertreten. Dass hieran nur ein Rechtsträger beteiligt ist, stehe der Anwendung mehrerer Personalstatuten nicht entgegen. *Von Busekist* spricht insoweit davon, dass die Vereinigungstheorie im Hinblick auf den Formwechsel bedeute, dass neben dem Statut des formwechselnden Rechtsträgers auch das Statut der „neu" entstandenen Gesellschaft zu achten sei[327]. *Jaensch* begründet die Anwendung der Vereinigungsthe-

---

[321] *Von Hoffmann/Thorn*, Internationales Privatrecht, 9. Aufl. 2007, § 6 Rn. 35 ff.
[322] Código Civil de 24 de julio 1889, Boletín Oficial del Estado núm. 206, de 25 de julio de 1889.
[323] Übersetzung: *Schädler*, Die grenzüberschreitende Realsitzverlegung und sonstige grenzüberschreitende Restrukturierungsformen von Handelsgesellschaften im Verhältnis von Deutschland und Spanien,1999, S. 226.
[324] Näher zu den Regelungen des schweizerischen IPRG unten § 11.
[325] Vgl. bereits oben § 6 II. 1. sowie ausführlich zum Inhalt der RL unten § 12 I. 2.
[326] *Leible*, in: Michalski, GmbHG, 2. Aufl. 2010, Systematische Darstellung 2, Internationales Gesellschaftsrecht Rn. 205; zu Art. 10a EGBGB-RefE unten § 9 II.
[327] *Von Busekist* GmbHR 2004, 650, 651.

orie beim Formwechsel mit der durch diesen eintretenden Änderung der Gesellschaftsrechtsordnung[328].

IV. Modifizierungen der Vereinigungstheorie

1. Der Ansatz von *Prüm*

In jüngerer Zeit wurde durch *Prüm*[329] versucht, die Vereinigungstheorie für die grenzüberschreitende Spaltung fortzuentwickeln. Während viele Abhandlungen zur Vereinigungstheorie sich darauf beschränken, pauschal lediglich zwischen den Voraussetzungen, dem Verfahren und den Wirkungen einer Umwandlung zu unterscheiden und die jeweilige Anknüpfungsregel zu benennen[330], hat die Arbeit von *Prüm* den Vorzug, dass er darin die Vereinigungstheorie für den Fall der grenzüberschreitenden Spaltung einmal eingehend durchdacht und mögliche Probleme aufgedeckt hat. *Prüm* befürwortet grundsätzlich die durch die Vereinigungstheorie vorgesehene Berufung mehrerer Rechtsordnungen. Er kritisiert allerdings die Unterscheidung zwischen den Voraussetzungen, dem Verfahren und den Wirkungen des Vorgangs, da diese der möglichen Regelungsvielfalt in den materiellen Umwandlungsrechten anderer Rechtsordnungen nicht gerecht würde. Denn was nach einer Rechtsordnung als Voraussetzung ausgestaltet sei, könne nach einer anderen Rechtsordnung als Verfahrensschritt oder Wirkung ausgestaltet sein[331]. Die Abweichung seiner hierauf basierenden „Konkordanzlehre" von der Vereinigungstheorie versucht *Prüm* dadurch herzustellen, dass grundsätzlich distributiv und nur ausnahmsweise kumulativ angeknüpft werden soll. *Prüm* möchte damit das sich bei einer kumulativen Anknüpfung gegebenenfalls stellende Problem, die strengere Rechtsordnung zu benennen[332], vermeiden. Dies sei richtig, da die Frage nach der strengeren Rechtsordnung eine Frage des Sachrechts sei, die nicht mit der kollisionsrechtlichen Anknüpfung vermengt werden sollte[333].

---

[328] *Jaensch* EWS 2007, 97, 98.
[329] *Prüm*, Die grenzüberschreitende Spaltung, 2006, S. 74 ff.
[330] Oben III.
[331] In diesem Sinne *Prüm* aaO S. 74.
[332] Oben III.
[333] *Prüm* aaO S. 75.

Die von *Prüm* vorgeschlagenen Modifizierungen der Vereinigungstheorie erscheinen allerdings marginal. So möchte *Prüm* statt von den Voraussetzungen der Umwandlung von deren Zulässigkeit sprechen, ohne dass recht deutlich wird, wo abgesehen von der verschiedenen Begrifflichkeit der inhaltliche Unterschied zur Vereinigungstheorie liegen soll[334]. Das Verfahren der Umwandlung – insoweit bedient *Prüm* sich wieder der von der Vereinigungstheorie her bekannten Begrifflichkeit – soll grundsätzlich distributiv (für jeden beteiligten Rechtsträger einzeln) angeknüpft werden. Lediglich die Mindesterfordernisse des Spaltungsvertrages seien im Sinne strenger Kumulation nach allen beteiligten Rechtsordnungen zu beurteilen. Andere Regelungen des Spaltungsvertrages, etwa die Bewertung des eingebrachten Vermögens oder das Umtauschverhältnis der Anteile seien wiederum distributiv anzuknüpfen (hinsichtlich der genannten Beispiele nach *Prüm* regelmäßig nach dem Statut der Zielgesellschaft)[335]. Auch hinsichtlich des Wirksamwerdens des Vorgangs soll grundsätzlich distributiv nach dem Recht der aufnehmenden Gesellschaft angeknüpft werden. Dies solle aber unter dem Vorbehalt stehen, dass sämtliche formellen Wirksamkeitserfordernisse nach allen beteiligten Rechtsordnungen erfüllt sind, d.h. diese Einschränkung soll kumulativ angeknüpft werden[336].

2. Der Ansatz von *Lennerz*

Auch *Lennerz*[337] kritisiert an der Vereinigungstheorie die Unterscheidung nach Voraussetzungen, Verfahren und Wirkungen der Umwandlungsmaßnahme, da dies rechtsvergleichend zu Unstimmigkeiten führen könne[338]. Was nämlich nach der einen Rechtsordnung Verfahrensschritt ist, könne nach der anderen Rechtsordnung Umwandlungsfolge sein. Als Beispiel führt *Lennerz* u.a. den Schutz der Gläubiger an, der nach einer Rechtsordnung als Teil des Verfahrens vor dem Wirksamwerden der Umwandlung ausgestaltet sein könne (z.B. Widerspruchsrecht oder Anspruch auf Sicherheitsleistung), nach einer anderen Rechtsordnung

---

[334] *Prüm* aaO S. 75.
[335] *Prüm* aaO S. 82.
[336] *Prüm* aaO S. 85 und 88 (Regelungsvorschlag).
[337] *Lennerz*, Die internationale Verschmelzung und Spaltung unter Beteiligung deutscher Gesellschaften, 2001.
[338] *Lennerz* aaO S. 143.

hingegen als Umwandlungsfolge nach dem Wirksamwerden des Vorgangs (z.B. getrennte Vermögensverwaltung).
Anstelle der Voraussetzungen, des Verfahrens und der Wirkungen müssten auf der kollisionsrechtlichen Ebene daher andere Differenzierungen gefunden werden. *Lennerz* schlägt insoweit die Unterscheidung folgender Elemente einer Umwandlung vor: Voraussetzungen in der Person der Gesellschaften; innere Vorbereitung der Gesellschaften; Verhältnis der Gesellschaften zu ihren Mitgliedern und Verwaltungsträgern; Verhältnis der Gesellschaften zueinander; Verhältnis der Gesellschaften zu Dritten; charakteristische Umwandlungswirkungen[339].

Im Einzelnen möchte *Lennerz* wie folgt anknüpfen:
Hinsichtlich der Voraussetzungen in der Person der beteiligten Gesellschaften (etwa aktive und passive Umwandlungsfähigkeit) soll das jeweilige Personalstatut zur Anwendung kommen, es soll mithin distributiv angeknüpft werden[340].
Unter der inneren Vorbereitung und dem Verhältnis der Gesellschaften zu ihren Mitgliedern versteht *Lennerz* u.a. spezielle Berichtspflichten, Vorbereitung und Beschlussfassung der Gesellschafterversammlungen einschließlich besonderer Zustimmungserfordernisse oder Schadenersatzpflichten der Verwaltungsträger.
Nach *Lennerz* unterscheidet sich ihr eigener Ansatz von der Vereinigungstheorie dadurch, dass es keiner Differenzierung zwischen getrennt und gemeinsam durchzuführenden Verfahrensschritten bedürfe. Freilich greift *Lennerz* hier den Begriff vom Verfahrensschritt, der nach ihrer Ansicht vermieden werden soll, selbst wieder auf. Der Unterschied zur Vereinigungstheorie liegt im Wesentlichen darin, dass *Lennerz* den Abschluss des Verschmelzungs- bzw. Spaltungsvertrages, der nach der Vereinigungstheorie als gemeinsamer Verfahrensschritt kumulativ anzuknüpfen ist, als gesonderten Anknüpfungsgegenstand ansehen möchte (Verhältnis der Gesellschaften untereinander). Dieser soll auch nach *Lennerz* kumulativ angeknüpft werden[341]. Die Anknüpfungsregel ist nach *Lennerz* damit im Ergebnis die gleiche wie nach der Vereinigungstheorie, der Unterschied liegt lediglich in der Definition des Anknüpfungsgegenstandes.
In Bezug auf das Verhältnis der beteiligten Gesellschaften zu Dritten widmet *Lennerz* sich insbesondere dem Schutz der jeweiligen Gläubiger. Sie möchte

---

[339] *Lennerz* aaO S. 145.
[340] *Lennerz* aaO S. 153.
[341] *Lennerz* aaO S. 198.

insoweit distributiv anknüpfen, indem die Gläubiger nach dem jeweiligen Personalstatut „ihrer" Gesellschaft geschützt sein sollen[342]. *Lennerz* erwägt anstelle der Berufung des jeweiligen Personalstatuts auch die Berufung des Statuts der jeweiligen Forderung, was sie jedoch primär mit dem Argument verwirft, dass dann so viele Gläubigerschutzmodelle (verschiedener Rechtsordnungen) anzuwenden sein könnten wie Gläubiger vorhanden sind. Das Forderungsstatut müsse damit hinter dem Personalstatut zurücktreten; die Maßgeblichkeit des Statuts der jeweiligen Schuldnergesellschaft lasse sich damit rechtfertigen, dass jedem Gläubiger das Statut seiner Schuldnerin bekannt sei und er dieses mit Begründung der jeweiligen Forderung akzeptiert habe[343].

Unter den charakteristischen Umwandlungswirkungen versteht *Lennerz* für die Fälle der Verschmelzung und Spaltung die (partielle) Gesamtrechtsnachfolge, das Erlöschen der übertragenden Gesellschaft bei Verschmelzung und Aufspaltung und dass bei Verschmelzung, Aufspaltung und Abspaltung die Gesellschafter der übertragenden Gesellschafter der übernehmenden Gesellschaft werden. Im Fall der Ausgliederung sei hingegen charakteristisch, dass die übertragende Gesellschaft selbst an der übernehmenden beteiligt wird[344]. Die Gesamtrechtsnachfolge soll sich nach *Lennerz* ausschließlich nach dem Recht der übertragenden Gesellschaft richten, da bei dieser der Schwerpunkt des Vorgangs liege[345]. Dieser Ansatz gewährleiste zudem den Gleichlauf mit dem Schutz der Gläubiger der übertragenden Gesellschaft, der ebenso nach deren Personalstatut beurteilt werden soll (vgl. oben).

V. Zusammenfassung

Da die Umwandlung als spezieller Anknüpfungsgegenstand in der deutschen Rechtsordnung bislang keine positivgesetzliche Normierung erfahren hat, ist das deutsche Umwandlungskollisionsrecht nach wie vor durch ungeschriebene Anknüpfungstheorien geprägt. Sämtlichen Theorien ist gemein, dass sie an das allgemeine Internationale Gesellschaftsrecht (Sitz- bzw. Gründungstheorie) anknüpfen, was die Maßgeblichkeit der Personalstatuten der von der Umwandlung

---

[342] *Lennerz* aaO S. 211 f., 230.
[343] *Lennerz* aaO S. 212.
[344] *Lennerz* aaO S. 235.
[345] *Lennerz* aaO S. 256 f.

betroffenen Rechtsträger bzw. Rechtsformen zur Folge hat. Kern des Theorienstreits ist, wie sich die betroffenen mehreren Personalstatuten kollisionsrechtlich zueinander verhalten.

Herrschend ist die Vereinigungstheorie, nach der für die Beurteilung der Umwandlung die Personalstatuten aller betroffenen Rechtsträger bzw. Rechtsformen gemeinsam maßgebend sind. Zur näheren Bestimmung dieser Normenkumulation wird zwischen den Voraussetzungen, dem Verfahren und den Wirkungen einer Umwandlung unterschieden: Während hinsichtlich der Voraussetzungen und des Verfahrens distributiv an das Personalstatut des jeweiligen Rechtsträgers bzw. der jeweiligen Rechtsform angeknüpft werden soll, soll es hinsichtlich der Wirkungen der Umwandlung zu einer (strengen) Kumulation aller Personalstatuten kommen.

Hiervon abweichende Theorien erklären entweder lediglich ein Personalstatut für maßgebend (Aufnahme- und Übertragungstheorie) oder enthalten Abweichungen von der Vereinigungstheorie bei der Frage, wie die Kumulation mehrerer Rechtsordnungen konkret auszugestalten ist. Im Zusammenhang mit dem eigenen Regelungsvorschlag wird auf die verschiedenen Theorien nochmals zurückzukommen sein[346].

---

[346] Unten § 13 I. bis III.

Dritter Teil: Regelungsentwürfe betreffend das Umwandlungskollisionsrecht

In jüngerer Zeit wurden sowohl auf europäischer als auch auf nationaler deutscher Ebene Regelungsentwürfe vorgestellt, die Relevanz für die hier untersuchten grenzüberschreitenden Umwandlungsvorgänge aus der Sicht des Kollisionsrechts haben. Da sie Erkenntnisse für einen eigenen Regelungsvorschlag zum Umwandlungskollisionsrecht liefern können, sollen sie im Folgenden betrachtet werden.

§ 8 Entwurf einer Sitzverlegungsrichtlinie

Im Jahr 1997 legte die Europäische Kommission einen „Vorschlag für eine 14. Richtlinie des Europäischen Parlaments und des Rates über die Verlegung des Sitzes einer Gesellschaft in einen anderen Mitgliedstaat mit Wechsel des für die Gesellschaft maßgebenden Rechts" (Richtlinienvorentwurf) vor[347]. Nachdem das Projekt von der Kommission zwischenzeitlich nicht weiter verfolgt wurde[348], ist es mit dem Aktionsplan 2012[349] und sich hieran anschließenden Konsultationen wieder in den Blick genommen worden[350]. Eine baldige Verwirklichung des Projekts ist derzeit dennoch nicht absehbar[351]. Da der Richtlinienvorentwurf wichtige Erkenntnisse für die weiteren Betrachtungen liefern kann, soll er an dieser Stelle gleichwohl betrachtet werden.

I. Ziel und Inhalt des Vorschlags

Ziel des Vorschlags ist es, den unter dem Schutz der Niederlassungsfreiheit stehenden Gesellschaften die Verlegung ihres satzungsmäßigen oder tatsächlichen Sitzes in einen anderen Mitgliedstaat unter Wahrung ihrer Rechtspersönlichkeit, aber mit Wechsel des für die betroffene Gesellschaft maßgebenden Rechts, zu

---

[347] Mit Begründung abgedruckt in ZIP 1997, 1721.
[348] Dies hat der damalige Kommissar für Binnenmarkt und Dienstleistungen McCreevy in seiner Rede vom Oktober 2007 vor dem Rechtsausschuss des Europäischen Parlaments erklärt (abrufbar unter http://europa.eu/rapid/pressReleasesAction.do?reference=SPEECH/07/592), nachdem das Europäische Parlament die Richtlinie noch im Jahr 2006 gefordert hatte (A6-0229/2006, Nr. 31 f.); kritisch zur damaligen Haltung der Kommission etwa *Leible/Hoffmann* BB 2009, 58, 63.
[349] Aktionsplan: Europäisches Gesellschaftsrecht und Corporate Governance - ein moderner Rechtsrahmen für engagiertere Aktionäre und besser überlebensfähige Unternehmen, COM/2012/740/4.1.
[350] Näher *Bayer*, Grenzüberschreitende Mobilität europäischer und nationaler Rechtsformen – aktuelle Entwicklungen und Perspektiven, in: Bergmann u.a., 10 Jahre SE, S. 230, 249 f.; *J. Schmidt*, Cross-border mergers and divisions, transfers of seat: Is there a need to legislate?, study upon request of the JURI committee of the European Parliament, Juni 2016, PE 559.960, S. 15.
[351] *Bayer*, Grenzüberschreitende Mobilität europäischer und nationaler Rechtsformen – aktuelle Entwicklungen und Perspektiven, in: Bergmann u.a., 10 Jahre SE, S. 230, 250.

ermöglichen[352]. Der Entwurf ließe nach dem Willen seiner Verfasser im Falle seiner Umsetzung das innerstaatliche Kollisionsrecht allerdings unberührt[353]. Ausweislich der Kommissionsbegründung soll es hierdurch zu keiner Harmonisierung der Anknüpfungskriterien kommen[354]. Vielmehr solle ein gesondertes Verfahren geschaffen werden, „das die Verlegung des satzungsmäßigen oder tatsächlichen Sitzes einer Gesellschaft in einen anderen Mitgliedstaat mit Wechsel des auf die Gesellschaft anwendbaren Rechts ermöglicht". Hierbei handele es sich im Sinne des Subsidiaritätsprinzips um die im Vergleich zur Harmonisierung der Anknüpfungskriterien weniger einschneidende Maßnahme[355].
Nach Art. 3 S. 2 Hs. 1 des Vorschlags hat die Sitzverlegung weder die Auflösung der Gesellschaft noch die Gründung einer neuen juristischen Person zur Folge. Die Eintragung des neuen Sitzes im Gesellschaftsregister nach Art. 10 soll aber einen Wechsel des auf die Gesellschaft anwendbaren Rechts bewirken (Art. 3 S. 2 Hs. 2). Zu dem Verfahren, das vor Eintragung der Verlegung durchzuführen ist, gehören insbesondere die Erstellung eines Verlegungsplans (Art. 4) und eines Verlegungsberichts (Art. 5) sowie die Beschlussfassung über die Verlegung (Art. 6). Art. 7 stellt den Mitgliedstaaten frei, Vorschriften zu erlassen, die einen angemessenen Schutz der Minderheitsgesellschafter, die sich gegen die Verlegung aussprechen, gewährleisten. Im Hinblick auf den Schutz von Gläubigern sieht Art. 8 ein Recht auf angemessene Sicherheitsleistung vor, wobei sich die Ausübung dieses Rechts nach dem auf die Gesellschaft vor Verlegung ihres Sitzes anwendbaren Recht richten soll. Nach Art. 10 kann der neue Sitz erst eingetragen werden, wenn eine zuständige Stelle im Mitgliedstaat, in dem sich der Sitz vor der Verlegung befand, eine Bescheinigung nach Art. 9 ausgestellt hat, aus der unwiderlegbar der Abschluss der vorzunehmenden Handlungen und Formalitäten hervorgeht. Art. 11 Abs. 1 bestimmt, dass die Sitzverlegung mit der Eintragung in das Register des neuen Sitzes wirksam wird, wobei nach Art. 12 mit Bekanntgabe der Eintragung (Art. 11 Abs. 4) der neue Sitz gegenüber Dritten wirksam wird.

---

[352] ZIP 1997, 1721, 1722.
[353] *Von Bismarck*, Grenzüberschreitende Sitzverlegung von Kapitalgesellschaften in Europa, 2005, S. 220; MüKoBGB/*Kindler*, 6. Aufl. 2015, IntGesR Rn. 61.
[354] Ziff. IV.2, V Kommissionsbegründung, abgedruckt in ZIP 1997, 1721, 1722.
[355] Vgl. eingehend zu dem Verfahren auch *Lutter/Bayer/J. Schmidt*, EuropUR, 6. Aufl. 2018, 30.12 ff.

II. Rechtsnatur der Sitzverlegung

Der von dem Entwurf verwendete Begriff der Sitzverlegung findet im deutschen Umwandlungsrecht keine unmittelbare Entsprechung. Im Lichte der vorgenannten Regelungen stellt sich daher die Frage, welcher Rechtsnatur der als Sitzverlegung bezeichnete Vorgang ist.

1. Materiellrechtlicher Rechtsformwechsel

Auch wenn weder der Entwurf selbst noch seine Begründung dies ausdrücklich ausspricht, ist hiermit ein materiellrechtlicher Rechtsformwechsel der betroffenen Gesellschaft gemeint. So ergibt sich aus der Begründung, dass die Gesellschaft ihre Satzung an das Recht des Zuzugsstaates anzupassen hat und sie nach Verlegung des Sitzes dem Recht des Zuzugsstaates unterliegt wie jede andere Gesellschaft dieses Staates[356]. Das Erfordernis der Anpassung der Satzung ist darüber hinaus auch implizit im Text des Entwurfs enthalten, der in Art. 11 Abs. 1 von der Satzungsänderung infolge der Sitzverlegung spricht, die ohne Anpassungsbedarf an das Recht des Zuzugsstaates nicht erforderlich wäre[357]. Da eine Rechtsordnung in ihrem materiellen Gesellschaftsrecht im Grundsatz nur Bestimmungen über Gesellschaften eigener Rechtsformen enthalten wird, kann hieraus geschlussfolgert werden, dass eine Sitzverlegung im Sinne der Richtlinie zu einer Annahme einer Rechtsform der Zielrechtsordnung führt. Unter einer Sitzverlegung im Sinne des Entwurfs ist damit zum einen ein materiellrechtlicher Rechtsformwechsel zu verstehen[358].

2. Kollisionsrechtlicher Statutenwechsel

Die Sitzverlegung hat allerdings auch kollisionsrechtliche Folgen, da gemäß Art. 3 S. 2 Hs. 2 die Eintragung des neuen Sitzes im Gesellschaftsregister einen Wechsel des auf die Gesellschaft anwendbaren Rechts bewirkt. Somit ist es – entgegen der Entwurfsbegründung – streng genommen nicht zutreffend, dass

---

[356] ZIP 1997, 1721, 1723.
[357] Vgl. *von Bismarck*, Grenzüberschreitende Sitzverlegung von Kapitalgesellschaften in Europa, 2005, S. 313.
[358] Vgl. *Hoffmann* ZHR 164 (2000), 43, 62; *Priester* ZGR 1999, 36, 37; *K. Schmidt* ZGR 1999, 20, 29 („Formwechsel-Modell").

eine auf Basis des Entwurfs erlassene Richtlinie das Kollisionsrecht der Mitgliedstaaten unberührt ließe[359]. Denn zwar käme es zu keiner Vorgabe hinsichtlich des maßgebenden Anknüpfungsmoments (Verwaltungssitz nach der Sitztheorie bzw. Ort der Gründung nach der Gründungstheorie). Den Mitgliedstaaten wird aber der Zeitpunkt vorgegeben, zu dem der Statutenwechsel eintreten soll, nämlich mit der Eintragung des neuen Sitzes im Register des Zuzugsstaates[360].

III. Bewertung des Regelungskonzepts im Allgemeinen

Mit dem Entwurf einer Sitzverlegungsrichtlinie wurden damit kollisions- und materiellrechtliche Regelungen kombiniert und die kollisionsrechtliche Rechtsfolge (Statutenwechsel) von der Änderung der materiellen Rechtslage abhängig gemacht. Das ist insofern bemerkenswert, als ein kollisionsrechtlicher Statutenwechsel grundsätzlich von einer Änderung im (kollisionsrechtlichen) Anknüpfungsmoment, d.h. einer Änderung der anknüpfungserheblichen Tatsachen abhängig ist[361], nicht aber unmittelbar von einer Änderung der materiellen Rechtslage. Mit anderen Worten: Nach dem Entwurf hängt der kollisionsrechtliche Statutenwechsel von dem materiellrechtlichen Formwechsel ab und fällt zeitlich mit diesem zusammen.

Die Herstellung dieser Abhängigkeit ist sinnvoll: Denn die materiellrechtliche Annahme einer Rechtsform einer anderen Rechtsordnung hinge in der Luft bzw. ginge ins Leere, wenn dieser Vorgang nicht dadurch flankiert wird, dass auch eben diese Rechtsordnung nach dem allgemeinen Internationalen Gesellschaftsrecht künftig das maßgebende Personalstatut bildet. Andernfalls könnte sogar die Existenz der betroffenen Gesellschaft in Frage gestellt sein. Dies wäre etwa dann der Fall, wenn nach dem materiellen Recht des Wegzugsstaates die Gesellschaft nicht mehr nach diesem Recht besteht, der erforderliche Statutenwechsel aufgrund einer Disharmonie von Kollisions- und materiellem Recht aber noch nicht eingetreten ist oder erst später eintritt. Ebenso wäre der umgekehrte Fall denkbar, in dem durch das Kollisionsrecht bereits das Recht des Zuzugsstaates

---

[359] So aber MüKoBGB/*Kindler*, 6. Aufl. 2015, IntGesR Rn. 61.
[360] *Hoffmann* ZHR 164 (2000), 43, 54 f.
[361] Sog. Statutenwechsel im engeren Sinne, dazu von *Hoffmann/Thorn*, Internationales Privatrecht, 9. Aufl. 2007, § 5 Rn. 98.

als Gesellschaftsrechtsordnung bestimmt wird, dessen materielle Voraussetzungen für den Erwerb einer eigenen Rechtsform aber noch nicht vollständig erfüllt sind.

Zu einer zu vermeidenden Vermengung von Kollisions- und materiellem Recht würde es durch den Entwurf nicht kommen. Denn die hierdurch hergestellte Abhängigkeit dient lediglich der (die Rechtsklarheit fördernden) Koordinierung der kollisions- und materiellrechtlichen Vorgänge, die für sich genommen selbständig bleiben. Zu einer wirklichen Vermengung von Kollisions- und materiellem Recht käme es nur, wenn etwa dem Kollisionsrecht Rechtsfolgen entnommen werden, die dieses gar nicht enthalten kann[362].

IV. Anknüpfung des Rechtsformwechsels im Einzelnen

Den Schwerpunkt des Entwurfs bilden materiellrechtliche Voraussetzungen, die zu einer Annahme einer Rechtsform des Zuzugsstaates und damit einhergehend zu dem Statutenwechsel führen. Hierzu gehören insbesondere die Erstellung eines Verlegungsplans und eines Verlegungsberichts, die Beschlussfassung über die Verlegung, die Gewährleistung des Schutzes von Minderheitsgesellschaftern und Gläubigern und die Eintragung der Sitzverlegung im jeweiligen Register[363].

Aus kollisionsrechtlicher Sicht ist nun relevant, wie diese Voraussetzungen im Einzelnen anzuknüpfen sind: Bemessen sie sich nach dem Recht des Wegzugsstaates, nach dem Recht des Zuzugsstaates oder nach beiden Rechtsordnungen (im Sinne kumulativer Anknüpfung)[364]?

---

[362] Daher zumindest ungenau *Hoffmann* ZHR 164 (2000), 43, 62, nach dem die sitzverlegende Gesellschaft durch den Statutenwechsel eine andere Rechtsform erhält.
[363] Vgl. oben I.
[364] Vgl. auch *K. Schmidt* ZGR 1999, 20, 30, der allerdings unter Ausklammerung dieser kollisionsrechtlichen Problematik den Koordinierungsbedarf erst auf der Ebene des materiellen Rechts sieht: Bei der Umsetzung der Richtlinie müsse der nationale Gesetzgeber entscheiden, welche Regelungen für den Wegzugsfall und welche für den Zuzugsfall Anwendung finden sollen. Hier müsse gelten, dass Regelungen, die die alte Rechtsform betreffen, für den Wegzugsfall aufzustellen seinen, während Regelungen, die die neue Rechtsform betreffen, für den Zuzugsfall aufzustellen seien. Mag dies auch für sich genommen zutreffend sein, so kann sich doch die Frage nach dem Anwendungsbereich einer einzelnen Norm des materiellen Rechts erst stellen, nachdem die Maßgeblichkeit der jeweiligen Rechtsordnung – beim Formwechsel insbesondere durch Abgrenzung von der jeweiligen anderen betroffenen Rechtsordnung – durch das Kollisionsrecht festgestellt wurde.

Eine grundlegende Regelung dieser Frage enthält der Entwurf nicht. Allerdings wird in einzelnen Bestimmungen hinsichtlich einzelner Voraussetzungen zwischen den von der Sitzverlegung betroffenen Rechtsordnungen differenziert[365]. So bestimmt Art. 4 Abs. 1 i.V.m. Abs. 2, dass der Verlegungsplan nach den in den Rechtsvorschriften des Wegzugsmitgliedsstaates vorgesehenen Modalitäten offengelegt wird. Nach Art. 4 Abs. 1 gilt dies unbeschadet der im Mitgliedstaat des künftigen Sitzes zusätzlich vorgesehenen Publizitätspflichten. Der Entwurf trifft hier die kollisionsrechtliche Aussage, dass sich die Offenlegung des Verlegungsplans grundsätzlich nach dem Recht des Wegzugsstaates richten soll, Publizitätserfordernisse des Zuzugsstaates aber ebenso, d.h. im Sinne einer Kumulation, Berücksichtigung finden müssen.

In Art. 6 Abs. 2 ist bestimmt, dass das auf die Gesellschaft anwendbare Recht für die erforderliche Beschlussfassungsmehrheit eine größere Mehrheit als die von dem Entwurf vorgegebenen zwei Drittel vorschreiben oder zulassen kann[366]. Die Formulierung von dem „auf die Gesellschaft anwendbaren Recht", die auch in Art. 7 (Schutz von Minderheitsgesellschaftern) vorkommt, ist freilich auslegungsbedürftig. Ist hiermit die vor oder die nach der Sitzverlegung maßgebende Gesellschaftsrechtsordnung gemeint? Normsystematische Gründe sprechen dafür, dass das Recht des Wegzugsstaates gemeint sein muss, da der Statutenwechsel erst mit der abschließenden Eintragung eintritt[367], das Recht des Zuzugsstaates in der Phase der Beschlussfassung also noch nicht das maßgebende Personalstatut ist. Freilich wäre auch eine (kumulative) Berufung dieser Rechtsordnung nicht fernliegend, da ihr ein Interesse daran, welche Abstimmungsmehrheit für die Annahme einer eigenen Rechtsform erforderlich ist, gewiss unterstellt werden kann.

Wiederum klarer ist die Regelung in Art. 8, nach der sich die Ausübung des Rechts der Gläubiger auf Sicherheitsleistung nach dem Recht des Wegzugsstaates richtet.

---

[365] *Priester* ZGR 1999, 36, 38 spricht insoweit etwas unscharf von einer Sphärenabgrenzung und führt aus, dass die Art. 4 bis 9 den Wegzugsstaat, die Art. 10 und 11 Abs. 2 den Zuzugsstaat und die Art. 11 Abs. 1, 3 und 4 sowie 12 und 13 beide Staaten betreffen.
[366] Allerdings können die Mitgliedstaaten nach Art. 6 Abs. 3 vorsehen, dass die einfache Mehrheit der abgegebenen Stimmen genügt, wenn mindestens die Hälfte des gezeichneten Kapitals vertreten ist.
[367] Art. 11 Abs. 1 des Entwurfs.

V. Zusammenfassung

In seiner Gesamtheit betrachtet bringt der Richtlinienvorentwurf richtigerweise zum Ausdruck, dass die Sitzverlegung, die materiellrechtlich ein Rechtsformwechsel ist, ein mehraktiges Verfahren ist, das sowohl die Rechtsordnung des Wegzugsstaates als auch die Rechtsordnung des Zuzugsstaates berührt. Es bedarf daher zum einen überhaupt einer speziellen kollisionsrechtlichen Regelung des Vorgangs. Zum anderen ist darüber hinaus aus Gründen der Rechtssicherheit auch eine Koordinierung von Kollisions- und materiellem Recht dahingehend sinnvoll, dass materiellrechtlicher Rechtsformwechsel und kollisionsrechtlicher Statutenwechsel zeitlich zusammenfallen. Beidem wird in dem Entwurf bereits Rechnung getragen. Allerdings werden kollisionsrechtliche Aussagen im Text des Entwurfs nur an einzelnen Stellen und zum Teil auch lediglich implizit bzw. versteckt und damit lediglich teilweise getroffen. Wünschenswert wäre daher eine weitergehende Regelung, die die kollisionsrechtlichen Fragen grenzüberschreitender Umwandlungen umfassend regelt und somit in jeder Phase des Vorgangs Rechtssicherheit hinsichtlich der maßgebenden Rechtsordnung gewährleistet[368].

---

[368] Für eine Realisierung der Sitzverlegungsrichtlinie auch *Bayer/J. Schmidt* ZHR 173 (2009), 735, 770; *J. Schmidt* GPR 2012, 144, 146; *Eidenmüller* JZ 2004, 24, 31; *Grohmann/Gruschinske* GmbHR 2008, 27, 31; *Jaensch* EWS 2012, 353, 359; *Leible/Hoffmann* BB 2009, 58, 63; *Ratka/Wolfbauer* ZfRV 2009, 57, 64; *Teichmann* ZIP 2009, 393, 403; *Zimmer/Naendrup* NJW 2009, 545, 549 f.

§ 9 Referentenentwurf zum Internationalen Gesellschaftsrecht

Eine wichtige Regelung von Relevanz für das Umwandlungskollisionsrecht enthält der im Jahr 2008 veröffentlichte Referentenentwurf eines Gesetzes zum Internationalen Privatrecht der Gesellschaften, Vereine und juristischen Personen[369]. Obwohl mit einem Inkrafttreten dieses Entwurfs derzeit nicht zu rechnen ist[370], soll er im Folgenden betrachtet werden, da sich hieraus Erkenntnisse für die weitere Untersuchung gewinnen lassen. Der Entwurf enthält sowohl Regelungen zur allgemeinen Anknüpfung gesellschaftsrechtlicher Sachverhalte als auch im Speziellen zur Anknüpfung von Umwandlungsmaßnahmen.

I. Kodifizierung der Gründungstheorie

Gemäß Art. 10 Abs. 1 S. 1 EGBGB-RefE unterliegen Gesellschaften, Vereine und juristische Personen des Privatrechts dem Recht des Staates, in dem sie in ein öffentliches Register eingetragen sind. Sind sie nicht oder noch nicht in ein öffentliches Register eingetragen, so unterliegen sie nach Art. 10 Abs. 1 S. 2 EGBGB-RefE dem Recht des Staates, nach dem sie organisiert sind. Damit würde mit Umsetzung des Entwurfs die derzeit noch ungeschriebene Gründungstheorie kodifiziert werden[371]. Die durch Art. 10 EGBGB-RefE ermittelte Rechtsordnung findet grundsätzlich Anwendung auf alle gesellschaftsrechtlichen Sachverhalte (Einheitslehre)[372]. Art. 10 Abs. 2 EGBGB-RefE enthält insoweit eine nicht abschließende Aufzählung dieser Sachverhalte (u.a. Rechtsnatur und Rechts- und Handlungsfähigkeit, Gründung und Auflösung, Vertretungsmacht der Organe)[373].

---

[369] Abrufbar unter http://www.gmbhr.de/heft/03_08/IntPrivRG_RefEntw.pdf.
[370] *Bayer*, Grenzüberschreitende Mobilität europäischer und nationaler Rechtsformen – aktuelle Entwicklungen und Perspektiven, in: Bergmann u.a., 10 Jahre SE, S. 230, 251. Zur Aussicht auf ein baldiges Inkrafttreten *Leible*, in: Michalski, GmbHG, 2. Aufl. 2010, Systematische Darstellung 2, Internationales Gesellschaftsrecht Rn. 18.
[371] Begründung, S. 8; *Leible*, in: Michalski, GmbHG, 2. Aufl. 2010, Systematische Darstellung 2, Internationales Gesellschaftsrecht Rn. 16; *Rotheimer* NZG 2008, 181.
[372] *Leible*, in: Michalski, GmbHG, 2. Aufl. 2010, Systematische Darstellung 2, Internationales Gesellschaftsrecht Rn. 16; *Leuering* ZRP 2008, 73, 75.
[373] *Rotheimer* NZG 2008, 181.

II. Art. 10a EGBGB-RefE als allgemeine Regelung grenzüberschreitender Umwandlungen

Die allgemeine Bestimmung des Art. 10 EGBGB-RefE erfasst jedoch nicht unmittelbar (grenzüberschreitende) Umwandlungen. Diese haben vielmehr in den darauffolgenden Bestimmungen eine spezielle Regelung erfahren. Gemäß Art. 10a Abs. 1 EGBGB-RefE unterliegen die Voraussetzungen, das Verfahren und die Wirkungen einer Umwandlung für jede der beteiligten Gesellschaften, Vereine oder juristischen Personen dem nach Art. 10 EGBGB-RefE anwendbaren Recht. Die hiervon erfassten Umwandlungsarten sind ausweislich des Normtextes die Verschmelzung, die Spaltung, die Vermögensübertragung und der Formwechsel. Nach der Begründung des Entwurfs[374] ist hier im Falle grenzüberschreitender Umwandlungen mithin die Kumulation mehrerer Rechtsordnungen vorgesehen. Die Umsetzung von Art. 10a EGBGB-RefE würde damit zur Kodifizierung der bislang ungeschriebenen Vereinigungstheorie führen[375]. Dabei würde die von der herrschenden Meinung vertretene Unterscheidung zwischen den Voraussetzungen, dem Verfahren und den Wirkungen der Umwandlung[376] aufgegriffen und grundsätzlich distributiv angeknüpft.
Art. 10a Abs. 2 EGBGB-RefE enthält eine nicht abschließende Aufzählung einzelner Elemente der Umwandlung[377]. Hierzu gehören u.a. die Aufstellung eines Umwandlungsplans einschließlich dessen Form, das Verfahren der Beschlussfassung, der Schutz von Gläubigern und Minderheitsgesellschaftern und die Übertragung von Vermögensgegenständen. In Art. 10a Abs. 3 EGBGB-RefE ist abweichend von der allgemeinen Regelung des Abs. 1 bestimmt, dass sich der Zeitpunkt des Wirksamwerdens der Umwandlung nach dem Recht des aus der Umwandlung hervorgehenden Rechtsträgers richtet.

---

[374] AaO S. 13 (Fn. 369).
[375] *Sagasser/Link*, in: Sagasser/Bula/Brünger, Umwandlungen, 4. Aufl. 2011, § 32 Rn. 111; *Schneider* BB 2008, 566, 572.
[376] Dazu oben § 7 III.
[377] *Rotheimer* NZG 2008, 181.

III. Art. 10b EGBGB-RefE als Sonderregelung für den grenzüberschreitenden Formwechsel

Im Gegensatz zu Verschmelzung, Spaltung und Vermögensübertragung besteht im Fall einer Umwandlung durch grenzüberschreitenden Formwechsel die Besonderheit, dass hieran nur ein Rechtsträger beteiligt ist, der zunächst in dem Wegzugsstaat eingetragen bzw. nach dessen Recht organisiert ist (Art. 10 EGBGB-RefE) und erst als Folge des Umwandlungsvorgangs dem Zuzugsstaat unterstellt wird. Insoweit enthält Art. 10b EGBGB-RefE die spezielle Bestimmung, dass das anwendbare Recht wechselt, wenn ein Rechtsträger in einem anderen Staat in ein Register eingetragen oder er nach außen erkennbar dem Recht eines anderen Staates unterstellt wird und das bisherige und das neue Recht einen Wechsel ohne Auflösung und Neugründung zulassen und die Voraussetzungen beider Rechte hierfür vorliegen. Ohne dass die Norm es ausdrücklich ausspricht, soll hiermit ausweislich der Entwurfsbegründung[378] der grenzüberschreitende Formwechsel kollisionsrechtlich normiert werden. Inhaltlich bedeutet die Regelung des Art. 10b EGBGB-RefE, dass trotz der Beteiligung nur eines Rechtsträgers, aber mehrerer, unterschiedlichen Staaten zuzuordnenden Rechtsformen, die betroffenen Rechtsordnungen zur kumulativen Anwendung berufen sind.

IV. Bewertung

Die in dem Referentenentwurf vorgesehenen Regelungen würden gegenüber der derzeitigen Rechtslage einen wesentlichen Fortschritt für das Umwandlungskollisionsrecht bedeuten. Während nämlich dem geschriebenen Recht derzeit weder eine allgemeine Gesellschaftskollisionsnorm noch eine spezielle Umwandlungskollisionsnorm zu entnehmen sind, würde durch die Art. 10a und 10b EGBGB-RefE im Grundsatz die Kumulation aller betroffenen Personalstatuten angeordnet, welche wiederum nach der dann in Art. 10 EGBGB-RefE kodifizierten Gründungstheorie ermittelt werden könnten.

Mit der Anordnung distributiver Anknüpfung an die Personalstatuten der jeweils betroffenen Rechtsträger in Abs. 1 und der Sonderregelung in Abs. 3 hinsicht-

---

[378] AaO S. 13 f. (Fn. 369).

lich des Wirksamwerdens der Umwandlung steht in Art. 10a EGBGB-RefE eine Regelung zur Verfügung, mit der in jeder Phase des Umwandlungsvorgangs die anwendbaren Rechtsordnungen und deren jeweilige Reichweite (eine Rechtsordnung ist aufgrund der distributiven Anknüpfung insoweit maßgebend, wie ein ihr unterstehender Rechtsträger von der Umwandlung betroffen wird) rechtssicher ermittelt werden können.

Im Detail kritischer zu betrachten ist hingegen die für den Formwechsel vorgesehene Sonderregelung in Art. 10b EGBGB-RefE. So sieht zwar auch diese eine Kumulation der betroffenen Rechtsordnungen vor. Nicht eindeutig ist allerdings, wie weit eine solche Kumulation der betroffenen Rechtsordnungen im Einzelnen gehen soll. Dies wird durch einen Vergleich mit der Regelung des Art. 10a EGBGB-RefE deutlich. Denn obwohl beide Vorschriften die Kumulation anordnen, ist nur die Regelung des Art. 10a EGBGB-RefE klar, da sie die Maßgeblichkeit eines betroffenen Personalstatuts grundsätzlich auf den diesem unterstehenden Rechtsträger beschränkt. Art. 10b EGBGB-RefE hingegen nimmt nicht auf betroffene Rechtsträger bzw. betroffene Rechtsformen (Ausgangs- und Zielrechtsform) Bezug, sondern erklärt pauschal beide betroffenen Rechtsordnungen für maßgebend.

Die Auslegung dieser Regelung bereitet Schwierigkeiten. Dass sie so aufzufassen ist, dass im Sinne einer strengen Kumulation jedes einzelne Element der Umwandlung von jeder der beteiligten Rechtsordnungen zu beantworten ist – der Wortlaut der Norm ließe dies zu –, muss bezweifelt werden. Exemplarisch sei die dadurch hervorgerufene Rechtsunsicherheit anhand des Schutzes von Gläubigern des formwechselnden Rechtsträgers aufgezeigt. Insoweit ist keineswegs eindeutig, aber auch nicht ausgeschlossen, dass dieser sich im Sinne einer strengen Kumulation nach beiden betroffenen Rechtsordnungen richten muss. Für eine strenge Kumulation mag zwar sprechen, dass im Falle einer grenzüberschreitenden Umwandlung ein besonderes Schutzbedürfnis bestehen und nur auf diese Weise ein hinreichendes Schutzniveau erreicht werden kann. Ebenso kommt aber auch die Berufung nur einer Rechtsordnung in Frage, wobei dies zu der weiteren Frage führt, ob dies die Ausgangs- oder die Zielrechtsordnung sein muss. Für die Maßgeblichkeit der Ausgangsrechtsordnung könnte sprechen, dass ein Gläubiger bei Entstehung seines Anspruchs für den Fall einer möglichen Umwandlung der Schuldnergesellschaft nur auf den Schutz der Rechtsordnung vertrauen konnte, der die Schuldnergesellschaft zu diesem Zeitpunkt unterstand (Ausgangsrechtsordnung). Andererseits spricht für die Maßgeblichkeit der Zielrechtsordnung, dass die Schuldnergesellschaft dem Gläubiger mit Wirksamwerden des Formwechsels in ihrer der Zielrechtsordnung zugehörigen Rechtsform gegenübersteht[379].

Auch die Begründung des Referentenentwurfs schweigt dazu, welche konkrete Erscheinungsform die Kumulation nach Art. 10b EGBGB-RefE haben soll. Die Frage nach dem anwendbaren Recht ist aber nur dann zweifelsfrei beantwortet, wenn nicht nur (über Art. 10 EGBGB-RefE) die betroffenen Personalstatuten benannt werden, sondern auch darüber Klarheit besteht, *inwieweit* diese maßgebend sind. Das „Ob" und „Wie" der Kumulation mehrerer Rechtsordnungen ist gerade das zentrale Problem der kollisionsrechtlichen Behandlung einer grenzüberschreitenden Umwandlung[380]. Art. 10b EGBGB-RefE spricht daher lediglich etwas Naheliegendes aus, nämlich, dass durch den Formwechsel eines Rechtsträgers über die Grenze mehrere Rechtsordnungen betroffen sind, was für deren kumulative Anwendung spricht.

V. Zusammenfassung

Zusammenfassend bleibt festzuhalten, dass nur Art. 10a EGBGB-RefE betreffend die Verschmelzung, Spaltung und Vermögensübertragung eine klare, rechtssichere Regelung des Umwandlungskollisionsrechts bieten würde. Denn die Norm ordnet nicht nur die Kumulation mehrerer Rechtsordnungen an, sondern sie beantwortet auch die ganz wesentliche Frage, wie diese Kumulation konkret zu erfolgen hat, nämlich grundsätzlich in Form distributiver Anknüpfung an das Personalstatut des jeweiligen Rechtsträgers[381]. Art. 10b EGBGB-RefE ordnet für den grenzüberschreitenden Formwechsel zwar ebenso die Kumulation mehrerer Rechtsordnungen an. Die Norm lässt den Rechtsanwender im Hinblick auf die konkrete Ausgestaltung dieser Kumulation jedoch im Unklaren und böte damit keine zufriedenstellende Regelung des Kollisionsrechts des Formwechsels.

---

[379] Zur Anknüpfung des Gläubigerschutzes vgl. auch unten § 13 III. 3. f).
[380] Oben § 5.
[381] Damit soll allerdings noch nicht gesagt sein, dass die mit Art. 10a Abs. 1 EGBGB-RefE vorgeschlagene Regelung auch die inhaltlich „richtige" ist. Ob nämlich die – von Abs. 3 abgesehen – pauschal distributive Anknüpfung nach Abs. 1 für sämtliche Voraussetzungen, Verfahrensschritte und Wirkungen zu befürworten ist, soll erst die weiter unten vorgenommene nähere Untersuchung zeigen (unten § 13).

§ 10 Vorschlag des Deutschen Rates für IPR für die Neugestaltung des Internationalen Gesellschaftsrechts

Beachtung für die kollisionsrechtliche Behandlung grenzüberschreitender Umwandlungen verdient auch der von der Spezialkommission des Deutschen Rates für Internationales Privatrecht erarbeitete Vorschlag für die Neugestaltung des Internationalen Gesellschaftsrechts[382]. Dieser liegt dem Referentenentwurf zum Internationalen Gesellschaftsrecht[383] in wesentlichen Teilen zugrunde[384], stimmt hinsichtlich der Regelung grenzüberschreitender Umwandlungen mit jenem aber nicht vollständig überein. Der im Jahr 2006 von der Spezialkommission verabschiedete Vorschlag umfasst sowohl eine Regelung auf europäischer Ebene in Form einer Verordnung als auch eine autonome deutsche Regelung im internationalprivatrechtlichen Teil des EGBGB[385].

I. Regelung der Verschmelzung, Spaltung und Vermögensübertragung

1. Inhalt des Vorschlags

Die in Art. 10a EGBGB des Referentenentwurfs vorgesehene Regelung der grenzüberschreitenden Verschmelzung, Spaltung und Vermögensübertragung[386] entspricht weitgehend den von dem Rat erarbeiteten Art. 5 VO-E bzw. Art. 10b EGBGB-E[387]. Nach Abs. 1 der jeweiligen Bestimmung unterliegen die Voraussetzungen, das Verfahren und die Wirkungen des Vorgangs dem Personalstatut

---

[382] Abgedruckt bei *Sonnenberger/Bauer*, in: Sonnenberger, Vorschläge und Berichte zur Reform des europäischen und deutschen internationalen Gesellschaftsrechts, 2007, S. 7 ff. sowie in RIW 2006, Beilage 1 zu Heft 4, S. 1 ff.
[383] Dazu oben § 9.
[384] Begründung zum RefE, aaO S. 6 (Fn. 369).
[385] *Sonnenberger/Bauer*, in: Sonnenberger, Vorschläge und Berichte zur Reform des europäischen und deutschen internationalen Gesellschaftsrechts, 2007, S. 7 ff. bzw. S. 10 ff.
[386] Dazu oben § 9 II.
[387] Art. 6 VO-E bzw. Art. 10c EGBGB-E erklären diese für die grenzüberschreitende Verschmelzung geltenden Bestimmungen für auf die grenzüberschreitende Spaltung und Vermögensübertragung entsprechend anwendbar.

der jeweiligen Gesellschaft[388]. Der jeweilige Abs. 2 enthält eine nicht abschließende Aufzählung der hierunter fallenden Elemente des Vorgangs[389]. Nach dem jeweiligen Abs. 4 bestimmt sich der Zeitpunkt des Wirksamwerdens des Vorgangs nach dem Recht, dem die aus der Umwandlung hervorgegangene Gesellschaft unterliegt[390]. Eine bemerkenswerte Regelung, die im Referentenentwurf keine Entsprechung findet, enthalten allerdings Art. 5 Abs. 3 VO-E bzw. Art. 10b Abs. 3 EGBGB-E, die wie folgt lauten:

„Unberührt bleiben Regelungen des im Übrigen auf die Rechte an einem Vermögensgegenstand anzuwendenden Rechts, welche die Wirksamkeit der Übertragung von Vermögensgegenständen auf die übernehmende oder neue Gesellschaft gegenüber Dritten von der Erfüllung weiterer Voraussetzungen abhängig machen."

Hierin kommt zum Ausdruck, dass das im Rahmen der Umwandlung zu übertragende Vermögen zwar grundsätzlich nach dem Personalstatut (d.h. im Wege der Universalsukzession) auf die übernehmende Gesellschaft übergehen kann. Im Verhältnis zu Dritten soll der Übergang aber von etwaigen weiteren Voraussetzungen des für den jeweiligen Vermögensgegenstand maßgebenden Einzelstatuts, etwa für Sachen der *lex rei sitae*[391], abhängig sein. Hiervon erfasst ist insbesondere die konstitutive Eintragung von Rechten und Rechtsübergängen an Immobilien in Grundbüchern oder vergleichbaren Registern[392]. Nach der Vorschlagsbegründung gebiete es die Sicherheit des Rechtsverkehrs, Dritte nicht einfach auf die Registrierung der Umwandlung zu verweisen, sondern die besonderen Voraussetzungen des jeweiligen Einzelstatuts zu respektieren. Die Sonderanknüpfung in Art. 5 Abs. 3 VO-E bzw. Art. 10b Abs. 3 EGBGB-E trage dem Rechnung, allerdings nicht, indem die Übertragung als solche, sondern nur ihre Wirksamkeit gegenüber Dritten dem Einzelstatut vorbehalten bleibe[393]. Die

---

[388] Entspricht Art. 10a Abs. 1 EGBGB-RefE.
[389] Entspricht Art. 10a Abs. 2 EGBGB-RefE.
[390] Entspricht Art. 10a Abs. 3 EGBGB-RefE.
[391] Art. 43 EGBGB.
[392] *Sonnenberger/Bauer*, in: Sonnenberger, Vorschläge und Berichte zur Reform des europäischen und deutschen internationalen Gesellschaftsrechts, 2007, S. 54.
[393] *Sonnenberger/Bauer* aaO S. 54.

Bestimmung entspricht damit der Regelung in Art. 131 Abs. 3 GesRRL (Art. 14 Abs. 3 CBMD)[394].

Das durch diese Regelung verfolgte Ziel ist, einen angemessenen Ausgleich zwischen dem Personalstatut als Gesamtstatut und dem Einzelstatut zu schaffen[395]. Einerseits soll eine durch das Personalstatut vorgesehene Universalsukzession, die mit Eintragung im Handels- bzw. einem entsprechenden Register wirksam wird und von den Übertragungsvoraussetzungen des Einzelstatuts unabhängig ist, grundsätzlich unangetastet bleiben. Das dahinterstehende Interesse ist, mit dem Instrument der Universalsukzession unter Vermeidung der komplizierten und mühseligen Einzelübertragung das Vermögen eines Rechtsträgers als Ganzes auf einen anderen Rechtsträger übertragen zu können[396]. Steht daher etwa die Übertragung eines dem deutschen Recht unterstehenden Grundstücksrechts in Frage, so geht dieses auch ohne die von §§ 873 Abs. 1, 925 Abs. 1 S. 1 BGB[397] vorausgesetzte Auflassung und Eintragung im Grundbuch über. Andererseits sollen die besonderen Voraussetzungen des Einzelstatuts und die damit verfolgten Zwecke auch im Falle einer Umwandlung nicht völlig unbeachtet bleiben. Im Fall von Grundstücksrechten etwa bezweckt das Eintragungserfordernis die Schaffung von Klarheit über den dinglichen Rechtszustand[398]. Würde das Gesamtstatut nun jedoch vollständig durch das Einzelstatut überlagert, so könnte dies zumindest faktisch zu einer Aushöhlung der Universalsukzession führen und das Instrument der Umwandlung als solches in Frage stellen[399].

2. Bewertung

Die nachfolgende Bewertung soll sich auf die Regelung beschränken, in der der Vorschlag sich von dem darauf basierenden Referentenentwurf unterscheidet, mithin die oben erläuterte Regelung in Art. 5 Abs. 3 VO-E bzw. Art. 10b Abs. 3 EGBGB-E.

---

[394] *Sonnenberger/Bauer* aaO S. 54.
[395] Zur Notwendigkeit dessen oben § 3 III. sowie unten § 13 III. 3. i).
[396] Vgl. *Kübler*, in: Semler/Stengel, UmwG, 3. Aufl. 2012, § 20 Rn. 2.
[397] Bürgerliches Gesetzbuch (BGB) idF der Bekanntmachung vom 2.1.2002 (BGBl. I, 42, 2909; 2003 I, 738).
[398] Staudinger/*Seiler*, Einleitung zum Sachenrecht Rn. 56; Palandt/*Bassenge*, BGB, 75. Aufl. 2016, Überbl v § 873 Rn. 6.
[399] Vgl. *Prüm*, Die grenzüberschreitende Spaltung, 2006, S. 44.

Die dort angeordnete, den Schutz des Rechtsverkehrs bezweckende Rechtsfolge kann als relative Maßgeblichkeit des Einzelstatuts für die Übertragung des Vermögens der übertragenden Gesellschaft bezeichnet werden. Relativ insoweit, als die Wahrung der Voraussetzungen des Einzelstatuts nur für die Wirksamkeit der Übertragung gegenüber Dritten erforderlich ist, nicht aber gegenüber den betroffenen Rechtsträgern selbst.

Der Regelung in Art. 5 Abs. 3 VO-E bzw. Art. 10b Abs. 3 EGBGB-E ist zunächst insoweit zuzustimmen, als sich die Vermögensübertragung im Grundsatz nach dem Personalstatut als Gesamtstatut richtet[400], die Übertragungsvoraussetzungen der Einzelstatuten der betroffenen Vermögensgegenstände hiervon jedoch unberührt bleiben. Denn die kollisionsrechtliche Anknüpfung eines Sachverhalts muss stets im Blick haben, ob die Rechtsfolgen, die die durch sie berufene Rechtsordnung anordnet, auch in dritten betroffenen Rechtsordnungen Anerkennung finden wird[401]. Die Übertragung eines Vermögensgegenstandes durch Gesamtrechtsnachfolge nach dem Personalstatut wäre folglich entwertet, wenn dieser Vorgang durch das Einzelstatut nicht anerkannt wird, weil dieses die Beachtung besonderer Übertragungsvoraussetzungen verlangt.

Dem Vorschlag ist schließlich auch insoweit zuzustimmen, als er die zusätzliche Maßgeblichkeit des Einzelstatuts nur im Verhältnis zu Dritten anordnet. Denn hierdurch wird ein angemessener Ausgleich zwischen der Erleichterung der Vermögensübertragung durch Gesamtrechtsnachfolge einerseits und dem Schutz betroffener Drittinteressen anderseits geschaffen. Eine generelle Maßgeblichkeit des Einzelstatuts neben dem Gesamtstatut hingegen würde eine durch dieses ermöglichte Gesamtrechtsnachfolge und somit die Umwandlung insgesamt bereits auf der Ebene des Kollisionsrechts in Frage stellen[402].

II. Regelung des Wechsels des anwendbaren Rechts

Anders als die Regelung zur grenzüberschreitenden Verschmelzung, Spaltung und Vermögensübertragung ist die von der Spezialkommission vorgeschlagene

---

[400] Vgl. zur gesellschaftsrechtlichen Qualifikation der Vermögensübertragung bereits oben § 3 III. 1.
[401] Kriterium der Durchsetzbarkeit, dazu unten § 12 II. 2. a).
[402] Vgl. für die Spaltung *Prüm*, Die grenzüberschreitende Spaltung, 2006, S. 44. Eingehend zur Anknüpfung der Vermögensübertragung unten § 13 III. 3. i).

Regelung zum Wechsel des anwendbaren Rechts in der entsprechenden Regelung des Referentenentwurfs (Art. 10b EGBGB-RefE) kaum wiederzuerkennen.

1. Inhalt des Vorschlags

Art. 7 VO-E und Art. 10d EGBGB-E regeln den Wechsel des anwendbaren Rechts, der zu einer Umwandlung der betroffenen Gesellschaft in eine Gesellschaft des Zuzugsstaates führen soll[403]. Im Gegensatz zur Regelung der grenzüberschreitenden Verschmelzung, Spaltung und Vermögensübertragung (Art. 5 und 6 VO-E und Art. 10b und 10c EGBGB-E) erfasst die Regelung lediglich Umwandlungen innerhalb der EU und des EWR. Die beiden Regelungen stimmen inhaltlich weitgehend überein. Wesentlichster Unterschied ist, dass die für das autonome deutsche Recht vorgesehene Regelung keine in Bezug auf EU/EWR allseitige Kollisionsnorm ist, sondern sie lediglich Sachverhalte erfasst, in denen eine Umwandlung aus Deutschland heraus oder nach Deutschland herein erfolgt (Art. 10d Abs. 1 und 2 EGBGB-E)[404]. Aufgrund der im Übrigen weitgehenden Übereinstimmung zwischen Art. 7 VO-E und Art. 10d EGBGB-E soll aus Gründen der Übersichtlichkeit in der folgenden Darstellung nur auf Art. 7 VO-E eingegangen werden.

Art. 7 Abs. 1 VO-E betrifft registrierte Gesellschaften. Satz 1 dieser Regelung bestimmt, dass eine registrierte Gesellschaft ihr Gesellschaftsstatut durch Verlegung des für dessen Bestimmung maßgebenden Registrierungsortes (Art. 2 VO-E) wechseln kann; sofern das Recht des Zielstaates eine Registrierung nicht vorsieht, tritt an die Stelle der Registrierung die nach außen erkennbare Organisation nach diesem Recht, Satz 2. Die Voraussetzungen für die Löschung im Register des ursprünglichen Registrierungsstaates sollen dessen Recht unterliegen, die Voraussetzungen für die Registrierung im neuen Registrierungsstaat (sofern vorgesehen) dessen Recht, Satz 3 und 4. Der Statutenwechsel soll voraussetzen, dass die nach dem bisherigen Gesellschaftsstatut vorgesehenen Maßnahmen zum Schutz von Rechten Dritter und von Gesellschaftern, die dem Statutenwechsel nicht zugestimmt haben, erfüllt worden sind, Satz 5. Nach Satz 6 sind die Gläubiger der Gesellschaft unter Hinweis auf die bevorstehende Änderung

---

[403] *Sonnenberger/Bauer*, in: Sonnenberger, Vorschläge und Berichte zur Reform des europäischen und deutschen internationalen Gesellschaftsrechts, 2007, S. 55 f.
[404] *Sonnenberger/Bauer* aaO S. 56.

des Gesellschaftsstatuts öffentlich zur Anmeldung ihrer Forderungen aufzufordern.
Gemäß Art. 7 Abs. 2 S. 1 VO-E ist das bisherige Gesellschaftsstatut bis zur Eintragung am neuen Registrierungsort auf die Gesellschaft anwendbar, im Fall von Art. 7 Abs. 1 S. 2 VO-E (Registrierung im Zielstaat nicht vorgesehen) bis zur Löschung am alten Registrierungsort.
Art. 7 Abs. 3 VO-E schließlich betrifft nicht registrierte Gesellschaften. Hiernach können sich diese umwandeln, indem sie sich nach dem Recht des Zielstaates organisieren, insbesondere, indem sie sich dort registrieren lassen (Satz 1). Nach Satz 2 dieser Bestimmung richten sich die vor dem Statutenwechsel begründeten Rechte Dritter weiter nach dem Altstatut.

2. Zugrundeliegende Erwägungen

Die Spezialkommission betrachtet den in Art. 7 VO-E gemachten Vorschlag als Regelung der Umwandlung in eine Gesellschaft des Zielstaates, die durch den Wechsel des Gesellschaftsstatuts eintrete[405]. Traditionell sei dieser Vorgang als statutenändernde Sitzverlegung bezeichnet worden. Dieser Begriff könne aber nicht mehr verwendet werden, da nach Art. 2 VO-E als primärer Anknüpfungspunkt für das Gesellschaftsstatut die Registrierung, sonst die Organisation oder das Vertragsstatut, nicht aber der Sitz der Gesellschaft vorgesehen sei. Dementsprechend verwende der Vorschlag nicht mehr den Begriff der Sitzverlegung, sondern lediglich den des Wechsels des anwendbaren Rechts[406].
Nach dem Willen der Spezialkommission soll der Vorschlag dabei auf die „internationale Umwandlung durch Statutenwechsel" beschränkt sein[407]. Hierbei seien zwei Schritte logisch zu unterscheiden, auch wenn sie tatsächlich zusammenfallen könnten: Einerseits der Statutenwechsel, und andererseits die Annahme einer bestimmten Rechtsform des Zuzugsstaates, die sich nach den Sachvorschriften dieses Staates richten müsse. Hiermit wird zum Ausdruck gebracht, dass der Vorschlag keine nähere Aussage zur Anknüpfung der (materiellrechtlichen) Annahme einer Rechtsform des Zielstaates treffen sollte.
In der Begründung wird schließlich besonders darauf hingewiesen, dass es sich bei dem Vorschlag um keine reine Kollisionsnorm handele, sondern dieser ne-

---

[405] *Sonnenberger/Bauer* aaO S. 55.
[406] *Sonnenberger/Bauer* aaO S. 55.
[407] *Sonnenberger/Bauer* aaO S. 59.

ben der kollisionsrechtlichen zugleich eine sachrechtliche Aussage enthalte. Gemeint ist damit die Bestimmung, nach der der Statutenwechsel die Erfüllung der Maßnahmen zum Schutz der Gläubiger und Minderheitsgesellschafter voraussetzt (Art. 7 Abs. 1 S. 5 VO-E)[408].

3. Bewertung

Der von der Spezialkommission erarbeitete Vorschlag zum Wechsel des anwendbaren Rechts ist unter mehreren Aspekten kritikwürdig.

a) Beschränkung auf EU/EWR-Sachverhalte

Zunächst ist die Beschränkung auf EU/EWR-Sachverhalte zweifelhaft und erscheint gerade im Vergleich zur Regelung der grenzüberschreitenden Verschmelzung, Spaltung und Vermögensübertragung, die eine solche Beschränkung nicht enthält, wenig konsequent. Die Spezialkommission führt hierzu aus, die Einbeziehung von Sachverhalten mit Bezug zu Drittstaaten sei noch nicht entscheidungsreif, eine Stellungnahme zur Zulassung derartiger Sachverhalte unterbleibe deshalb; die Arbeiten an der Sitzverlegungsrichtlinie[409] machten die Schwierigkeiten deutlich, die einer uneingeschränkt allseitigen Regelung entgegenstünden[410].

Hier wird übersehen, dass es nicht Aufgabe des Kollisionsrechts ist, über die Zulässigkeit eines Vorgangs zu entscheiden. Vielmehr dient dieses nur dazu, die Rechtsordnung(en) zu benennen, nach dessen/deren materiellem Recht die Zulässigkeit des Vorgangs zu beurteilen ist. Die Entscheidung über die Zulässigkeit ist damit dem materiellen Recht vorbehalten, im Fall grenzüberschreitender Umwandlungen dem materiellen Umwandlungsrecht. Mit der kollisionsrechtlichen Normierung eines Sachverhalts ist damit grundsätzlich keine Aussage über dessen Zulässigkeit verbunden. Dementsprechend ist die Spezialkommission auch bei der Normierung der grenzüberschreitenden Verschmelzung, Spaltung und Vermögensübertragung vorgegangen, indem sie die Kollisionsnorm nicht

---

[408] *Sonnenberger/Bauer* aaO S. 57.
[409] *Sonnenberger/Bauer* aaO S. 56 f.
[410] *Sonnenberger/Bauer* aaO S. 57, 59.

auf die primär- und sekundärrechtlich gewährleisteten EU/EWR-Sachverhalte[411] beschränkt hat. Hierzu führt die Vorschlagsbegründung zutreffend aus, dass das kollisionsrechtliche Regelungsbedürfnis unabhängig von der Gewährleistung des Vorgangs durch die Niederlassungsfreiheit sei und grundsätzlich auch Drittstaat-Gesellschaften betreffe[412]. Die sachlichen Voraussetzungen und Schranken seien Angelegenheit des Sachrechts der betroffenen Rechtsordnungen, das Kollisionsrecht sollte keine zusätzlichen Hindernisse in den Weg legen. Eben diese Erwägungen hätten durch die Spezialkommission auch im Rahmen von Art. 7 VO-E und Art. 10d EGBGB-E angestellt werden sollen. Die Beschränkung auf EU/EWR-Sachverhalte ist damit nicht überzeugend.

b) Kumulation der Rechtsordnungen

Hinsichtlich der in Art. 7 Abs. 1 S. 3 und 4 VO-E vorgesehenen Kumulation erscheint der Vorschlag zunächst klarer als die entsprechende Regelung des Referentenentwurfs (Art. 10b EGBGB-RefE). Während diese pauschal beide betroffenen Rechtsordnungen beruft, ohne dass klar wird, wie weit die Kumulation tatsächlich gehen soll[413], unterstellt der Vorschlag die Löschung im ursprünglichen Registrierungsstaat dessen Recht, die Eintragung im neuen Registrierungsstaat hingegen dessen Recht (Kumulation der Rechtsordnungen in der Form distributiver Rechtsanwendung).
Hieran fällt allerdings auf, dass der Vorschlag ausschließlich die Anknüpfung der Umregistrierung (Löschung im alten und Eintragung im neuen Register) und nicht die der „Umwandlung" oder des „Formwechsels" regelt. Verzichtet wurde auch – anders als in Art. 5 Abs. 2 VO-E – auf eine Aufzählung einzelner Elemente des Umwandlungsvorgangs, etwa zur Umwandlungsfähigkeit, zu Informationspflichten des Vertretungsorgans oder zur Beschlussfassung.
Im Zusammenhang mit der Vorschlagsbegründung wird deutlich, warum das so ist: Der Vorschlag soll lediglich die „internationale Umwandlung durch Statu-

---

[411] Art. 49, 54 AEUV bzw. Art. 118 ff. GesRRL (Art. 1 ff. CBMD) sowie EuGH v. 13.12.2005, *SEVIC Systems*, Rs. C-411/03, Slg. 2005 I-10805, ECLI:EU:C:2005:762. Hierzu bereits oben § 1 I.
[412] *Sonnenberger/Bauer* aaO S. 52.
[413] Oben § 9 III.

tenwechsel", nicht hingegen die Annahme einer bestimmten Rechtsform des Zuzugsstaates erfassen[414].

Das ist kaum überzeugend. Zwar ist es in der Tat so, dass kollisionsrechtlicher Statutenwechsel und materiellrechtlicher Rechtsformwechsel auseinanderzuhalten sind[415]. Nach dem richtigerweise zugrunde zu legenden Verständnis kann es aber keine „Umwandlung durch Statutenwechsel" geben, da so das Kollisionsrecht und das materielle Umwandlungsrecht gerade wenig überzeugend vermengt werden. Es ist daher widersprüchlich, wenn Aussagen zur Umwandlung einer Gesellschaft gemacht werden sollen, diese Aussagen sich aber nicht auf die Annahme einer Rechtsform des Zielstaates beziehen sollen. Man mag die materiellrechtliche Umwandlung dennoch als „Wechsel des anwendbaren Rechts" oder „Statutenwechsel" bezeichnen können. Tut man dies, so muss man sich jedoch bewusst machen, dass dieser Vorgang seinerseits zum Gegenstand der Anknüpfung zu machen ist[416]. Denn um die Umwandlungsmaßnahme beurteilen zu können, muss zunächst ermittelt werden, nach dem materiellen Umwandlungsrecht welches Staates bzw. welcher Staaten sich die Maßnahme richtet. Der Vorschlag der Spezialkommission zieht diese Konsequenz nicht.

Im Zusammenhang mit dem Vorentwurf einer Sitzverlegungsrichtlinie wurde bereits deutlich gemacht, wie die Abhängigkeit zwischen kollisionsrechtlichem Statutenwechsel und materiellrechtlichem Rechtsformwechsel zu erklären ist[417]: Der Formwechsel ist zwar einerseits ein besonderer Vorgang, der nicht unmittelbarer Gegenstand der allgemeinen Kollisionsnorm des Internationalen Gesellschaftsrechts, sondern der besonderen Umwandlungskollisionsnorm ist. Damit der Formwechsel nach seiner Durchführung aber nicht in der Luft hängt bzw. ins Leere geht, muss er dadurch kollisionsrechtlich flankiert werden, dass sich die gesellschaftsrechtlichen Rechtsverhältnisse künftig nach dem materiellen Gesellschaftsrecht des Zielstaates richten (neues Gesellschaftsstatut). So ist es nur schwer vorstellbar, dass sich etwa eine Gesellschaft französischen Rechts (materiellrechtlich) in eine deutsche Rechtsform umwandelt, die Gesellschaft sich aber ab dem Zeitpunkt des Wirksamwerdens der Umwandlung nicht nach deutschem Recht beurteilt.

---

[414] Vgl. oben 2.
[415] Vgl. dazu ausführlich oben § 8 zum Vorentwurf einer Sitzverlegungsrichtlinie sowie unten § 15 I.
[416] Oben § 3 I.
[417] Oben § 8 III.

Mit der Idee einer „Umwandlung durch Statutenwechsel" widerspricht die Spezialkommission zudem im Grunde der von ihr für die Bestimmung des Gesellschaftsstatuts vorgeschlagenen Gründungsanknüpfung; hiernach soll eine Gesellschaft dem Recht des Staates unterliegen, nach dem sie gegründet wurde[418]. Soll sich das auf die Gesellschaft anwendbare Recht nachträglich ändern, so sollte diese als Statutenwechsel bezeichnete Umwandlung dann aber richtigerweise davon abhängen, dass die Gesellschaft (materiellrechtlich) in eine Rechtsform des Zuzugsstaates umgewandelt wurde, da die Annahme einer Rechtsform durch Umwandlung an die Stelle einer Neugründung tritt[419]. Mit anderen Worten wäre es vor dem Hintergrund der vorgeschlagenen Gründungsanknüpfung konsequent, wenn die als Statutenwechsel bezeichnete Umwandlung an das materielle Gesellschafts-/Umwandlungsrecht der Zielrechtsordnung angeknüpft würde.

Was nun den materiellrechtlichen Formwechsel angeht, ist die Spezialkommission an anderer Stelle durchaus zutreffend der Ansicht, dass es Aufgabe des Sachrechts ist, diesen Vorgang zu ermöglichen; eine isolierte Ermöglichung des Wechsels des Gesellschaftsstatuts nur im Kollisionsrecht sei wenig sinnvoll[420]. Allerdings wird dennoch nicht die Konsequenz gezogen, den Umwandlungsvorgang selbst zum Gegenstand der Anknüpfung zu machen, d.h. die Frage zu stellen, nach dem materiellen Recht welches Staates sich der Vorgang richten soll. Die Einlassung in der Vorschlagsbegründung, dass sich die Annahme einer Rechtsform des Zielstaates nach den Sachvorschriften dieses Staates richte[421], greift deutlich zu kurz. Nähere Ausführungen zur naheliegenden Kumulation der betroffenen Rechtsordnungen (Vereinigungstheorie) und deren Reichweite fehlen. Hier liegt aber wie gezeigt gerade die kollisionsrechtliche Problematik einer grenzüberschreitenden, identitätswahrenden Umwandlung einer Gesellschaft, der größere Aufmerksamkeit gewidmet werden muss. Zwar deutet die Spezialkommission an, dass die Umstrukturierung auch von den sachrechtlichen Best-

---

[418] Art. 2 VO-E, Art. 10 EGBGB-E.
[419] Vgl. *Schönhaus/Müller* IStR 2013, 174, 175.
[420] So Kommissionsmitglied *Kieninger*, in: Sonnenberger, Vorschläge und Berichte zur Reform des europäischen und deutschen internationalen Gesellschaftsrechts, 2007, S. 584, 590.
[421] *Sonnenberger/Bauer*, in: Sonnenberger, Vorschläge und Berichte zur Reform des europäischen und deutschen internationalen Gesellschaftsrechts, 2007, S. 59.

immungen des Wegzugsstaates abhängen kann[422]. Hierbei ginge es aber lediglich um „Sonderanknüpfungen" etwa in Bezug auf den Schutz von Altgläubigern und Altgesellschaftern, der nach dem bisherigen Gesellschaftsstatut (Wegzugsstaat) zu beurteilen sei[423]. Die Beachtung dieser Vorschriften wird jedoch wiederum nur als Voraussetzungen des (rein kollisionsrechtlichen) Statutenwechsels angesehen. Es wurde bereits dargelegt, dass der Statutenwechsel aber nicht sinnvoll von der materiellrechtlichen Umwandlung in eine Rechtsform des Zuzugsstaates getrennt werden kann. Die Anknüpfung von Schutzmechanismen ist damit nicht als Sonderanknüpfung, sondern als wesentlicher Teilaspekt der Anknüpfung des Umwandlungsverfahrens insgesamt anzusehen.
Dementsprechend kann es auch nicht überzeugen, die Beachtung der Maßnahmen zum Schutz Dritter wie in Art. 7 VO-E vorgesehen zur Voraussetzung des Statutenwechsels zu erklären, da diese Schutzinstrumente als wesentlicher Teil des Umwandlungsvorgangs ihrerseits zum Gegenstand der Anknüpfung des Formwechsels zu machen sind.

III. Zusammenfassung

Ebenso wie der Referentenentwurf zum Internationalen Gesellschaftsrecht weist auch der von dem Deutschen Rat für IPR vorgelegte Vorschlag für die Neugestaltung des Internationalen Gesellschaftsrechts in Betreff grenzüberschreitender Umwandlungen partiell in die richtige Richtung.
In Bezug auf Verschmelzung, Spaltung und Vermögensübertragung enthält der Vorschlag über den Referentenentwurf hinausgehend in Art. 5 Abs. 3 VO-E bzw. Art. 10b Abs. 3 EGBGB-E eine Regelung, die im Hinblick auf einen durch das Personalstatut angeordneten Übergang von Vermögen (durch Universalsukzession) sicherstellt, dass auch etwaige besondere Übertragungsvoraussetzungen eines Einzelstatuts (z.B. der *lex rei sitae*, Art. 43 EGBGB) gegenüber Dritten Berücksichtigung finden. Hierdurch kann vermieden werden, dass ein durch das Personalstatut angeordneter Vermögensübergang durch das Einzelstatut keine

---

[422] *Sonnenberger/Bauer*, in: Sonnenberger, Vorschläge und Berichte zur Reform des europäischen und deutschen internationalen Gesellschaftsrechts, 2007, S. 57 sowie *Kieninger*, ebenda, S. 590.
[423] *Kieninger*, in: Sonnenberger, Vorschläge und Berichte zur Reform des europäischen und deutschen internationalen Gesellschaftsrechts, 2007, S. 591.

Anerkennung finden wird, was für die Betroffenen mit der zu erstrebenden Rechtssicherheit einhergeht.

In Bezug auf den Wechsel des anwendbaren Rechts weiß der Vorschlag des Deutschen Rates für IPR hingegen insgesamt kaum zu überzeugen. Das ergibt sich insbesondere daraus, dass der Vorschlag zum einen durch Begrifflichkeiten wie „internationale Umwandlung durch Statutenwechsel" kollisions- und materiellrechtliche Aspekte vermengt. Zum anderen bleibt der Vorschlag eine wünschenswerte praktikable, in jeder Phase des Vorgangs Rechtssicherheit gewährende Anknüpfungsregel für den grenzüberschreitenden Formwechsel schlicht schuldig.

§ 11 Rechtsvergleichender Exkurs: Die Regelungen betreffend grenzüberschreitende Umstrukturierungen im schweizerischen IPRG

Bevor sogleich ein eigener Vorschlag zur Bestimmung des Umwandlungsstatuts gemacht wird, soll zuvor ein lohnender rechtsvergleichender Blick in die Schweiz unternommen werden. Mit dem Bundesgesetz über die Fusion, Spaltung, Umwandlung und Vermögensübertragung (FusG)[424], welches Umstrukturierungen materiellrechtlich regelt, wurden zugleich komplexe kollisionsrechtliche Regelungen für grenzüberschreitende Umstrukturierungen in das Bundesgesetz über das Internationale Privatrecht (IPRG)[425] eingefügt. Begründet wurden diese Regelungen mit der Annahme, dass die im FusG geregelten Umstrukturierungen auch grenzüberschreitend stattfinden könnten, sodass durch Änderung des IPRG kollisionsrechtliche Regelungen nach einheitlichen Grundsätzen für entsprechende Sachverhalte geschaffen werden sollten[426].

I. Inhalt der Regelungen

Die Bestimmungen zu grenzüberschreitenden Umstrukturierungen finden sich in den Art. 161 bis 164b IPRG. Gemäß Art. 161 Abs. 1 IPRG kann sich eine ausländische Gesellschaft ohne Liquidation und Neugründung dem schweizerischen Recht unterstellen, wenn das ausländische Recht es gestattet, die Gesellschaft die Voraussetzungen des ausländischen Rechts erfüllt und die Anpassung an eine schweizerische Rechtsform möglich ist (Verlegung einer Gesellschaft vom Ausland in die Schweiz); gemäß Art. 163 Abs. 1 IPRG steht umgekehrt die Verlegung einer Gesellschaft von der Schweiz ins Ausland unter der Voraussetzung, dass die Voraussetzungen des schweizerischen Rechts erfüllt sind und die Gesellschaft nach dem ausländischen Recht fortbesteht.

Nach Art. 163a Abs. 1 IPRG kann eine schweizerische Gesellschaft eine ausländische Gesellschaft übernehmen oder sich mit ihr zu einer neuen schweizeri-

---

[424] Bundesgesetz über Fusion, Spaltung, Umwandlung und Vermögensübertragung (Fusionsgesetz, FusG) vom 3. Oktober 2003, AS 2004 2617.
[425] Bundesgesetz über das Internationale Privatrecht (IPRG) vom 18. Dezember 1987, AS 1988 1776.
[426] Botschaft FusG, BBl 2000, 4337, 4496.

schen Gesellschaft zusammenschließen (Fusion vom Ausland in die Schweiz), wenn das auf die ausländische Gesellschaft anwendbare Recht[427] dies gestattet und dessen Voraussetzungen erfüllt sind, wobei die Fusion nach Art. 163a Abs. 2 IPRG im Übrigen dem schweizerischen Recht untersteht. Nach Art. 163b Abs. 1 IPRG kann wiederum umgekehrt eine ausländische Gesellschaft eine schweizerische Gesellschaft übernehmen oder sich mit ihr zu einer neuen ausländischen Gesellschaft zusammenschließen (Fusion von der Schweiz ins Ausland), wenn die schweizerische Gesellschaft nachweist, dass mit der Fusion ihre Aktiven und Passiven auf die ausländische Gesellschaft übergehen (lit. a.) und die Anteils- oder Mitgliedschaftsrechte in der ausländischen Gesellschaft angemessen gewahrt bleiben (lit. b.); gemäß Art. 163b Abs. 2 IPRG hat die schweizerische Gesellschaft alle Vorschriften des schweizerischen Rechts zu erfüllen, die für die übertragende Gesellschaft gelten, wobei die Fusion gemäß Art. 163b Abs. 4 IPRG im Übrigen dem Recht der übernehmenden ausländischen Gesellschaft untersteht. Art. 163c IPRG regelt im Speziellen die Anknüpfung des Fusionsvertrages; nach dessen Abs. 1 hat dieser den zwingenden gesellschaftsrechtlichen Vorschriften der auf die beteiligten Gesellschaften anwendbaren Rechte mit Einschluss der Formvorschriften zu entsprechen; gemäß Abs. 2 sind die Parteien berechtigt, das im Übrigen auf den Fusionsvertrag anwendbare Recht zu wählen.

Art. 163d IPRG bestimmt, dass betreffend die Spaltung und Vermögensübertragung die Vorschriften über die Fusion entsprechende Anwendung finden. Abschließend regelt Art. 164b IPRG Umstrukturierungssachverhalte unter ausschließlicher Betroffenheit von Drittstaaten.

Die schweizerische Regelung basiert damit im Grundsatz auf der Vereinigungstheorie, d.h. der Kumulation der von der Umstrukturierung betroffenen Personalstatuten[428]. Die genannten Regelungen deuten hierbei schon auf eine Besonderheit hin: So sind in den einzelnen Bestimmungen der Art. 161 bis 164b IPRG jeweils getrennte Regelungen für Umwandlungen in die Schweiz hinein (Immigration) und aus der Schweiz heraus (Emigration) enthalten[429]. In den Gesetzesmaterialien wird als Grund für diese Differenzierung angegeben, dass Emigrati-

---

[427] Dazu Art. 154 IPRG.
[428] *Girsberger/Rodriguez*, in: Basler Kommentar IPRG, 3. Aufl. 2013, Vor Art. 161-164b Rn. 10; *Veil* Der Konzern 2007, 98, 99.
[429] *Prüm*, Die grenzüberschreitende Spaltung, 2006, S. 63.

onen für schweizerische Interessen kritischer seien als Immigrationen, etwa da Gesellschafter einer schweizerischen Gesellschaft zu Gesellschaftern einer ausländischen würden und den Gesellschaftsgläubigern das Haftungssubstrat in der Schweiz entzogen würde[430]. Deshalb sollen die Bestimmungen des IPRG insbesondere für Emigrationen dazu dienen, den Schutz von Gesellschaftern und Gläubigern zu gewährleisten. Erreicht werden soll dieses Ziel aber nicht durch rein kollisionsrechtliche Regelungen, sondern durch die Aufnahme von Sachnormen in die Art. 161 bis 164b IPRG. Diese Bestimmungen werden daher auch als IPR-Sachnormen bezeichnet[431]. Beispielsweise bestimmen Art. 163 Abs. 2 IPRG für die Verlegung und Art. 163b Abs. 3 IPRG für die Fusion ins Ausland, dass die Gläubiger unter Hinweis auf die bevorstehende Umstrukturierung in der Schweiz öffentlich zur Anmeldung ihrer Ansprüche aufzufordern sind, sowie, dass Art. 46 FusG sinngemäße Anwendung findet. Art. 46 FusG regelt zugunsten der Gläubiger ein Sicherstellungsverfahren, das – anders als Art. 25 FusG für die Binnenfusion – einen präventiven Gläubigerschutz vorsieht[432]. Auch die schon genannte Bestimmung des Art. 163b Abs. 1 IPRG hat einen sachrechtlichen Charakter, wenn dort bestimmt ist, dass die schweizerische Gesellschaft nachweisen muss, dass mit der Fusion ihre Aktiven und Passiven auf die ausländische Gesellschaft übergehen und die Anteils- oder Mitgliedschaftsrechte in der ausländischen Gesellschaft angemessen gewahrt bleiben.

II. Schlussfolgerungen

Mit dem Grundsatz, dass bei einer grenzüberschreitenden Umstrukturierung die betroffenen Personalstatuten zu kumulieren sind, gleicht das schweizerische Recht der auch in Deutschland vertretenen Lehre (Vereinigungstheorie). Seine Besonderheit liegt in erster Linie darin, dass in den Art. 161 bis 164b IPRG klassisch kollisionsrechtliche und materiellrechtliche Regelungen in hohem Maße miteinander verknüpft sind. Dies ist nicht nur aus deutscher, sondern ebenso aus schweizerischer Sicht eine Besonderheit, da das Internationale Privatrecht

---

[430] Botschaft FusG, BBl 2000, 4337, 4499 f. für die Emigrationsfusion.
[431] *Girsberger/Rodriguez*, in: Basler Kommentar IPRG, 3. Aufl. 2013, Vor Art. 161-164b Rn. 8.
[432] *Girsberger/Rodriguez*, in: Basler Kommentar IPRG, 3. Aufl. 2013, Vor Art. 161-164b Rn. 14 ff.

auch nach schweizerischem Verständnis grundsätzlich nur die Frage nach dem anwendbaren Recht beantworten, nicht aber in der Sache selbst entscheiden soll[433].

Rechtsvergleichend stellt sich damit insbesondere die Frage, welche Vorteile IPR-Sachnormen in Bezug auf grenzüberschreitende Umstrukturierungen bieten und ob die Art. 161 bis 164b IPRG als Vorbild für eine künftige Kodifizierung des deutschen Internationalen Umwandlungsrechts dienen sollten. Die Alternative zu IPR-Sachnormen ist die Schaffung voneinander getrennter kollisionsrechtlicher (Internationales Umwandlungsrecht) und materiellrechtlicher (materielles Umwandlungsrecht) Bestimmungen.

Betrachtet man die schweizerische Lösung genauer, so ergibt die kombinierte Lösung (IPR-Sachnormen) jedenfalls keinen Vorteil gegenüber der getrennten Lösung. Denn die in den Art. 161 bis 164b IPRG enthaltenen besonderen materiellrechtlichen Voraussetzungen hätten alternativ ebenso in das FusG aufgenommen werden können, ohne dass damit erkennbare Nachteile einhergegangen wären. Zwar legt die kombinierte Lösung den Gedanken der Vereinfachung nahe. Bei genauerem Hinsehen trägt aber auch dieser nicht. Von einer Vereinfachung könnte nur dann gesprochen werden, wenn die Art. 161 bis 164b IPRG grenzüberschreitende Umstrukturierungen umfassend und abschließend regelten, ohne dass es der Beachtung weiterer Voraussetzungen bedürfte. Dies ist allerdings nicht der Fall, da neben die in diesen Normen enthaltenen materiellrechtlichen Voraussetzungen stets und weitgehend das schweizerische materielle Umwandlungsrecht (FusG) tritt. So bestimmt beispielsweise Art. 163b Abs. 2 IPRG für die Emigrationsfusion, dass die schweizerische Gesellschaft alle Voraussetzungen des schweizerischen Rechts zu erfüllen hat, die für die übertragende Gesellschaft gelten. Hierzu zählen u.a. die teils umfangreichen Bestimmungen der Art. 14 (Fusionsbericht), 15 (Prüfung des Fusionsvertrags und des Fusionsberichts) und 18 FusG (Fusionsbeschluss)[434]. In der Gesamtschau enthalten die Art. 161 bis 164b IPRG damit nur einen relativ kleinen Teil der zu beachtenden materiellrechtlichen Voraussetzungen, der Großteil ist dem FusG zu entnehmen. Demnach scheint der Gedanke der Vereinfachung gar eher für die getrennte Lösung zu sprechen, bei der die kollisionsrechtlichen Bestimmungen in einem Ge-

---

[433] *Furrer/Girsberger/Müller-Chen/Schramm*, Internationales Privatrecht, 3. Aufl. 2013, S. 6.
[434] Vgl. auch *Veil* Der Konzern 2007, 98, 99 zu Art. 163a Abs. 2 IPRG für die Immigrationsfusion.

setz, die materiellrechtlichen Bestimmungen (einheitlich) in einem anderen Gesetz enthalten wären.

Dementsprechend erscheint es damit auch nicht angezeigt, nach schweizerischem Vorbild getrennte (kollisionsrechtliche) Regelungen für Umwandlungen nach Deutschland hinein und aus Deutschland heraus zu schaffen. Denn wie vorstehende Untersuchung gezeigt hat, erfolgt diese Differenzierung auch in der Schweiz gerade nicht auf der kollisionsrechtlichen, sondern auf der sachrechtlichen Ebene. Im Falle einer getrennten Lösung haben etwaige besondere Schutzinstrumente ihren Platz damit im materiellen Umwandlungsrecht, nicht hingegen im Kollisionsrecht.

Eine künftige deutsche Regelung des Internationalen Umwandlungsrechts sollte sich damit im Sinne der Trennung von Kollisions- und materiellem Recht auf rein kollisionsrechtliche Regelungen beschränken, während die materiellen Voraussetzungen an anderer Stelle – vorzugsweise durch Ergänzung des UmwG, sonst ggf. auch durch EU-Richtlinie/Verordnung – geregelt werden sollten.

Vierter Teil: Eigener Vorschlag zur Abfassung geschriebener Umwandlungskollisionsnormen

Im Folgenden soll ein eigener Vorschlag für die Abfassung geschriebener Umwandlungskollisionsnormen gemacht werden. Zu diesem Zwecke werden in einem ersten Abschnitt die Maßstäbe ermittelt werden, die der Bestimmung von Kollisionsnormen im Allgemeinen und der hier in Rede stehenden Umwandlungskollisionsnormen im Speziellen zugrunde zu legen sind. Daran anschließend wird für jede Umwandlungsart (Verschmelzung, Spaltung, Vermögensübertragung, Formwechsel) bestimmt werden, welche Anknüpfungsregel die „richtige" ist, jeweils verbunden mit einem konkreten Vorschlag für eine geschriebene Umwandlungskollisionsnorm.

§ 12 Maßstäbe der Bestimmung des anzuwendenden Rechts

I. Vorgaben aufgrund höherrangigen Rechts

Die Schaffung von Normen, hier Umwandlungskollisionsnormen, durch den nationalen Gesetzgeber ist in erster Linie determiniert durch etwaige Vorgaben aufgrund höherrangigen Rechts. Es stellt sich mithin die Frage, ob sich insbesondere aus dem EU-Primär- oder Sekundärrecht für in dessen Anwendungsbereich fallende Sachverhalte Vorgaben für das nationale Umwandlungskollisionsrecht ergeben.

1. Niederlassungsfreiheit

Primärrechtlich kommen insbesondere Vorgaben aufgrund der Niederlassungsfreiheit in Betracht, Art. 49, 54 AEUV.

a) Vorgaben für das allgemeine Internationale Gesellschaftsrecht

Bereits für das allgemeine Internationale Gesellschaftsrecht ist strittig, ob sich der Niederlassungsfreiheit Vorgaben für das mitgliedstaatliche internationale Gesellschaftsrecht entnehmen lassen oder sich gar aus dem AEUV selbst eine eigenständige europäische Kollisionsnorm mit Anwendungsvorrang vor der nationalen Kollisionsnorm ergibt[435]. Die Frage ist durch Auslegung des Gewährleistungsgehaltes der Art. 49, 54 AEUV unter Berücksichtigung der insoweit

---

[435] Dafür *Behrens* IPRax 1999, 323, 329 (Vorgabe der Gründungstheorie); *Leible/Hoffmann* RIW 2002, 925, 930 ff.; *dies.* ZIP 2003, 925, 926 („eigenständige europäische Kollisionsnorm"); *Leible* ZGR 2004, 531, 534; ähnlich *Grohmann* DZWIR 2009, 322, 326; *ders./Gruschinske* GmbHR 2008, 27, 29 (grundfreiheitliche Überformung des nationalen Kollisionsrechts). Dagegen *Forsthoff*, in: Grabitz/Hilf/Nettesheim, Das Recht der Europäischen Union, 2016, AEUV Art. 54 Rn. 40; *ders.* DB 2002, 2471, 2474; *Frobenius* DStR 2009, 487, 488; *Heidenhain* NZG 2002, 1141, 1143; MüKoBGB/*Kindler*, 6. Aufl. 2015, IntGesR Rn. 143 mwN; *ders.* NZG 2009, 130, 131; *Rehm*, in: Eidenmüller, Ausländische Kapitalgesellschaften, 2004, § 2, Rn. 66–72; *Schulz* NJW 2003, 2705, 2706.

relevanten Judikate des EuGH in den Rs. *Daily Mail*[436], *Centros*[437], *Überseering*[438], *Inspire Art*[439] und *Cartesio*[440] zu beantworten[441]. Allgemein umschrieben schützt die Niederlassungsfreiheit „die Möglichkeit für einen Unionsangehörigen, in stabiler und kontinuierlicher Weise am Wirtschaftsleben eines anderen Mitgliedstaats als seines Herkunftsstaats teilzunehmen und daraus Nutzen zu ziehen"[442]. Die Mitgliedstaaten sind hiernach darauf verpflichtet, dass ihre nationalen Bestimmungen *im Ergebnis* nicht zu ungerechtfertigten Beschränkungen der Niederlassungsfreiheit führen[443]. So hat denn auch der EuGH in Bezug auf die Wahrnehmung der Niederlassungsfreiheit durch Gesellschaften die Anwendung der kollisionsrechtlichen Sitztheorie bisher nicht als solche als europarechtswidrig verworfen, sondern im Einzelfall strikt aus der Sicht des Unionsrechts argumentiert[444].

In der Rs. *Daily Mail* stellte der EuGH in einem sogenannten Wegzugsfall[445] ausdrücklich darauf ab, dass in Art. 58 EWG[446] der satzungsmäßige Sitz, die Hauptverwaltung und die Hauptniederlassung als Anknüpfung gleich geachtet werden und sich insoweit aus den Rechtsordnungen der Mitgliedstaaten erge-

---

[436] EuGH v. 27.9.1988, *Daily Mail*, Rs. C-81/87, Slg. 1988 05483, ECLI:EU:C:1988:456.
[437] EuGH v. 9.3.1999, *Centros*, Rs. C-212/97, Slg. 1999 I-01459, ECLI:EU:C:1999:126.
[438] EuGH v. 5.11.2002, *Überseering*, Rs. C-208/00, Slg. 2002 I-09919, ECLI:EU:C:2002:632.
[439] EuGH v. 30.9.2003, *Inspire Art*, Rs. C-167/01, Slg. 2003 I-10155, ECLI:EU:C:2003:512.
[440] EuGH v. 16.12.2008, *Cartesio*, Rs. C-210/06, Slg. 2008 I-09641, ECLI:EU:C:2008:723.
[441] Zur historischen Entwicklung der EuGH-Rechtsprechung betreffend die grenzüberschreitende Mobilität von Gesellschaften *J. Schmidt*, ZVglRWiss 116 (2017), 313 ff.
[442] EuGH v. 11.03.2010, *Attanasio Group*, Rs. C-384/08, Slg. 2010 I-02055, ECLI:EU:C:2010:133 Tz. 36; vgl. auch EuGH v. 30.11.1995, *Gebhard*, Rs. C-55/94, Slg. 1995 I-4165, ECLI:EU:C:1995:411 Tz. 25 sowie EuGH v. 11.10.2007, *ELISA*, Rs. C-451/05, Slg. 2007, I-8251, ECLI:EU:C:2007:594 Tz. 63; ausführlich zum Anwendungsbereich der Niederlassungsfreiheit *Bröhmer*, in: Calliess/Ruffert, EUV/AEUV, 5. Aufl. 2016, AEUV Art. 49 Rn. 5.
[443] *Forsthoff*, in: Grabitz/Hilf/Nettesheim, Das Recht der Europäischen Union, 2016, AEUV Art. 54 Rn. 40; vgl. auch EuGH, Schlussanträge des Generalanwalts v. 7.7.2005, *SEVIC Systems*, Rs. C-411/03, ECLI:EU:C:2005:437 Tz. 30: „Deshalb fallen unter die Niederlassungsfreiheit all diejenigen Maßnahmen, die den Zugang zu einem anderen Mitgliedstaat und/oder die Ausübung wirtschaftlicher Tätigkeiten in diesem Staat dadurch erlauben oder auch nur erleichtern, dass sie es den Betroffenen gestatten, tatsächlich und unter denselben Bedingungen wie die inländischen Wirtschaftsbeteiligten am Wirtschaftsleben des Landes teilnehmen zu können."
[444] BeckOKGmbHG/*Lang/Orttmann*, Stand 1.6.2016, Syst. Darstellungen, Internationales Gesellschaftsrecht Rn. 17.
[445] Infrage stand die Vereinbarkeit des Rechts eines Mitgliedstaates, in dem die betroffene Gesellschaft gegründet worden war.
[446] Nunmehr Art. 54 AEUV.

bende Unterschiede Probleme seien, die durch die Bestimmungen über die Niederlassungsfreiheit nicht gelöst seien[447].

In der Rs. *Centros*, der ein sogenannter Zuzugsfall zugrunde lag, hat der EuGH einige Jahre später bestätigt, dass der satzungsmäßige Sitz, die Hauptverwaltung oder die Hauptniederlassung gleichermaßen dazu dienen können, die Zugehörigkeit einer Gesellschaft zur Rechtsordnung eines Mitgliedstaates zu bestimmen; als gegen die Niederlassungsfreiheit verstoßend hat er lediglich die Verweigerung der Eintragung einer Zweigniederlassung in dem Zuzugsstaat angesehen[448].

In der Rs. *Überseering* hat der EuGH es in einem weiteren Zuzugsfall (nach Deutschland) für europarechtswidrig erklärt, wenn einer Gesellschaft von einem Mitgliedstaat ihre in einem anderen Mitgliedstaat erworbene Rechts- und Parteifähigkeit aberkannt wird, ohne hierbei konkrete Anforderungen an das nationale Gesellschaftskollisionsrecht zu stellen[449]. Zwar kann das deutsche Recht bei der Behandlung von Auslandsgesellschaften hiernach den sich aus der Niederlassungsfreiheit ergebenden Vorgaben im Einzelfall nur durch die Anwendung der Gründungstheorie unter Ausschluss der Sitztheorie gerecht werden[450]. Dies hat seinen Grund im Ergebnis jedoch in den Rechtsfolgen des nationalen materiellen Gesellschaftsrechts, nicht hingegen unmittelbar im nationalen Kollisionsrecht.

Auch in der Rs. *Inspire Art* vermochte der EuGH in einem weiteren Zuzugsfall der Niederlassungsfreiheit keine Vorgaben für das mitgliedstaatliche Gesellschaftskollisionsrecht entnehmen – zumal das infrage stehende niederländische Recht selbst der Gründungstheorie folgt[451]. In seiner Entscheidung hat der EuGH vielmehr ein spezielles Gesetz über sogenannte „formal ausländische Gesellschaften", welches eben solchen u.a. besondere Publizitätspflichten und Mindestkapitalanforderungen auferlegte, für als mit der Niederlassungsfreiheit unvereinbar erklärt[452].

---

[447] EuGH v. 27.9.1988, *Daily Mail*, Rs. C-81/87, Slg. 1988 05483, ECLI:EU:C:1988:456 Tz. 21, 23.
[448] EuGH v. 9.3.1999, *Centros*, Rs. C-212/97, Slg. 1999 I-01459, ECLI:EU:C:1999:126 Tz. 20 ff. 39.
[449] EuGH v. 5.11.2002, *Überseering*, Rs. C-208/00, Slg. 2002 I-09919, ECLI:EU:C:2002:632 Tz. 94.
[450] *Forsthoff*, in: Grabitz/Hilf/Nettesheim, Das Recht der Europäischen Union, 2016, AEUV Art. 54 Rn. 41.
[451] MüKoBGB/*von Hein*, 6. Aufl. 2015, EGBGB Art. 3 Rn. 97.
[452] EuGH v. 30.9.2003, *Inspire Art*, Rs. C-167/01, Slg. 2003 I-10155, ECLI:EU:C:2003:512 Tz. 95 ff.

In der Rs. *Cartesio* hat der EuGH zudem unter nochmaliger Bezugnahme auf seine Entscheidungen in den Rs. *Daily Mail* und *Überseering* ausdrücklich bestätigt, dass ein Mitgliedstaat die Anknüpfung bestimmen kann, die eine Gesellschaft aufweisen muss, um als nach seinem innerstaatlichen Recht gegründet angesehen werden und damit in den Genuss der Niederlassungsfreiheit gelangen zu können, als auch die Anknüpfung, die für den Erhalt dieser Eigenschaft verlangt wird[453]. In seinen Entscheidungen in den Rs. *National Grid Indus*[454], *VALE*[455] und *Polbud*[456] hat der EuGH dies nochmals ausdrücklich bestätigt.

Zusammenfassend bleibt damit festzuhalten, dass der EuGH stets entweder ein bestimmtes Verhalten eines Mitgliedstaates oder bestimmte mitgliedstaatliche Rechtsvorschriften für mit der Niederlassungsfreiheit unvereinbar erklärt hat, dies jedoch in keinem Fall unmittelbar das mitgliedstaatliche Gesellschaftskollisionsrecht betraf[457]. Aus der Perspektive des Unionsrechts ist dies richtig, weil es für dieses nur darauf ankommt, dass die Niederlassungsfreiheit ungeachtet nationaler Normkategorien im Ergebnis nicht durch Maßnahmen der Mitgliedstaaten ungerechtfertigt beschränkt wird[458]. Aus der Perspektive des nationalen Kollisionsrechts wiederum ist dies deshalb folgerichtig, da es in seinen Rechtsfolgen lediglich die Maßgeblichkeit einer bestimmten Rechtsordnung bestimmt, ohne selbst über die Zulässigkeit einer bestimmten Maßnahme zu entscheiden[459].

Die Auslegung des Gewährleistungsgehaltes der Art. 49, 54 AEUV unter Berücksichtigung der insoweit relevanten Judikate des EuGH ergibt somit, dass die Niederlassungsfreiheit weder einen eigenen kollisionsrechtlichen Regelungsgehalt hat noch Vorgaben für das mitgliedstaatliche Gesellschaftskollisionsrecht enthält.

---

[453] EuGH v. 16.12.2008, *Cartesio*, Rs. C-210/06, Slg. 2008 I-09641, ECLI:EU:C:2008:723 Tz. 104 ff., 110.
[454] EuGH v. 29.11.2011, *National Grid Indus*, Rs. C-371/10, Slg. 2011 I-12273, ECLI:EU:C:2011:785 Tz. 27.
[455] EuGH v. 12.7.2012, *VALE Építési*, Rs. C-378/10, ECLI:EU:C:2012:440 Tz. 29.
[456] EuGH v. 25.10.2017, *Polbud*, Rs. C-106/16, ECLI:EU:C:2017:804 Tz. 34.
[457] A.A. *Paefgen* GmbHR 2004, 463, 466: die drei Grundsatzentscheidungen *Centros, Überseering* und *Inspire Art* leiteten aus der Niederlassungsfreiheit deutliche primärrechtliche Vorgaben für das Kollisionsrecht der Mitgliedstaaten ab.
[458] *Forsthoff*, in: Grabitz/Hilf/Nettesheim, Das Recht der Europäischen Union, 2016, AEUV Art. 54 Rn. 40.
[459] Vgl. oben § 2 I.

b) Vorgaben für das Umwandlungskollisionsrecht

Wenngleich folglich das Primärrecht den Mitgliedstaaten unmittelbar keine bestimmte Kollisionsnorm für das allgemeine Internationale Gesellschaftsrecht vorgibt, muss dies nicht gleichzeitig bedeuten, dass ihm auch keine Vorgaben für die Anknüpfung von Umwandlungen zu entnehmen sind. So kommt in Betracht, dass die Niederlassungsfreiheit den Mitgliedstaaten zwar einerseits die Bestimmung der Anknüpfungskriterien in Bezug auf die Personalstatuten der an einer Umwandlung beteiligten Gesellschaften überlässt, sie andererseits aber grundlegende Vorgaben in Bezug darauf enthält, wie die derart bestimmten Personalstatuten sich in Bezug auf die Umwandlung zueinander verhalten müssen[460].

Dies setzt zunächst freilich voraus, dass Umwandlungen überhaupt in den Anwendungsbereich der Niederlassungsfreiheit fallen. Nach der Entscheidung des EuGH in der Rs. *SEVIC*[461] ist dies in Bezug auf grenzüberschreitende Verschmelzungen mittlerweile gesichert. Grenzüberschreitende Verschmelzungen entsprächen hiernach wie andere Gesellschaftsumwandlungen den Zusammenarbeits- und Umgestaltungsbedürfnissen von Gesellschaften mit Sitz in verschiedenen Mitgliedstaaten; sie stellten besondere, für das reibungslose Funktionieren des Binnenmarktes wichtige Modalitäten der Ausübung der Niederlassungsfreiheit dar und gehörten damit zu den wirtschaftlichen Tätigkeiten, hinsichtlich deren die Mitgliedstaaten die Niederlassungsfreiheit beachten müssten[462]. Für grenzüberschreitende Spaltungen als Spiegelbild zu grenzüberschrei-

---

[460] Vgl. EuGH v. 16.12.2008, *Cartesio*, Rs. C-210/06, Slg. 2008 I-09641, ECLI:EU:C:2008:723 Tz. 112 sowie EuGH v. 29.11.2011, *National Grid Indus*, Rs. C-371/10, Slg. 2011 I-12273, ECLI:EU:C:2011:785 Tz. 30: Die Befugnis eines Mitgliedstaates, die Anknüpfung zu bestimmen, die eine Gesellschaft aufweisen muss, um als nach seinem innerstaatlichen Recht gegründet angesehen werden und damit in den Genuss der Niederlassungsfreiheit gelangen zu können, impliziere nicht, dass die Vorschriften über die Niederlassungsfreiheit nicht für das nationale Recht über die Gründung und Auflösung von Gesellschaften gelten.
[461] EuGH v. 13.12.2005, *SEVIC Systems*, Rs. C-411/03, Slg. 2005 I-10805, ECLI:EU:C:2005:762 Tz. 19.
[462] Solchen Auffassungen, nach denen die genannten Umwandlungen nicht in den Anwendungsbereich der Niederlassungsfreiheit fallen, weil etwa im Falle der grenzüberschreitenden Verschmelzung der übertragende Rechtsträger „corporate suicide" begehe und erlösche, was sich nicht als Ausübung grenzüberschreitender Mobilität einordnen lasse (so *Paefgen* IPRax 2004, 132, 133), ist damit eine Absage zu erteilen.

tenden Verschmelzungen fehlt es zwar noch an einer ausdrücklichen Stellungnahme des EuGH in Bezug darauf, ob auch sie in den Anwendungsbereich der Niederlassungsfreiheit fallen. Aus dem Umstand, dass der EuGH in seiner Entscheidung in der Rs. *SEVIC* Verschmelzungen in Bezug auf den Anwendungsbereich der Niederlassungsfreiheit mit „anderen Umwandlungsarten" gleichsetzt[463], wird man jedoch zwanglos folgern können, dass auch grenzüberschreitende Spaltungen als wirtschaftliche Betätigungen in den Anwendungsbereich der Niederlassungsfreiheit fallen[464]. In Betreff des grenzüberschreitenden Formwechsels schließlich hat der EuGH im Anschluss an sein Urteil in der Rs. *Cartesio*[465] in den Rs. *VALE*[466] und *Polbud*[467] entschieden, dass auch dieser in den Anwendungsbereich der Niederlassungsfreiheit fällt.

Fraglich ist nun, ob den Art. 49, 54 AEUV tatsächlich Vorgaben für das mitgliedstaatliche Umwandlungskollisionsrecht entnommen werden können. Genau diese Frage hat in jüngster Zeit auch der österreichische OGH dem EuGH im Wege eines Vorabentscheidungsersuchens in der Rs. *KA Finanz*[468] gestellt. In dem zugrundeliegenden Fall[469] hatte die Klägerin mit Sitz in Österreich im Jahr 2005 zwei verzinsliche Nachranganleihen bei der Kommunalkredit International Bank Ltd (KIB) mit Sitz auf Zypern unter Vereinbarung der Anwendbarkeit des deutschen Rechts gezeichnet. Im Jahr 2010 wurde die KIB auf die KA Finanz AG mit Sitz in Österreich verschmolzen. Die Klägerin forderte nunmehr von der KA Finanz AG als Rechtsnachfolgerin der KIB Zinsen aus den beiden Nachranganleihen für die Jahre 2009 und 2010. Die beklagte KA Finanz AG vertrat insoweit die Auffassung, die in Rede stehenden Nachranganleihen seien im Zuge der Verschmelzung wirksam beendet worden; hilfsweise, die Verpflichtungen aus diesen beiden Anleihen seien nicht auf sie übergegangen, da ihnen in-

---

[463] EuGH aaO (Fn. 461).
[464] Vgl. auch *Bayer*, Grenzüberschreitende Mobilität europäischer und nationaler Rechtsformen – aktuelle Entwicklungen und Perspektiven, in: Bergmann u.a., 10 Jahre SE, S. 230, 240; *ders./J. Schmidt* ZHR 173 (2009), 735, 768; *dies.* BB 2008, 454, 459; ZVglRWiss 116 (2017), 313, 331 f.; *Bungert* BB 2006, 53, 55 (für „Hineinspaltungen"); *Doralt* IPRax 2006, 572, 576; *Herrler* EuZW 2007, 295.
[465] EuGH v. 16.12.2008, *Cartesio*, Rs. C-210/06, Slg. 2008 I-09641, ECLI:EU:C:2008:723 Tz. 111 ff.
[466] EuGH v. 12.7.2012, *VALE Építési*, Rs. C-378/10, ECLI:EU:C:2012:440 Tz. 27 ff.
[467] EuGH v. 25.10.2017, *Polbud*, Rs. C-106/16, ECLI:EU:C:2017:804 Tz. 33, 44.
[468] EuGH v. 7.4.2016, *KA Finanz*, Rs. C-483/14, ECLI:EU:C:2016:205.
[469] Zum Sachverhalt EuGH v. 7.4.2016, *KA Finanz*, Rs. C-483/14, ECLI:EU:C:2016:205 Tz. 2, 19 ff.

folge des gänzlichen Verlusts des Eigenkapitals der KIB vor dem Wirksamwerden der Verschmelzung kein Wert beizumessen gewesen sei. Der österreichische OGH unterbreitete daraufhin dem EuGH u.a. die Frage, ob dem europäischen Primärrecht wie der Niederlassungsfreiheit gemäß Art. 49 AEUV, der Dienstleistungsfreiheit gemäß Art. 56 AEUV oder dem freien Kapital- und Zahlungsverkehr gemäß Art. 63 AEUV Vorgaben zur kollisionsrechtlichen Behandlung von Verschmelzungen entnehmbar seien, insbesondere, ob das nationale Recht des Staates der hinausverschmelzenden Gesellschaft oder das nationale Recht der Zielgesellschaft anzuwenden ist[470]. Für den Fall einer verneinenden Antwort wollte der OGH weiter wissen, ob dem europäischen Sekundärrecht, wie der CBMD (nunmehr Art. 118 ff. GesRRL), der Richtlinie 2011/35/EU über die Verschmelzung von Aktiengesellschaften[471] (nunmehr Art. 87 ff. GesRRL) oder der Sechsten Richtlinie 82/891/EWG betreffend die Spaltung von Aktiengesellschaften[472] (nunmehr Art. 135 ff. GesRRL), Grundsätze über die kollisionsrechtliche Behandlung zu entnehmen sind, insbesondere, ob das nationale Recht des Staates der hinausverschmelzenden Gesellschaft oder das nationale Recht der Zielgesellschaft anzuwenden ist, oder ob es dem nationalen Kollisionsrecht frei steht, zu entscheiden, an welches nationale materielle Recht angeknüpft wird[473].

So sehr die durch den OGH gestellten Fragen auf den Gegenstand der vorliegenden Untersuchung passen mögen, so wenig ergiebig sind doch die Antworten des EuGH. Das ist auf der einen Seite bedauerlich, auf der anderen Seite aus Sicht des EuGH aber auch richtig. Denn dass der EuGH Antworten auf die genannten Fragen – so wie sie gestellt waren – weitgehend schuldig blieb, hat seinen Grund in Mängeln des Vorabentscheidungsersuchens selbst[474]. So verwarf der EuGH die Frage betreffend das Sekundärrecht richtigerweise insoweit bereits als unzulässig, als diese Frage die Auslegung der Richtlinien 2011/35/EU (Art. 87 ff. GesRRL) und 82/891/EWG (Art. 135 ff. GesRRL) betraf, da erstere in zeitlicher, letztere in sachlicher (diese betrifft Spaltungen, wohingegen im

---

[470] EuGH v. 7.4.2016, *KA Finanz*, Rs. C-483/14, ECLI:EU:C:2016:205 Tz. 39 Vorlagefrage Nr. 4.
[471] RL 2011/35/EU des Europäischen Parlaments und des Rates vom 5. April 2011 über die Verschmelzung von Aktiengesellschaften, ABlEU v. 29.4.2011, L 110/1.
[472] Sechste Richtlinie des Rates vom 17. Dezember 1982 gemäß Artikel 54 Absatz 3 Buchstabe g) des Vertrages betreffend die Spaltung von Aktiengesellschaften (82/891/EWG), ABlEG v. 31.12.1982, L 378/47.
[473] EuGH v. 7.4.2016, *KA Finanz*, Rs. C-483/14, ECLI:EU:C:2016:205 Tz. 39 Vorlagefrage Nr. 5.
[474] Zur Kritik vgl. auch *Bayer/J. Schmidt* ZIP 2016, 841, 844 f.

Ausgangsrechtsstreit eine Verschmelzung in Rede stand) Hinsicht auf den zugrundeliegenden Sachverhalt offenkundig bereits gar nicht anwendbar waren[475]. Die Fragen betreffend das Primärrecht und die CBMD (Art. 118 ff. GesRRL) verwarf der EuGH zwar nicht als unzulässig. Er hat diese Fragen jedoch nicht dahingehend ausgelegt, dass sie unmittelbar auf das auf eine grenzüberschreitende Verschmelzung anwendbare Recht zielen, wie der Wortlaut der Fragestellungen nahelegt, sondern dahingehend, welches Recht *nach* einer grenzüberschreitenden Verschmelzung auf durch die übertragende Gesellschaft geschlossene Verträge anwendbar ist[476]. Aus der Sicht des EuGH ist das richtig. Denn in dem Ausgangsrechtsstreit stand nicht die Verschmelzung selbst in Frage, sondern das Schicksal der begebenen Nachranganleihen im Anschluss an die Verschmelzung. Zu einem wesentlichen Teil gehen die Antworten des EuGH daher dahin, dass nach einer grenzüberschreitenden Verschmelzung auf einen durch die übertragende Gesellschaft geschlossenen Vertrag dasselbe (*Vertrags-*) Statut anzuwenden ist wie vor der Verschmelzung[477]. Der Entscheidung des EuGH in der Rs. *KA Finanz* lassen sich somit – trotz entsprechender Fragestellung des OGH – keine Aussagen dazu entnehmen, inwieweit das europäische Primärrecht Vorgaben zum mitgliedstaatlichen Umwandlungskollisionsrecht enthält[478].

Die Frage ist daher losgelöst von der Entscheidung des EuGH in der Rs. *KA Finanz* durch Auslegung des Gewährleistungsgehaltes der Niederlassungsfreiheit unter Berücksichtigung der übrigen für grenzüberschreitende Umwandlungen relevanten Entscheidungen des EuGH zu beantworten. Auch hieraus ergeben

---

[475] EuGH v. 7.4.2016, *KA Finanz*, Rs. C-483/14, ECLI:EU:C:2016:205 Tz. 42 bzw. 44.
[476] EuGH v. 7.4.2016, *KA Finanz*, Rs. C-483/14, ECLI:EU:C:2016:205 Tz. 46.
[477] EuGH v. 7.4.2016, *KA Finanz*, Rs. C-483/14, ECLI:EU:C:2016:205 Tz. 59.
[478] Soweit der OGH auch zu Vorgaben aufgrund der Kapitalverkehrsfreiheit gemäß Art. 63 AEUV gefragt hat, hätte darauf auch geantwortet werden können, dass es sich bei Verschmelzungen im Kern um die Begründung (aus Sicht des aufnehmenden Rechtsträgers) und die Verlegung von Niederlassungen (aus Sicht des übertragenden Rechtsträgers) handelt und damit um Vorgänge, welche in erster Linie durch die Niederlassungsfreiheit ermöglicht werden und man insoweit von einer tatbestandlichen Exklusivität zwischen Niederlassungs- und Kapitalverkehrsfreiheit wird ausgehen müssen (*Günes* IStR 2013, 213, 216; vgl. auch *Sedlaczek/Züger*, in: Streinz, EUV/AEUV, 2. Aufl. 2012, AEUV Art. 63 Rn. 33). Soweit der OGH schließlich nach Vorgaben aus der Dienstleistungsfreiheit gemäß Art. 56 AEUV gefragt hat, dürfte diese bereits tatbestandlich nicht einschlägig sein, da sich allein die Durchführung einer Verschmelzung nicht als Dienstleistung gegenüber Dritten darstellt bzw. die Verschmelzung jedenfalls schwerpunktmäßig in den Anwendungsbereich der insoweit vorrangigen Niederlassungsfreiheit fällt (vgl. *Müller-Graff*, in: Streinz, EUV/AEUV, 2. Aufl. 2012, AEUV Art. 56 Rn. 15).

sich jedoch keine Anhaltspunkte dafür, dass die Niederlassungsfreiheit den Mitgliedstaaten konkrete Vorgaben für deren innerstaatliche Umwandlungskollisionsnormen macht. So muss auch – wie schon für die Materie des allgemeinen Internationalen Gesellschaftsrechts[479] – in Bezug auf die spezielle Materie der Umwandlung gelten, dass die Niederlassungsfreiheit die Mitgliedstaaten nur an im Ergebnis ungerechtfertigten Beschränkungen hindert[480]. Dementsprechend lauten auch die Entscheidungen des EuGH in den Rs. *SEVIC, Cartesio, VALE* und *Polbud*.

So hat der EuGH es in der Rs. *SEVIC* als unionsrechtswidrig angesehen, wenn in einem Mitgliedstaat die Eintragung einer Verschmelzung verweigert wird, wenn eine der beteiligten Gesellschaften ihren Sitz in einem anderen Mitgliedstaat hat, während Verschmelzungen zwischen Gesellschaften dieses Mitgliedstaates generell möglich sind[481]. Der EuGH hat in seiner Entscheidung folglich ausschließlich das (deutsche) materielle Umwandlungsrecht an der Niederlassungsfreiheit gemessen und keine kollisionsrechtlichen Vorgaben gemacht[482]. Das ist deshalb konsequent, weil nur das materielle Umwandlungsrecht mittels seiner Rechtsfolgen die Zulässigkeit von Umwandlungen regeln kann.

In der Rs. *Cartesio* hat der EuGH zwar *obiter* ausgeführt, dass die Befugnis eines Mitgliedstaates, die Anknüpfung zu bestimmen, die eine Gesellschaft aufweisen muss, um als nach seinem innerstaatlichen Recht gegründet angesehen werden zu können, es nicht rechtfertigen könne, dass dieser Mitgliedstaat die Gesellschaft dadurch, dass er ihre Auflösung und Liquidation verlangt, daran hindert, sich in eine Gesellschaft nach dem nationalen Recht eines anderen Mitgliedstaates umzuwandeln, soweit dies nach diesem Recht möglich ist[483]; in der Rs. *VALE* hat der EuGH daran anknüpfend ausgeführt, dass die Art. 49, 54 AEUV im Kontext einer grenzüberschreitenden Umwandlung einer Gesellschaft dahin auszulegen seien, dass der Zuzugsstaat befugt sei, das für einen solchen Vorgang maßgebende innerstaatliche Recht festzulegen[484]; und in der Rs. *Pol-*

---

[479] Vgl. oben a).
[480] *Forsthoff*, in: Grabitz/Hilf/Nettesheim, Das Recht der Europäischen Union, 2016, AEUV Art. 54 Rn. 40.
[481] EuGH v. 13.12.2005, *SEVIC Systems*, Rs. C-411/03, Slg. 2005 I-10805, ECLI:EU:C:2005:762 Tz. 31.
[482] So auch *Sonnenberger/Bauer*, in: Sonnenberger, Vorschläge und Berichte zur Reform des europäischen und deutschen internationalen Gesellschaftsrechts, 2007, S. 52.
[483] EuGH v. 16.12.2008, *Cartesio*, Rs. C-210/06, Slg. 2008 I-09641, ECLI:EU:C:2008:723 Tz. 112.
[484] EuGH v. 12.7.2012, *VALE Építési*, Rs. C-378/10, ECLI:EU:C:2012:440 Tz. 62.

bud schließlich gelangt der EuGH zu dem Ergebnis, dass der sich aus der Niederlassungsfreiheit ergebende Anspruch auf Umwandlung einer dem Recht eines Mitgliedstaates unterliegenden Gesellschaft in eine dem Recht eines anderen Mitgliedstaates unterliegende Gesellschaft davon abhängt, dass die Voraussetzungen dieses anderen Mitgliedstaates eingehalten werden[485]. Der EuGH bringt hierdurch jeweils zum Ausdruck, dass sich die Umwandlung (zumindest auch) nach dem Recht des Zuzugsstaates zu richten habe.

Hintergrund dessen sind jedoch keine kollisionsrechtlichen Erwägungen, sondern die vom EuGH bereits in seiner Entscheidung *Daily Mail* und bis heute vertretene Geschöpftheorie. Diese besagt, dass Gesellschaften Geschöpfe der nationalen Rechtsordnungen, die ihre Gründung und Existenz regeln, seien, und jenseits derselben keine Realität hätten[486]. So führt der EuGH in seiner Entscheidung *VALE* aus, dass eine grenzüberschreitende Umwandlung im Zuzugsstaat zur Gründung einer Gesellschaft nach dem Recht dieses Mitgliedstaates führe; eine aufgrund einer nationalen Rechtsordnung gegründete Gesellschaft existiere aber nur vermittels der nationalen Rechtsvorschriften, die für ihre Gründung und ihre Funktionsweise maßgebend sind[487]. In seiner Entscheidung *Polbud* konkretisiert der EuGH dies unter Bezugnahme auf seine Entscheidung *Daily Mail* weiter dahingehend, dass infolge der Zuständigkeit jedes einzelnen Mitgliedstaates, die Anknüpfung zu bestimmen, die eine Gesellschaft aufweisen muss, um nach dem Recht dieses Mitgliedstaates gegründet und fortbestehend angesehen werden zu können, der durch die Niederlassungsfreiheit geschützte Anspruch auf Umwandlung von der Einhaltung der hierzu erforderlichen Voraussetzungen des Zuzugsstaates abhänge[488].

In der Konsequenz der Geschöpftheorie ist es für den EuGH mithin zwingend, den Mitgliedstaaten auch die Befugnis zuzugestehen, Regeln festlegen zu können, die eine in einem anderen Mitgliedstaat gegründete Gesellschaft befolgen

---

[485] EuGH v. 25.10.2017, *Polbud*, Rs. C-106/16, ECLI:EU:C:2017:804 Tz. 33.
[486] EuGH v. 27.9.1988, *Daily Mail*, Rs. C-81/87, Slg. 1988 05483, ECLI:EU:C:1988:456 Tz. 19.
[487] EuGH v. 12.7.2012, *VALE Építési*, Rs. C-378/10, ECLI:EU:C:2012:440 Tz. 51. Wenngleich der Begriff der „Gründung" aus der Perspektive des materiellen Umwandlungsrechts nicht ganz glücklich erscheint, so lässt doch das Urteil im Ergebnis keinen Zweifel daran, dass auch der EuGH davon ausging, dass seiner Entscheidung ein identitätswahrender grenzüberschreitender Formwechsel zugrunde lag, vgl. *Bayer/J. Schmidt* ZIP 2012, 1481, 1485 unter Hinweis auf die klareren englischsprachigen („cross-border conversion") und französischsprachigen („transformation transfrontalière") Fassungen des Urteils sowie auch *Jaensch* EWS 2012, 353, 356.
[488] Vgl. EuGH v. 25.10.2017, *Polbud*, Rs. C-106/16, ECLI:EU:C:2017:804 Tz. 34 f.

muss, um eine Rechtsform des eigenen nationalen Rechts annehmen zu können. Dass der EuGH eingedenk seiner Geschöpftheorie auf diese Weise die Maßgeblichkeit der betroffenen Personalstatuten annimmt, mag auch kollisionsrechtliche Vorgaben nahelegen. Das mitgliedstaatliche Umwandlungskollisionsrecht ist davon jedoch allenfalls reflexartig betroffen, ohne dass hieraus konkrete Vorgaben für nationale Umwandlungskollisionsnormen entnommen werden können. So ist den Ausführungen des EuGH lediglich die ganz pauschale Vorgabe zu entnehmen, dass das Recht des Zuzugsstaates grundsätzlich zu berücksichtigen ist. Damit bleibt aber die entscheidende Frage offen, wie sich die von der Umwandlung betroffenen mehreren Personalstatuten konkret zueinander verhalten.

2. Art. 118 ff. GesRRL (Art. 1 ff. CBMD)

Ergeben sich somit aus dem europäischen Primärrecht keine unmittelbaren Vorgaben für das Umwandlungskollisionsrecht, so könnten solche jedoch im Sekundärrecht enthalten sein. Nach dem derzeitigen Stand kommen insoweit die Art. 118 ff. GesRRL (Art. 1 ff. CBMD) in Betracht.

a) Inhalt der Richtlinie

Gemäß Art. 121 Abs. 1 lit. b) GesRRL (Art. 4 Abs. 1 lit. b) CBMD) muss eine Gesellschaft, die sich an einer grenzüberschreitenden Verschmelzung beteiligt, die Vorschriften und Formalitäten des für sie geltenden innerstaatlichen Rechts einhalten bzw. erledigen. Nach Abs. 2 S. 1 dieser Bestimmung zählen zu den in Absatz 1 Buchstabe b genannten Vorschriften und Formalitäten insbesondere Bestimmungen über das die Verschmelzung betreffende Beschlussfassungsverfahren und – angesichts des grenzüberschreitenden Charakters der Verschmelzung – über den Schutz der Gläubiger der sich verschmelzenden Gesellschaften, der Anleihegläubiger und der Inhaber von Aktien oder sonstigen Anteilen sowie über den Schutz der Arbeitnehmer. Art. 122 GesRRL (Art. 5 CBMD) regelt die Aufstellung eines gemeinsamen Verschmelzungsplans der beteiligten Gesellschaften, welcher dem Verschmelzungsvertrag bei Binnenverschmelzungen entspricht[489], und nennt diejenigen Angaben, die der Verschmelzungsplan mindestens enthalten muss. Die Art. 123 bis 128 und 130 GesRRL (Art. 6 bis 11 und 13 CBMD) regeln Verfahrensschritte, die nach dem Wortlaut dieser Bestimmungen für jede der an der Verschmelzung beteiligten Gesellschaften durchzuführen sind (Bekanntmachung des Verschmelzungsplans, Bericht des Leitungs- oder Verwaltungsorgans, Bericht unabhängiger Sachverständiger, Zustimmung der Gesellschafterversammlung, Vorabbescheinigung über die Rechtmäßigkeit der Verschmelzung, Prüfung der Rechtmäßigkeit der Verschmelzung, Eintragung der Verschmelzung). Gemäß Art. 129 S. 1 GesRRL (Art. 12 S. 1 CBMD) bestimmt sich der Zeitpunkt, zu dem die grenzüberschreitende Verschmelzung wirksam wird, nach dem Recht des Mitgliedstaates, dem die aus der Verschmelzung hervorgehende Gesellschaft unterliegt; gemäß S. 2 kann die Verschmelzung jedoch erst dann wirksam werden, wenn die Prüfung nach Art. 128 GesRRL (Art. 11 CBMD) abgeschlossen ist. Art. 131 GesRRL (Art. 14 CBMD) schließlich regelt die Wirkungen der Verschmelzung; dessen Abs. 3 enthält die Bestimmung, dass wenn das Recht der Mitgliedstaaten im Falle einer grenzüberschreitenden Verschmelzung von Gesellschaften im Sinne der Richtlinie die Erfüllung besonderer Formalitäten vorschreibt, bevor die Übertragung bestimmter von den sich verschmelzenden Gesellschaften eingebrachter Vermögensgegenstände, Rechte und Verbindlichkeiten gegenüber Dritten wirksam wird, diese Formalitäten von der aus der grenzüberschreitenden Verschmelzung hervorgehenden Gesellschaft zu erfüllen sind.

b) Schlussfolgerungen

Wenngleich die Bestimmungen der Art. 118 ff. GesRRL (Art. 1 ff. CBMD) weit überwiegend materiellrechtlichen Charakter haben, kommt doch den o.g. Bestimmungen zum Teil ein kollisionsrechtlicher Aussagegehalt zu[490]. Insbesondere der Regelung in Art. 121 Abs. 1 lit. b) GesRRL (Art. 4 Abs. 1 lit. b) CBMD) ist die kollisionsrechtliche Aussage zu entnehmen, dass in Betreff der grenzüberschreitenden Verschmelzung die Personalstatuten aller daran beteiligten Gesell-

---

[489] *Drinhausen*, in: Semler/Stengel, UmwG, 3. Aufl. 2012, § 122c Rn. 1; *Klein* RNotZ 2007, 565, 579.
[490] Ebenfalls von kollisionsrechtlichen Vorgaben ausgehend *Sonnenberger/Bauer*, in: Sonnenberger, Vorschläge und Berichte zur Reform des europäischen und deutschen internationalen Gesellschaftsrechts, 2007, S. 53 f.

schaften anzuwenden sind. Der Richtlinie liegt kollisionsrechtlich damit die Vereinigungstheorie[491] zugrunde[492]. Der 56. Erwägungsgrund der GesRRL (dritter Erwägungsgrund der CBMD) bringt diesbezüglich zum Ausdruck, dass die sich daraus ergebende Statutenkumulation grundsätzlich in der Weise zu erfolgen hat, dass distributiv an das Personalstatut der jeweiligen Gesellschaft anzuknüpfen ist, was sich sodann in den Art. 121 Abs. 1 lit. b), 123 bis 128 und 130 GesRRL (Art. 4 Abs. 1 lit. b), 6 bis 11 und 13 CBMD) auch widerspiegelt[493]. In Bezug auf den Schutz der Gläubiger einer übertragenden Gesellschaft hat dies auch der EuGH in seiner Entscheidung *KA Finanz* festgestellt[494].

Art. 122 GesRRL (Art. 5 CBMD) betreffend den gemeinsamen Verschmelzungsplan ist zwar an sich eine rein materiellrechtliche Regelung. Da er jedoch eine von allen beteiligten Gesellschaften gemeinsam zu erfüllende Verfahrensvoraussetzung regelt, ist auch insoweit von einer Kumulation der Rechtsordnung auszugehen[495]. Das Kollisionsrecht tritt insoweit jedoch in den Hintergrund, da der Verschmelzungsplan für alle beteiligten Gesellschaften gleich lauten muss[496] und die nationalen Umsetzungsakte in den Mitgliedstaaten aufgrund der Vorgaben des Art. 5 der Richtlinie übereinstimmen werden.

Eine Ausnahme von dem Grundsatz der distributiven Anknüpfung macht die weitere kollisionsrechtliche Regelung des Art. 129 GesRRL (Art. 12 CBMD), nach welcher sich der Zeitpunkt des Wirksamwerdens der grenzüberschreitenden Verschmelzung nach dem Recht der daraus hervorgehenden Gesellschaft richten muss[497].

Die Bestimmung des Art. 131 Abs. 3 GesRRL (Art. 14 Abs. 3 CBMD) schließlich wird dahingehend auszulegen sein, dass sie für die Übertragung von Vermögen die zusätzliche Maßgeblichkeit der Rechtsordnungen, denen die von ei-

---

[491] Dazu oben § 7 III.
[492] Vgl. oben § 6 II. 1.
[493] Vgl. auch bereits die Begründung der Kommission zu dem ursprünglichen, am 18.11.2003 vorgelegten Vorschlag (dort noch Artikel 2), wonach jede Gesellschaft weiterhin ihrem innerstaatlichen Fusionsrecht unterliegen soll, sofern die Richtlinie nicht aufgrund des grenzüberschreitenden Charakters der Verschmelzung etwas anderes bestimmt (KOM/2003/0703 endgültig).
[494] EuGH v. 7.4.2016, *KA Finanz*, Rs. C-483/14, ECLI:EU:C:2016:205 Tz. 60 f.
[495] Näher unten § 13 III. 3. d) zum Verschmelzungsvertrag.
[496] Vgl. den vierten Erwägungsgrund der Richtlinie.
[497] Vgl. auch *Bohrenkämper*, Transnationale Sitzverlegung und Umstrukturierung von Kapitalgesellschaften im bilateralen Verhältnis Deutschland – Schweiz, 2013, S. 561; *Leible*, in: Michalski, GmbHG, 2. Aufl. 2010, Systematische Darstellung 2, Internationales Gesellschaftsrecht Rn. 204; *Lutter/Bayer/J. Schmidt*, EuropUR, 6. Aufl. 2018, 22.114.

ner Verschmelzung erfassten Vermögensgegenstände unterliegen, anordnet, sofern diese von den Personalstatuten der beteiligten Gesellschaften verschieden sind[498]. Auffällig ist insoweit, dass dieser Vorbehalt für das Einzelstatut nicht umfassend ist, sondern lediglich die Rechtsordnungen der Mitgliedstaaten erfasst. So ist zwar nachvollziehbar, dass die Richtlinie nur Verschmelzungen zwischen Gesellschaften aus verschiedenen Mitgliedstaaten, nicht aber auch mit Bezug zu Drittstaaten regelt, da außerhalb von Staatsverträgen nur insoweit eine umfassende Harmonisierung möglich ist. Aber auch bei Verschmelzungen zwischen Gesellschaften aus verschiedenen Mitgliedstaaten ist naheliegend, dass hiervon zumindest auch einzelne Vermögensgegenstände erfasst werden, die einem Drittstaat unterliegen, sei es etwa ein Grundstück in der Schweiz[499]. Während also die Anerkennung der Verschmelzung und ihrer Wirkungen im Geltungsbereich von EU/EWR aufgrund der Regelung des Art. 131 Abs. 3 GesRRL (Art. 14 Abs. 3 CBMD) gewährleistet scheint, ist dies in Bezug auf Drittstaaten nicht der Fall[500].

c) Bisherige Umsetzung

Eine ausdrückliche Umsetzung der kollisionsrechtlichen Vorgaben der Art. 118 ff. GesRRL (Art. 1 ff. CBMD) ist im deutschen geschriebenen Recht bislang nicht erfolgt. Zwar enthält § 122a Abs. 2 UmwG in Anlehnung an die Vorgabe der distributiven Anknüpfung die Regelung, dass auf eine an einer grenzüberschreitenden Verschmelzung beteiligte deutsche Kapitalgesellschaft die dort genannten Bestimmungen (des deutschen materiellen Umwandlungsrechts) Anwendung finden. Weiter oben wurde jedoch bereits festgestellt, dass

---

[498] Vgl. MüKoBGB/*Kindler*, 6. Aufl. 2015, IntGesR Rn. 812, 816.
[499] Vgl. Art. 656 ZGB (Schweizerisches Zivilgesetzbuch vom 10. Dezember 1907, AS 24 233); dazu *Wachter* RNotZ 2001, 66, 72. Zwar kommt in einem solchen Fall eine Anerkennung des Vorgangs seitens der Schweiz gemäß Art. 164b IPRG in Betracht; der hiesige Normgeber kann sich aber zum einen nicht darauf verlassen, dass (sämtliche) dritte Rechtsordnungen eine Art. 164b IPRG vergleichbare Regelung enthalten; zum anderen sind trotz Geltung des Art. 164b IPRG Fälle möglich, in denen die Statuten der beteiligten Gesellschaften die Umwandlung als wirksam betrachten, aus schweizerischer Sicht jedoch die Voraussetzungen des Art. 164b IPRG nicht erfüllt sind, sodass es aus schweizerischer Sicht beim rechtlichen *status quo* bleibt (*Kunz/Rodriguez*, in: Basler Kommentar IPRG, 3. Aufl. 2013, Art. 164b Rn. 8). Zur Problematik bei im Ausland belegenem Vermögen im Falle einer Binnenverschmelzung vgl. auch *Kollmorgen/Feldhaus* BB 2007, 2189.
[500] Vgl. zu der vergleichbaren Problematik bei Spaltungen im Zusammenhang mit § 132 UmwG a.F. *Kollmorgen/Feldhaus* BB 2007, 2189, 2191.

es sich bei dieser Bestimmung um eine nur materiellrechtliche Regelung handelt[501].

Auch Art. 129 S. 1 GesRRL (Art. 12 S. 1 CBMD), der die Maßgeblichkeit der Rechtsordnung der aus der grenzüberschreitenden Verschmelzung hervorgehenden Gesellschaft für das Wirksamwerden der Verschmelzung vorgibt, wurde nicht unmittelbar umgesetzt[502]. § 122k Abs. 2 S. 3 UmwG enthält insoweit lediglich die Bestimmung, dass die Eintragung mit dem Vermerk zu versehen ist, dass die grenzüberschreitende Verschmelzung unter den Voraussetzungen des Rechts des Staates, dem die übernehmende oder neue Gesellschaft unterliegt, wirksam wird. Durch diese Bestimmung wird die kollisionsrechtliche Vorgabe des Art. 12 der Richtlinie jedoch nicht unmittelbar umgesetzt, sondern nur vorausgesetzt. Überraschend ist dies freilich nicht. So ergibt sich denn auch aus den Gesetzesmaterialien, dass der Gesetzgeber bei Umsetzung der Art. 118 ff. GesRRL (Art. 1 ff. CBMD) nur die Schaffung materiellrechtlicher, nicht hingegen auch kollisionsrechtlicher Bestimmungen im Sinn hatte[503]. Geschuldet sein dürfte dies der Tatsache, dass das Gesellschaftskollisionsrecht bislang insgesamt nicht kodifiziert ist.

3. Zusammenfassung

Nach dem gegenwärtigen Stand des Unionsrechts enthält dieses nur partielle Vorgaben für das mitgliedstaatliche Umwandlungskollisionsrecht. So ergeben sich aus dem Primärrecht, insbesondere der Niederlassungsfreiheit gemäß Art. 49, 54 AEUV, keine unmittelbaren Vorgaben.

Aus dem Sekundärrecht lassen sich aus den Art. 118 ff. GesRRL (Art. 1 ff. CBMD) kollisionsrechtliche Vorgaben für grenzüberschreitende Verschmelzungen von Kapitalgesellschaften aus verschiedenen Mitgliedstaaten entnehmen. Diese lauten dahingehend, dass auf die Verschmelzung grundsätzlich die Personalstatuten aller beteiligten Gesellschaften anzuwenden sind, wobei die dadurch angeordnete Kumulation grundsätzlich in der Weise zu erfolgen hat, dass für jede Gesellschaft nur deren eigenes Personalstatut maßgebend ist (Art. 121 Abs.

---

[501] Oben § 6 II. 2. Vgl. auch MüKoBGB/*Kindler*, 6. Aufl. 2015, IntGesR Rn. 792 (nur mittelbare Umsetzung der Vorgaben des Art. 121 Abs. 1 lit. b) GesRRL (Art. 4 Abs. 1 lit. b) CBMD)).
[502] *Klein* RNotZ 2007, 565, 607.
[503] BT-Drs. 16/2919, S. 11.

1 lit. b) GesRRL (Art. 4 Abs. 1 lit. b) CBMD)). Auch der Bestimmung des Art. 122 GesRRL (Art. 5 CBMD) über den gemeinsamen Verschmelzungsplan liegt der Gedanke der Statutenkumulation zugrunde. Eine Abweichung von der Statutenkumulation enthält Art. 129 GesRRL (Art. 12 CBMD) für das Wirksamwerden der Verschmelzung (Maßgeblichkeit des Rechts der aus der Verschmelzung hervorgehenden Gesellschaft). Art. 131 Abs. 3 GesRRL (Art. 14 Abs. 3 CBMD) schließlich enthält die Vorgabe, dass hinsichtlich der Übertragung von Vermögensgegenständen, die von der Verschmelzung erfasst werden[504], neben dem Personalstatut ggf. zusätzlich das (mitgliedstaatliche) Einzelstatut, dem der jeweilige Vermögensgegenstand unterliegt, maßgebend ist, sofern dieses von dem Personalstatut verschieden ist.

Keine unionsrechtlichen Vorgaben ergeben sich im Ergebnis somit für grenzüberschreitende Verschmelzungen von Kapitalgesellschaften im Verhältnis zu Drittstaaten und Personengesellschaften sowie für alle anderen Arten grenzüberschreitender Umwandlungen (Spaltung, Vermögensübertragung, Formwechsel).

II. Rechtstheoretische Grundlagen der Bestimmung des anzuwendenden Rechts

Wie sich gezeigt hat, unterliegt der nationale Gesetzgeber im Bereich des Umwandlungskollisionsrechts mit Ausnahme von Verschmelzungen zwischen Kapitalgesellschaften aus verschiedenen Mitgliedstaaten weitgehend keinen unionsrechtlichen Vorgaben. Dies betrifft die Spaltung, die Vermögensübertragung und den Formwechsel vollständig und die Verschmelzung insoweit, als es sich um eine solche unter Beteiligung von Kapitalgesellschaften aus Drittstaaten oder Personengesellschaften handelt. Der Gesetzgeber ist nach derzeitigem Stand somit, abgesehen vom Verfassungsgrundsatz der Verhältnismäßigkeit und ggf. Art. 3 GG[505], bei der Abfassung des Umwandlungskollisionsrechts weitgehend frei.

Gleichwohl sollte dies nicht dazu führen, die Abfassung des Umwandlungskollisionsrechts insoweit ohne hinreichend konkrete Maßstäbe vorzunehmen. Denn Ziel eines kollisionsrechtlichen Anknüpfungsvorgangs muss es sein, auf den zu

---

[504] Art. 14 Abs. 1 lit. a) der RL.
[505] Grundgesetz für die Bundesrepublik Deutschland (GG) v. 23.5.1949, BGBl. S. 1.

beurteilenden Sachverhalt die „richtige" Rechtsordnung zur Anwendung zu bringen. Dies kann nur gelingen, wenn mittels der zugrunde gelegten Anknüpfungsregel anhand geeigneter Kriterien der Bezug zu einer bestimmten, der „richtigen", Rechtsordnung hergestellt wird, dem Anknüpfungsvorgang mit anderen Worten bereits bei der Abfassung der Kollisionsnorm die richtige Methode zugrunde gelegt wird. Im Folgenden werden daher die allgemeinen Grundlagen der Bestimmung von Kollisionsregeln aufgezeigt, die sodann auf den konkreten Anknüpfungsgegenstand Umwandlung angewandt werden sollen.

1. Übergeordnete Ansätze

In der Theorie des Internationalen Privatrechts existieren zur Bestimmung des auf einen bestimmten Lebenssachverhalt anzuwendenden Rechts zwei grundlegende Ansätze: Das anzuwendende Recht kann „vom Sachverhalt her" oder „vom Gesetz her" bestimmt werden.

a) Bestimmung vom Sachverhalt her

Die Bestimmung vom Sachverhalt her ist seit *von Savigny*[506] vorherrschend. Grundprinzip dieses Ansatzes ist, dass das Recht zu ermitteln ist, zu dem der zu beurteilende Sachverhalt die *engste Verbindung* hat[507]. Vielen Normen des Internationalen Privatrechts liegt das Prinzip der engsten Verbindung mehr oder weniger deutlich zugrunde[508]. Besonders ausgeprägt ist es derzeit etwa im Internationalen Vertragsrecht[509] oder im Sachenrecht[510]. Aber auch das hier interessierende Internationale Gesellschaftsrecht ist durch das Prinzip der engsten Verbindung geprägt. So soll die Sitztheorie durch rein objektive Kriterien (Anknüpfungsmoment: effektiver Verwaltungssitz) sicherstellen, dass das Recht des

---

[506] *Von Savigny*, System des heutigen römischen Rechts, Band 8, 2. Neudruck 1981, S. 28, 108, 118.
[507] *Kropholler*, Internationales Privatrecht, 6. Aufl. 2006, §§ 3 I, 4 II; vgl. auch *Reichelt*, Gesamtstatut und Einzelstatut im IPR, 1985, S. 28 ff.
[508] *Kropholler*, Internationales Privatrecht, 6. Aufl. 2006, § 4 II.
[509] Vgl. Art. 4 Abs. 3 Rom I-VO.
[510] Vgl. Art. 46 EGBGB.

Staates zur Anwendung kommt, der durch die Tätigkeit der Gesellschaft am stärksten betroffen ist[511]. Durch das Prinzip der engsten Verbindung soll das „angemessene", das „passende" oder mit anderen Worten das Recht ermittelt werden, das „am nächsten dran" ist, den Fall zu Regeln[512]. Es ist mithin nicht entscheidend, welches Recht materiellrechtlich die „beste" Lösung anbietet, sondern es soll das Recht zur Anwendung kommen, das dem zu beurteilenden Sachverhalt durch sachliche oder persönliche Verbindungen am nächsten steht[513]. *Von Savigny* hat dies dahingehend formuliert, „dass bei jedem Rechtsverhältniß dasjenige Rechtsgebiet aufgesucht werde, welchem dieses Rechtsverhältniß seiner eigenthümlichen Natur nach angehört oder unterworfen ist (worin dasselbe seinen Sitz hat)"[514], sogenannte Formel vom „Sitz des Rechtsverhältnisses"[515]. Diese Methode impliziert damit die Gleichbehandlung von inländischem und ausländischem Recht[516], d.h. der Rechtsanwender ist gehalten, die materielle *lex fori* nicht gegenüber ausländischen Rechtsordnungen zu bevorzugen.

b) Bestimmung vom Gesetz her

Bei der Bestimmung vom Gesetz her wird hingegen danach gefragt, ob eine bestimmte materiellrechtliche Norm auf den Sachverhalt angewandt werden „will"[517]. Ob dies der Fall ist, richtet sich nach dem ausdrücklichen Wortlaut und nach Sinn und Zweck der Norm[518]. Die derart zur Anwendung berufenen Normen werden auch als Eingriffsnormen oder international zwingende Best-

---

[511] *Leible*, in: Michalski, GmbHG, 2. Aufl. 2010, Systematische Darstellung 2, Internationales Gesellschaftsrecht Rn. 4; zur Sitztheorie oben § 4 I.
[512] *Kropholler*, Internationales Privatrecht, 6. Aufl. 2006, § 4 II 1.
[513] Vgl. *Neuhaus*, Die Grundbegriffe des Internationalen Privatrechts, 2. Aufl. 1976, S. 160.
[514] *Von Savigny*, System des heutigen römischen Rechts, Band 8, 2. Neudruck 1981, S. 28, 108, 118.
[515] *Kropholler*, Internationales Privatrecht, 6. Aufl. 2006, § 4 II 1. Kropholler weist hier darauf hin, dass die Formel vom „Sitz des Rechtsverhältnisses" sich dadurch vom Prinzip der engsten Verbindung unterscheide, dass Letzteres durch Berücksichtigung der konkreten Umstände des Falles differenzierte Lösungen ermögliche, wohingegen nach der Formel *von Savignys* der „Sitz des Rechtsverhältnisses" anhand dessen Natur *a priori* abstrakt festgelegt werden sollte; vgl. auch *Neuhaus*, Die Grundbegriffe des Internationalen Privatrechts, 2. Aufl. 1976, S. 108 f.: mit der Bezugnahme auf die „Natur" der Rechtsverhältnisse werde deutlich, dass nicht völlig auf die jeweiligen Umstände des Einzelfalls abgestellt werden soll.
[516] *Kropholler*, Internationales Privatrecht, 6. Aufl. 2006, § 3 I.
[517] Grundlegend *Thöl*, Einleitung in das deutsche Privatrecht, 1851, § 72.
[518] *Kropholler*, Internationales Privatrecht, 6. Aufl. 2006, § 3 II.

immungen bezeichnet[519]. Ihre Besonderheit liegt darin, dass sie nicht dem nach der einschlägigen Kollisionsnorm zu ermittelnden Wirkungsstatut angehören, sie aber davon unabhängig Geltung für den zu regelnden Sachverhalt beanspruchen[520].

2. Kriterien zur Bestimmung des anzuwendenden Rechts (Anknüpfungsmaximen)

Die beiden vorgenannten Ansätze kennzeichnen zunächst lediglich den allgemeinen Rahmen der Bestimmung des anzuwendenden Rechts – sie bedürfen damit weitergehender Konkretisierung, um hieraus tatsächlich für einen bestimmten Anknüpfungsgenstand die „richtige" Kollisionsregel herleiten zu können. So ist insbesondere die Formel von der engsten Verbindung, die die Bestimmung vom Sachverhalt her prägt, für sich genommen noch sehr unbestimmt. Der Konkretisierung sind daher geeignete Kriterien zugrunde zu legen. Solche Kriterien werden auch als Maximen der Anknüpfung bezeichnet und in formale und materiale unterteilt[521].

a) Formale Maximen

Formale Maximen[522] sind danach insbesondere die *Eindeutigkeit*, d.h. für jeden regelungsbedürftigen Sachverhalt soll grundsätzlich nur *eine* Rechtsordnung bestimmt werden, und *Durchsetzbarkeit*, d.h. die anzuwendende Rechtsordnung soll auch in dem Staate, in dem ein auf ihrer Grundlage ergangenes Urteil zu vollstrecken wäre, Anerkennung finden. Weiterhin soll die anwendbare Rechtsordnung *voraussehbar* sein. Sie soll mithin nicht erst durch den Richter bestimmt werden, sondern aufgrund schon vorher feststehender Kriterien durch die Beteiligten ermittelbar sein. Ferner kann bei der Anknüpfung eine Rolle spielen, ob es infolge deren willentlicher Beeinflussung durch die Parteien zu einer *Ge-*

---

[519] *Kropholler*, Internationales Privatrecht, 6. Aufl. 2006, § 3 II 1.
[520] Vgl. Art. 9 I Rom-I-VO für das Vertragsstatut.
[521] *Neuhaus*, Die Grundbegriffe des Internationalen Privatrechts, 2. Aufl. 1976, S. 160 ff.
[522] Im Einzelnen *Neuhaus*, Die Grundbegriffe des Internationalen Privatrechts, 2. Aufl. 1976, S. 160 ff.

setzesumgehung käme. Eine weitere Erwägung bei der Abfassung einer Kollisionsnorm kann schließlich die *Vermeidung hinkender Rechtsverhältnisse* sein[523].

b) Materiale Maximen

Zu den materialen Maximen gehören die *Natur der Sache* und der *Zweck der Norm*[524]. Freilich bedarf insbesondere das Kriterium der Natur der Sache seinerseits weiterer Konkretisierung, um zur Bestimmung der „richtigen" Kollisionsregel dienlich zu sein. *Neuhaus* geht denn auch davon aus, dass dieses Kriterium die Gefahr berge, das räumliche Element zu sehr zu betonen, hier also die Versuchung bestehe, Rechtsverhältnisse zu lokalisieren und weniger Bedeutung auf inhaltliche Elemente zu legen. Andererseits dürfe die Anknüpfung aber auch nicht rein konstruktiv-begrifflich nach der juristischen Natur erfolgen[525]. Nach dem Kriterium der Natur der Sache kommt es damit entscheidend darauf an, welche Rechtsordnung „den Kern des Falls am besten erreicht [...]"[526]. Die Maxime des Zwecks der Norm auf der anderen Seite entspricht der Bestimmung des anwendbaren vom Gesetz her[527]. Das heißt es wird danach gefragt, ob die Auslegung einer bestimmten materiellrechtlichen Norm ergibt, dass sie auf den Sachverhalt angewandt werden will.

III. Konsequenzen für das weitere Vorgehen

Im Folgenden soll es unternommen werden, unter Rückgriff auf die genannten Ansätze verallgemeinerungsfähige Aussagen über das auf grenzüberschreitende Umwandlungen richtigerweise anzuwendende Recht zu treffen. Hierbei wird insbesondere das durch die aufgezeigten Anknüpfungsmaximen konkretisierte Prinzip der engsten Verbindung fruchtbar gemacht werden. Zwar enthält das geltende deutsche Internationale Privatrecht keine allgemeine Regel, nach der

---

[523] Vgl. *Kunz/Rodriguez*, in: Basler Kommentar IPRG, 3. Aufl. 2013, Art. 164b Rn. 8.
[524] *Neuhaus*, Die Grundbegriffe des Internationalen Privatrechts, 2. Aufl. 1976, S. 164 f.
[525] *Neuhaus*, Die Grundbegriffe des Internationalen Privatrechts, 2. Aufl. 1976, S. 165.
[526] *Neuhaus*, Die Grundbegriffe des Internationalen Privatrechts, 2. Aufl. 1976, S. 166.
[527] Dazu oben 1. b).

stets auf die engste Verbindung abzustellen ist[528]. Mangels Positivierung des Internationalen Umwandlungsrechts und des Internationalen Gesellschaftsrechts insgesamt ist dieses Prinzip aber geeignet, den Weg zur „richtigen" Umwandlungskollisionsnorm zu weisen. Ferner ist auch nach derzeitiger Rechtslage der Richter durch Lücken im positiven Recht nicht davon entbunden, die „richtige" Anknüpfung zu wählen, was ihm nur durch Berücksichtigung geeigneter Grundsätze und Kriterien gelingen wird[529]. Der folgende Vorschlag ist damit einerseits geeignet, bereits nach derzeitiger Rechtslage, d.h. ohne geschriebene Umwandlungskollisionsnorm, das auf eine grenzüberschreitende Umwandlung anzuwendende Recht zu bestimmen. Andererseits dient der Vorschlag insbesondere auch als mögliche Grundlage für eine künftige gesetzliche Normierung des Umwandlungskollisionsrechts.

Im Rahmen der Untersuchung wird auch eine Auseinandersetzung mit den bisher vertretenen Theorien[530] erfolgen. Aufgrund der Komplexität/Mehraktigkeit der einzelnen Umwandlungsarten können diese dabei nicht ohne weiteres einheitlich als Ganzes betrachtet werden, sondern müssen in Anlehnung an die materielle *lex fori* in ihre wesentlichen, prägenden Voraussetzungen zerlegt werden. Für jede dieser Voraussetzungen soll mithin gesondert geprüft werden, welche Anknüpfungsregel die „richtige" ist. Freilich beinhaltet dies die Möglichkeit, dass mehrere Voraussetzungen derselben Kollisionsregel unterliegen müssen.

Soweit es die grenzüberschreitende Verschmelzung betrifft, soll die Untersuchung zunächst auf diejenigen Verschmelzungsvorgänge beschränkt werden, die nicht von den Art. 118 ff. GesRRL (Art. 1 ff. CBMD) erfasst werden, hinsichtlich welcher der Gesetzgeber folglich grundsätzlich frei von unionsrechtlichen Vorgaben ist. Denn wenn ein nationales Umwandlungskollisionsrecht geschaffen wird, so sollte dieses universell sein, d.h. alle denkbaren Konstellationen, insbesondere auch solche mit Bezug zu Drittstaaten, erfassen[531]. Auf die aus den Art. 118 ff. GesRRL (Art. 1 ff. CBMD) folgenden Vorgaben für in deren An-

---

[528] Anders ist dies etwa im schweizerischen IPR, vgl. Art. 15 IPRG; dazu MüKoBGB/*Martiny*, 6. Aufl. 2015, Rom I-VO Art. 4 Rn. 287.
[529] Vgl. *Neuhaus*, Die Grundbegriffe des Internationalen Privatrechts, 2. Aufl. 1976, S. 160.
[530] Oben § 7.
[531] Vgl. *Günes* IStR 2013, 213, 214, wonach sich die wirtschaftlichen Interessen umwandlungswilliger inländischer Gesellschaften nicht zwangsläufig auf den Europäischen Binnenmarkt und Wirtschaftsraum beschränken.

wendungsbereich fallende Verschmelzungen wird daher in einem gesonderten Abschnitt eingegangen werden[532].

Einen jeden Abschnitt abschließen wird ein Vorschlag für eine geschriebene Kollisionsnorm für die jeweilige Umwandlungsart.

---

[532] Unten § 13 IV.

§ 13 Das Statut der grenzüberschreitenden Verschmelzung

I. Übertragungstheorie

Die Anwendung der Übertragungstheorie[533] auf eine grenzüberschreitende Verschmelzung, die zu einer ausschließlichen Berufung der Personalstatuten (eines oder mehrerer) übertragender Rechtsträger führen würde, muss unter Zugrundelegung der Anknüpfungsmaximen durchgreifenden Bedenken begegnen. So würden hierdurch die Belange der Rechtsordnung eines aufnehmenden bzw. neu gegründeten Rechtsträgers außer Acht gelassen[534]. Die Übertragungstheorie widersetzt sich damit sowohl der Natur der Sache als auch dem Zweck der Norm. Denn die Verschmelzung ist nicht nur auf Seiten eines übertragenden, sondern ebenso auf Seiten eines aufnehmenden bzw. neu gegründeten Rechtsträgers eine Strukturmaßnahme, sodass auch dessen Personalstatut für die Verschmelzung maßgebend sein muss. Schon im allgemeinen Internationalen Gesellschaftsrecht gehören Strukturmaßnahmen der Natur der Sache nach zu den dem Personalstatut unterstehenden Vorgängen[535].

Im Fall einer Verschmelzung durch Neugründung ist deren strukturgebender Charakter ganz offenkundig. Diese ist eine besondere Form der Gründung eines Rechtsträgers[536], die sich jedenfalls auch nach dessen Personalstatut richten muss.

Etwas zweifelhafter erscheint allerdings der Fall einer Verschmelzung durch Aufnahme, da der übernehmende Rechtsträger hier bereits existiert. Daher kommt in Betracht, in dieser Form der Verschmelzung lediglich eine besondere Form eines Vermögenserwerbs (Gesamtrechtsnachfolge) zu sehen, die die Struktur des aufnehmenden Rechtsträgers unberührt lässt[537].

Der strukturgebende Charakter einer Verschmelzung ist allerdings auch im Fall einer Verschmelzung durch Aufnahme gegeben. Das folgt daraus, dass die Anteilsinhaber eines übertragenden Rechtsträgers Anteilsinhaber des übernehmen-

---

[533] Oben § 7 I.
[534] MüKoBGB/*Kindler*, 6. Aufl. 2015, IntGesR Rn. 796.
[535] *Eidenmüller*, in: Eidenmüller, Ausländische Kapitalgesellschaften, 2004, § 4 Rn. 70.
[536] Vgl. § 2 Nr. 2 UmwG.
[537] Vgl. *Eidenmüller*, in: Eidenmüller, Ausländische Kapitalgesellschaften, 2004, § 4 Rn. 70.

den Rechtsträgers werden[538], sodass es zu einer strukturellen Veränderung der Anteilsinhaberschaft an dem übernehmenden Rechtsträger kommt. Dies gilt jedenfalls dann, wenn zum Zweck der Verschmelzung im Wege der Kapitalerhöhung neue Anteile an dem aufnehmenden, schon existierenden Rechtsträger geschaffen werden sollen, die den Anteilsinhabern des/der übertragenden Rechtsträger(s) gewährt werden. Die Durchführung einer Kapitalerhöhung ist zwar keine notwendige Voraussetzung für die Durchführung einer Verschmelzung auf eine Kapitalgesellschaft, sie wird aber regelmäßig im Zusammenhang hiermit vorgenommen[539]. Die Schaffung neuer Anteile bewirkt hierbei eine Veränderung in der Struktur der Anteilsinhaberschaft, die sich schon nach allgemeinen Grundsätzen des Internationalen Gesellschaftsrechts nach dem Personalstatut des davon betroffenen Rechtsträgers richten muss[540].

Das strukturgebende Element auf Seiten des übernehmenden Rechtsträgers ist ferner aber selbst dann gegeben, wenn bei diesem keine neuen Anteile geschaffen werden sollen bzw. dürfen[541]. Anstelle neuer Anteile sind dann schon existierende Anteile zu gewähren, die von dem übernehmenden Rechtsträger selbst (eigene Anteile), von dem übertragenden Rechtsträger oder von Dritten zur Verfügung gestellt werden können[542]. Auch hier kommt es folglich zu einer strukturellen Veränderung der Anteilsinhaberschaft an dem übernehmenden Rechtsträger, die sich nach dessen Personalstatut richtet, sodass dieses auch insoweit maßgebend sein muss[543].

Schließlich steht der Übertragungstheorie auch das Kriterium der Durchsetzbarkeit entgegen. Denn folgt man dieser Theorie, d.h. lässt man das Personalstatut des übernehmenden bzw. neu gegründeten Rechtsträgers unberücksichtigt, so ist nicht damit zu rechnen, dass der Umwandlungsvorgang in dieser Rechtsordnung Anerkennung finden wird. Regelt eine Rechtsordnung nämlich, unter welchen Voraussetzungen eine Gesellschaft gegründet werden kann, so kann unterstellt werden, dass diese Rechtsordnung auch über die Voraussetzungen (mit-) be-

---

[538] Vgl. § 20 Abs. 1 Nr. 3 UmwG.
[539] *Stengel*, in: Semler/Stengel, UmwG, 3. Aufl. 2012, § 2 Rn. 25.
[540] *Eidenmüller*, in: Eidenmüller, Ausländische Kapitalgesellschaften, 2004, § 4 Rn. 68.
[541] Solche Fälle regeln für die Binnenverschmelzung § 54 UmwG für die GmbH und § 68 UmwG für die AG.
[542] *Gerold* MittRhNotK 1997, 205, 223 f.; *Reichert*, in: Semler/Stengel, UmwG, 3. Aufl. 2012, § 46 Rn. 25.
[543] Vgl. auch MüKoBGB/*Kindler*, 6. Aufl. 2015, IntGesR Rn. 796. Zur Kritik an der Übertragungstheorie selbst für den Fall, dass die Verschmelzung auf den Alleingesellschafter des übertragenden Rechtsträgers erfolgen soll oben § 7 I. 3. c).

stimmen möchte, unter denen eine Umstrukturierung erfolgen kann. Die Übertragungstheorie ist damit für sämtliche Varianten einer grenzüberschreitenden Verschmelzung abzulehnen.

II. Aufnahmetheorie

Die gegen die Übertragungstheorie sprechenden Argumente sprechen – spiegelbildlich betrachtet – dafür, auch die Aufnahmetheorie[544] abzulehnen[545]. Nach der Aufnahmetheorie wäre die grenzüberschreitende Verschmelzung allein nach der Rechtsordnung des übernehmenden bzw. neu gegründeten Rechtsträgers zu beurteilen.

In der Literatur wurde bereits das wesentlichste Argument gegen die Aufnahmetheorie aufgezeigt: Diese muss daran scheitern, dass das durch sie berufene Recht des Zielstaats das Erlöschen der übertragenden Gesellschaft nicht erklären kann[546]. Das Erlöschen einer Gesellschaft muss sich nach allgemeinen Prinzipien des Internationalen Privatrechts nach deren eigenem Personalstatut (Gründungsrechtsordnung) richten. Unter Heranziehung der Anknüpfungsmaximen und den dazu oben zur Übertragungstheorie angestellten Erwägungen lässt sich diese Begründung dahingehend präzisieren, dass das Erlöschen eines Rechtsträgers nur zu der Rechtsordnung einen Bezug hat, nach der sich die gesellschaftsrechtlichen Verhältnisse dieses Rechtsträgers richten (Personalstatut). Demgegenüber gibt es auf Seiten der Rechtsordnung des übernehmenden bzw. neu gegründeten Rechtsträgers weder eine Notwendigkeit noch ein Interesse, das Erlöschen des übertragenden Rechtsträgers als Teil der Verschmelzung zu regeln. Aber auch jenseits des Erlöschens übertragender Rechtsträger ist schon im Allgemeinen davon auszugehen, dass die Rechtsordnung eines übertragenden Rechtsträgers ein starkes Interesse daran haben wird, den Wegzug eigener Gesellschaften zu kontrollieren[547]. Demzufolge sprechen insbesondere die Maximen der Natur der Sache, des Zwecks der Norm sowie der Durchsetzbarkeit gegen die Aufnahmetheorie. Auch sie ist damit abzulehnen.

---

[544] Oben § 7 II.
[545] Vgl. auch *Bohrenkämper*, Transnationale Sitzverlegung und Umstrukturierung von Kapitalgesellschaften im bilateralen Verhältnis Deutschland – Schweiz, 2013, S. 526.
[546] Oben § 7 II.
[547] *Eidenmüller*, in: Eidenmüller, Ausländische Kapitalgesellschaften, 2004, § 4 Rn. 63, 68.

III. Vereinigungstheorie

1. Grundsätzliche Vorzüge der Kumulation

Die gegen die Übertragungs- und die Aufnahmetheorie sprechenden Erwägungen sprechen in der Konsequenz für die Vereinigungstheorie, nach der die Personalstatuten aller von der Verschmelzung betroffenen Rechtsträger zur kumulativen Anwendung zu berufen sind. So handelt es sich bei einer Verschmelzung um eine für alle beteiligten Rechtsträger strukturändernde bzw. strukturgebende Maßnahme, die sich der Natur der Sache nach nach den Rechtsordnungen richten muss, die im Sinne der Einheitstheorie[548] über sämtliche diese Rechtsträger betreffenden gesellschaftsrechtlichen Fragen zu entscheiden haben. Die Richtigkeit der Vereinigungstheorie ergibt sich darüber hinaus aus dem Zweck der Norm, da ein nationales Gesellschaftsrecht ein Interesse hat, zu regeln, ob und inwieweit die Verschmelzung als Restrukturierungsinstrument den ihr angehörenden Rechtsträgern zugänglich sein soll[549]. Aber auch der Aspekt der Durchsetzbarkeit des Vorgangs spricht zwingend für eine Kumulation der Rechtsordnungen im Sinne der Vereinigungstheorie. So wird eine Beurteilung des Vorgangs allein nach einer Rechtsordnung spätestens dann auf erhebliche Probleme stoßen, wenn sich die Frage nach der Anerkennung dieses Vorgangs durch die jeweils andere oder eine dritte Rechtsordnung stellt. Wurde etwa lediglich das Recht des übernehmenden Rechtsträgers befragt (Aufnahmetheorie) und die Wirksamkeit des Vorgangs nach dieser Rechtsordnung bejaht, obwohl die Rechtsordnung eines übertragenden Rechtsträgers die Verschmelzung nicht zulässt, so ist mit einer Anerkennung durch diese Rechtsordnung nicht zu rechnen, was bei der Bestimmung des Inhalts der Kollisionsnorm Berücksichtigung finden darf und muss.

Gegen die Vereinigungstheorie scheint allerdings das Kriterium der Eindeutigkeit zu sprechen. Dieses besagt, dass für einen jeden zu beurteilenden Sachverhalt stets nur eine einzige Rechtsordnung zur Anwendung berufen werden

---

[548] Dazu oben § 3 II.
[549] *Eidenmüller*, in: Eidenmüller, Ausländische Kapitalgesellschaften, 2004, § 4 Rn. 63, 68.

soll[550]. Zwar bereitet die Berufung mehrerer Rechtsordnungen für die Verschmelzung insoweit keine Probleme, als die Personalstatuten der betroffenen Rechtsträger unschwer nach dem allgemeinen Internationalen Gesellschaftsrecht zu ermitteln sind. Mit der Aussage, dass diese Rechtsordnungen grundsätzlich zu kumulieren sind, ist aber noch nicht die Frage beantwortet, wie weit die Anwendung dieser Rechtsordnungen im Einzelnen geht, d.h. wie die Kumulation im Einzelnen ausgestaltet ist[551]. Es wurde bereits gezeigt, dass dies die eigentliche, zentrale Problematik grenzüberschreitender Umwandlungen ist[552]. Die folgenden Abschnitte werden zeigen, dass die Frage nach der konkreten Ausgestaltung der Kumulation nicht immer eindeutig beantwortet werden kann und zum Teil auch verschiedene Lösungen möglich sind. Geschuldet ist dies den Strukturen von Umwandlungsmaßnahmen, die dadurch gekennzeichnet sind, dass in einem mehraktigen Verfahren zum Schutz verschiedener Personen eine Vielzahl von Voraussetzungen und Verfahrensschritten zu erfüllen bzw. durchzuführen sind. Die Entwicklung der Kollisionsnorm muss damit der Komplexität des Anknüpfungsgegenstands Umwandlung Rechnung tragen und darf nicht im Interesse der Klarheit zu undifferenziert ausfallen. Die Berufung nur einer Rechtsordnung im Sinne der Übertragungs- oder Aufnahmetheorie mag damit den Vorteil der Klarheit für sich haben. In der Gesamtschau ist es aber gerade die Komplexität der grenzüberschreitenden Umwandlung, die die Kumulation mehrerer Rechtsordnungen im Sinne der Vereinigungstheorie zwingend erforderlich macht.

2. Mögliche Erscheinungsformen der Kumulation

Die grundsätzliche Entscheidung für die Vereinigungstheorie ist nur der erste Schritt bei der Entwicklung der Umwandlungskollisionsnorm. Denn die in der Vereinigungstheorie enthaltene Aussage, dass die betroffenen Personalstatuten zur gemeinsamen Anwendung zu berufen sind, ist noch äußerst unbestimmt. Schließlich ist bis zu diesem Punkt völlig unklar, wie weit die Kumulation konkret zu gehen hat[553]. Die möglichen Erscheinungsformen der Kumulation sind die folgenden:

---

[550] Oben § 12 II. 2. a).
[551] Dazu sogleich 2.
[552] Vgl. oben § 5 I.
[553] Vgl. auch *Veil* Der Konzern 2007, 98, 103.

Im Sinne einer „reinen Lehre" der Vereinigungstheorie[554] können die betroffenen Personalstatuten ausnahmslos zur kumulativen Anwendung zu berufen sein (dies soll auch als Kumulation im engeren Sinne oder strenge Kumulation bezeichnet werden). Die grenzüberschreitende Verschmelzung wäre (materiellrechtlich) folglich nur möglich, wenn sämtliche Voraussetzungen aller dieser Rechtsordnungen erfüllt werden. Damit handelt es sich dabei um die Variante, in der die potenziell strengsten Anforderungen an den Vorgang gestellt werden. Erlaubt nur eine Rechtsordnung den Vorgang nicht, muss die Umwandlung scheitern.

Die zweite mögliche Erscheinungsform ist, den Umwandlungsvorgang derart in Teilfragen aufzuspalten, dass sämtliche Teilfragen jeweils ausschließlich von einer der betroffenen Rechtsordnungen zu beantworten sind (sogenannte distributive Rechtsanwendung)[555]. Hierbei würde es folglich zu keiner Kumulation im eigentlichen (engeren) Sinne kommen.

Als Mischform zwischen den beiden soeben aufgezeigten Möglichkeiten kommt schließlich in Betracht, es in einigen Teilbereichen des Vorgangs zu einer Kumulation im engeren Sinne kommen zu lassen, andere Teilfragen hingegen lediglich einer Rechtsordnung zu unterstellen.

3. Kumulation der Rechtsordnungen im Einzelnen

Im Folgenden soll die Reichweite der Kumulation für einzelne Elemente einer grenzüberschreitenden Verschmelzung untersucht werden. Die Auswahl richtet sich im Sinne einer Qualifikation nach der materiellen *lex fori* nach den wesentlichen, prägenden Elementen einer Umwandlung nach dem deutschen UmwG. Für die künftige positive Abfassung einer Umwandlungskollisionsnorm hat die Einzeluntersuchung folgende Bedeutung: Ergibt die Einzelprüfung, dass die Art der Kumulation für sämtliche Elemente der Umwandlung dieselbe sein muss, so kann auch die daraus abgeleitete Kollisionsnorm entsprechend einheitlich und damit einfach formuliert sein. Verschiedene Ergebnisse müssten hingegen durch eine entsprechende Differenzierung innerhalb der Kollisionsnorm Berücksichtigung finden.

---

[554] Dazu MüKoBGB/*Kindler*, 6. Aufl. 2015, IntGesR Rn. 799 ff.
[555] Vgl. oben § 7 III.

a) Existenz des Rechtsinstituts der Verschmelzung

Zu den grundlegenden Voraussetzungen der grenzüberschreitenden Verschmelzung gehört zunächst, dass dieses Rechtsinstitut in der maßgebenden Rechtsordnung überhaupt existiert[556]. Ist dies nicht der Fall, so muss der Vorgang von vornherein scheitern und es müssen alternative Wege zur Erreichung des angestrebten wirtschaftlichen Ziels gesucht werden, etwa Verkauf des Unternehmensvermögens oder dessen Einbringung als Sacheinlage (Vollzug der Übertragung in diesen Fällen jeweils im Wege der Einzelrechtsnachfolge)[557].
Unter Zugrundelegung der Anknüpfungsmaximen (insbesondere Natur der Sache, Zweck der Norm sowie Durchsetzbarkeit) muss die Frage nach der grundsätzlichen Gegebenheit der Verschmelzung an die Personalstatuten aller beteiligten Rechtsträger gerichtet werden. Regelt das Personalstatut nämlich die Voraussetzungen der Gründung und des Erlöschens eines Rechtsträgers, so muss es auch regeln können, ob dieser sich durch Verschmelzung umstrukturieren kann, sei es aus Sicht des übertragenden Rechtsträgers, ob diesem die liquidationslose Auflösung ermöglicht sein soll, sei es aus Sicht des neu gegründeten/übernehmenden Rechtsträgers, ob dieser sich durch Verschmelzung neu gründen/strukturieren darf. Materiellrechtlich hat dies zur Folge, dass der Vorgang scheitert, wenn nur eine der beiden Rechtsordnungen dieses Rechtsinstitut nicht kennt.
Ob es sich bei dieser Lösung um eine Kumulation im engeren Sinne oder um eine distributive Anknüpfung handelt, muss für diese Teilfrage nach der Existenz des Rechtsinstituts der Verschmelzung nicht entschieden werden, da dies lediglich eine Frage der Perspektive ist und die Rechtsfolgen identisch sind. So wäre bei einer getrennten, auf den jeweiligen Rechtsträger bezogenen Betrachtung von einer distributiven Anknüpfung zu sprechen. Stellt man jedoch nicht auf den einzelnen Rechtsträger, sondern den Gesamtvorgang der Verschmelzung ab, so wäre eher von einer Kumulation im engeren Sinne zu sprechen.

---

[556] MüKoBGB/*Kindler*, 6. Aufl. 2015, IntGesR Rn. 803.
[557] Dazu *Stengel*, in: Semler/Stengel, UmwG, 3. Aufl. 2012, § 2 Rn. 47.

b) Aktive und passive Verschmelzungsfähigkeit

Kennen die betroffenen Personalstatuten das Rechtsinstitut der Verschmelzung, so muss es weiterhin gerade den beteiligten Rechtsträgern in ihrer konkreten Rechtsform erlaubt sein, sich durch Verschmelzung umzustrukturieren. Erforderlich ist mithin zunächst die *aktive Verschmelzungsfähigkeit*[558]. Ferner muss es einem aktiv umwandlungsfähigen Rechtsträger auch gestattet sein, sich mit den anderen beteiligten Rechtsträgern in deren konkreten Rechtsformen zu verschmelzen, was als *passive Umwandlungsfähigkeit* bezeichnet werden kann[559]. Die Frage nach der Kumulation der Rechtsordnungen im Hinblick auf diese beiden Voraussetzungen ist unter Anwendung der Anknüpfungsmaximen wie folgt zu beantworten: Ob ein umwandlungswilliger Rechtsträger sich grundsätzlich verschmelzen darf (aktive Verschmelzungsfähigkeit), muss sich – dies ist unproblematisch – nach dem Personalstatut dieses Rechtsträgers bemessen. Dieses muss darüber entscheiden, welchen ihr angehörenden Rechtsträgern es möglich sein soll, sich durch Verschmelzung umzustrukturieren. Gehört der verschmelzungswillige Rechtsträger nicht zu den verschmelzungsfähigen Rechtsträgern, so wird der Vorgang scheitern und es muss auf andere Gestaltungsvarianten ausgewichen werden.

Das Personalstatut des aktiv umwandlungsfähigen Rechtsträgers muss aber ebenso über die passive Verschmelzungsfähigkeit entscheiden. Denn ein jedes Personalstatut hat ein legitimes Interesse daran, nicht nur zu regeln, ob überhaupt, sondern auch, *inwieweit* Umwandlungen nach diesem Statut möglich sein sollen[560]. So dienen Regelungen zur passiven Umwandlungsfähigkeit dazu, bestimmte Paarbildungen zu verhindern[561]. Für die Binnenverschmelzung kommt dieses Regelungsinteresse etwa in § 3 Abs. 2 Nr. 2 UmwG zum Ausdruck, der natürlichen Personen nur dann die Verschmelzung erlaubt, wenn sie als Alleingesellschafter einer Kapitalgesellschaft deren Vermögen übernehmen, sowie in § 3 Abs. 4 Hs. 2 UmwG (Vorbehalt der Einschränkung der Verschmelzungs-

---

[558] Vgl. §§ 3 und 122b UmwG oder aus dem schweizerischen Recht Art. 4 FusG.
[559] MüKoBGB/*Kindler*, 6. Aufl. 2015, IntGesR Rn. 805.
[560] Vgl. *Eidenmüller*, in: Eidenmüller, Ausländische Kapitalgesellschaften, 2004, § 4 Rn. 63, 68.
[561] *Lennerz*, Die internationale Verschmelzung und Spaltung unter Beteiligung deutscher Gesellschaften, 2001, S. 153.

möglichkeiten, etwa gemäß §§ 105, 109 UmwG)[562]. Mit anderen Worten: Wenn eine Rechtsordnung es einem ihr angehörenden Rechtsträger grundsätzlich erlaubt, sich zu verschmelzen (aktive Verschmelzungsfähigkeit), so ist damit noch nichts darüber ausgesagt, ob davon auch eine Verschmelzung mit dem jeweils anderen Rechtsträger umfasst sein soll (passive Umwandlungsfähigkeit)[563]. Entsprechendes gilt für die Rechtsordnungen aller anderen beteiligten Rechtsträger. Zusammengefasst bedeutet dies, dass die Frage nach der aktiven und passiven Verschmelzungsfähigkeit distributiv für jeden beteiligten Rechtsträger an dessen eigenes Personalstatut anzuknüpfen ist.

c) Verschmelzungsbericht

(1) Maßgeblichkeit des Statuts des jeweiligen Rechtsträgers

Im Rahmen des Verschmelzungsverfahrens werden die Vertretungsorgane der beteiligten Rechtsträger über die Verschmelzung zu berichten haben[564]. Der Verschmelzungsbericht dient in erster Linie der Information und damit dem Schutz der Anteilsinhaber der betroffenen Rechtsträger[565]. Der Bericht muss sich damit zunächst in jedem Fall nach dem Statut des jeweiligen Rechtsträgers richten, für den der Bericht zu erstatten ist. Aus der Sicht der Anteilsinhaber ergibt sich dies daraus, dass sie jedenfalls den Schutz der Rechtsordnung erwarten können, die sie bei der Gründung als Personalstatut gewählt haben.

---

[562] Zu diesen Bestimmungen *Stratz*, in: Schmitt/Hörtnagl/Stratz, UmwG/UmwStG, 7. Aufl. 2016, UmwG § 3 Rn. 41 ff., 58.
[563] Vgl. MüKoBGB/*Kindler*, 6. Aufl. 2015, IntGesR Rn. 805, wonach von dem Personalstatut einer an der Verschmelzung beteiligten Gesellschaft auch die andere(n) beteiligte(n) Gesellschaft(en) als solche Gesellschaften angesehen werden muss/müssen, mit der/denen eine Verschmelzung eingegangen werden kann. So auch *Geyrhalter/Weber* DStR 2006, 146, 147.
[564] Vgl. für Binnenverschmelzungen für das deutsche Recht § 8 UmwG, für das österreichische Recht § 220a öAktG und für das schweizerische Recht Art. 14 FusG.
[565] *Stratz*, in: Schmitt/Hörtnagl/Stratz, UmwG/UmwStG, 7. Aufl. 2016, UmwG § 8 Rn. 1 mwN.

(2) Zusätzliche Maßgeblichkeit des jeweils anderen Statuts?

Fraglich ist jedoch, ob neben dem Statut des Rechtsträgers, für den zu berichten ist, auch das Statut des/der jeweils anderen Rechtsträger(s) über die Anforderungen an den Verschmelzungsbericht bestimmen muss. Kann mit anderen Worten auch das Statut eines Umwandlungspartners bestimmte Berichtspflichten statuieren, die der Information der Anteilsinhaber und Arbeitnehmer eines jeweils anderen Rechtsträgers dienen?

Zu einer Kumulation im engeren Sinne muss es jedenfalls dort kommen, wo die Information der betroffenen Anteilsinhaber nicht getrennt erfolgt, so im Fall eines gemeinsamen Berichts der beteiligten Rechtsträger[566]. Die Möglichkeit zur Erstattung eines gemeinsamen Berichts ergibt sich aus § 8 Abs. 1 S. 1 Hs. 2, ggf. i.V.m. §§ 122e, 122a Abs. 2 UmwG. Die Notwendigkeit der Kumulation im engeren Sinne folgt hier daraus, dass ein gemeinsamer Bericht der Information der Anteilsinhaber aller an der Verschmelzung beteiligten Rechtsträger dient, der Bericht mithin die Informationspflichten sämtlicher Personalstatuten erfüllen muss. Allerdings lässt sich diese Form der Kumulation im Fall eines gemeinsamen Berichts auch als distributive Anknüpfung bezeichnen, wenn nicht auf den Gesamtvorgang der Berichterstattung, sondern auf die einzelnen Rechtsträger abgestellt wird[567].

Schwieriger sind die Fälle zu beurteilen, in denen für jeden Rechtsträger ein gesonderter Bericht erstellt wird. Dass es auch hier zu einer Kumulation im engeren Sinne kommen muss, könnte sich aus folgender Erwägung ergeben: Inhalt des Umwandlungsberichts sind regelmäßig Angaben, die die Anteilsinhaber in ihrer künftigen Eigenschaft als Anteilsinhaber des übernehmenden bzw. neu gegründeten Rechtsträgers betreffen, insbesondere über die Art der Beteiligung und das Umtauschverhältnis der Anteile[568]. Diese künftige Beteiligung richtet sich nach dem Personalstatut des übernehmenden bzw. neu gegründeten Rechtsträgers, sodass es naheliegend erscheint, dass diese Rechtsordnung kraft Sachzusammenhangs auch darüber (mit-) entscheiden muss, inwieweit die Anteilsinhaber über die Beteiligung zu informieren sind.

Da der Bericht andererseits die bloße Information der Anteilsinhaber betrifft, er folglich die künftige Beteiligung nicht unmittelbar regelt, ist die kumulative

---

[566] *Lutter/Drygala*, in: Lutter, UmwG, 4. Aufl. 2009, § 1 Rn. 22.
[567] Ähnlich oben a) zur Existenz des Rechtsinstituts der Verschmelzung.
[568] Vgl. § 8 Abs. 1 UmwG.

Maßgeblichkeit des künftigen Personalstatuts jedoch auch nicht zwingend. Denn besondere, das grenzüberschreitende Element berücksichtigende Informationspflichten können durchaus auch durch das Statut des übertragenden Rechtsträgers geregelt werden. Das zeigt schon § 122e UmwG. Dieser betrifft den Verschmelzungsbericht für den an der Verschmelzung beteiligten Rechtsträger, der dem deutschen Recht unterliegt. Der Bericht richtet sich mithin ausschließlich nach deutschem Recht (§§ 122e, 8 UmwG), er muss aber gleichwohl über die Auswirkungen der Grenzüberschreitung informieren[569].

Dies kann auch nicht mit der Erwägung verworfen werden, dass nur die Rechtsordnung des übernehmenden bzw. neu gegründeten Rechtsträgers die Besonderheiten der ihr angehörenden Rechtsformen überblicken kann und folglich auch nur sie selbst kraft Sachzusammenhangs/Natur der Sache in der Lage ist, hinreichende Informationspflichten hinsichtlich der künftigen Beteiligung zu begründen. Denn das die Informationspflicht begründende Statut des übertragenden Rechtsträgers muss die zu erteilenden Informationen nicht näher konkretisieren, sondern kann so allgemein formuliert sein, dass davon die Pflicht zur Erstattung aller notwendigen Informationen umfasst ist. Dann ist es Aufgabe des Berichtspflichtigen, die sich aus der Rechtsordnung der künftigen Beteiligung ergebenden Details zu ermitteln und mitzuteilen. Dementsprechend sind auch die §§ 122e, 8 UmwG ausgestaltet. Dabei handelt es sich um zweckmäßige Regelungen, durch die eine Erteilung der wesentlichen Informationen in jedem Einzelfall am ehesten gewährleistet ist.

(3) Zusammenfassung

Es hat sich gezeigt, dass für die an den Verschmelzungsbericht zu stellenden Anforderungen eine Kumulation der Rechtsordnungen im engeren Sinne nicht geboten ist. Bereits die Rechtsordnung des jeweils von dem Bericht betroffenen Rechtsträgers ist allein in der Lage, hinreichende Informationspflichten zu begründen, auch soweit die Information mit der Grenzüberschreitung zusammenhängende Besonderheiten betrifft. Die Berichterstattung ist damit distributiv an das Personalstatut des jeweiligen Rechtsträgers anzuknüpfen.

---

[569] Vgl. *Hörtnagl*, in: Schmitt/Hörtnagl/Stratz, UmwG/UmwStG, 7. Aufl. 2016, UmwG § 122e Rn. 5 f.: § 122e UmwG führt im Hinblick auf den Bericht nach § 8 UmwG zu Besonderheiten bei der rechtlichen Erläuterung, da auch auf die betroffene ausländische Rechtsordnung einzugehen ist.

d) Verschmelzungsvertrag

(1) Inhalt

Hinsichtlich des Inhalts des Verschmelzungsvertrags[570] führt die Anwendung der Vereinigungstheorie dazu, dass der Vertrag die Anforderungen der Personalstatuten aller beteiligten Rechtsträger erfüllen muss. Ähnlich wie schon bei der Frage nach der Existenz des Rechtsinstituts der Verschmelzung[571] hängt es von der Perspektive ab, ob man dies als Kumulation im engeren Sinne oder als distributive Anknüpfung ansieht. Der Grund hierfür liegt darin, dass der Vertrag ein gemeinsamer Rechtsakt der betroffenen Rechtsträger ist, folglich nicht jeder Rechtsträger isoliert für sich selbst handelt[572]. Betont man dies, liegt nahe, von einer Kumulation im engeren Sinne zu sprechen, da der Vertrag als einheitlicher Rechtsakt die Voraussetzungen sämtlicher Personalstatuten erfüllen muss. Stellt man hingegen auf die einzelnen Rechtsträger ab, so kann ebenso von einer distributiven Anknüpfung gesprochen werden, da die Anforderungen an den Vertrag sich für jeden Rechtsträger aus dessen Personalstatut ergeben[573].

(2) Form

Zur Form umwandlungsrechtlicher Rechtsakte, hier des Verschmelzungsvertrages, wurde weiter oben[574] bereits herausgearbeitet, dass sie nach geltendem Recht nach Art. 11 Abs. 1 EGBGB der alternativen Anknüpfung an das Wirkungsstatut (Personalstatut) oder das am Ort der Vornahme des Rechtsaktes geltende Recht unterliegen (*favor negotii*). Wirkungsstatut im Sinne des Art. 11 Abs. 1 EGBGB wären aufgrund der Beteiligung mehrerer Rechtsträger deren kumulativ angewandte Personalstatuten. Unter Anknüpfung an das Wirkungsstatut wäre der Verschmelzungsvertrag damit nur wirksam, wenn er die Formvor-

---

[570] Vgl. § 5 UmwG, § 220 Abs. 1, 2 öAktG, Art. 12 f. FusG.
[571] Oben a).
[572] MüKoBGB/*Kindler*, 6. Aufl. 2015, IntGesR Rn. 809.
[573] Insofern erscheint es nicht erforderlich, zwischen solchen Verfahrensschritten, die ein jeder beteiligter Rechtsträger isoliert vornimmt, und gemeinsamen Verfahrensschritten zu unterscheiden (so jedoch MüKoBGB/*Kindler*, 6. Aufl. 2015, IntGesR Rn. 807).
[574] Oben § 3 V.

schriften des insoweit strengeren Personalstatuts erfüllt. Allerdings kann ein jedes Personalstatut zugleich Ortsrecht nach Art. 11 Abs. 1 Alt. 2 EGBGB sein. Enthielte das andere Personalstatut strengere Formerfordernisse und wären diese nicht gewahrt, so wäre der Vertrag zwar nicht infolge Anknüpfung nach Art. 11 Abs. 1 Alt. 1 EGBGB wirksam, die Wirksamkeit ergäbe sich dann aber infolge Anknüpfung nach Art. 11 Abs. 1 Alt. 2 EGBGB.

Ob *de lege ferenda* für gesellschafts- und im Speziellen umwandlungsrechtliche Rechtsakte von der alternativen Anknüpfung nach Art. 11 Abs. 1 EGBGB abgesehen werden sollte, ist eine davon zu trennende Frage. Rechtstechnisch ließe sich dies etwa durch Anfügung eines dem Art. 11 Abs. 4 EGBGB vergleichbaren Absatzes realisieren. Unter Zugrundelegung der Anknüpfungsmaximen besteht dafür allerdings kein Grund. So sind die Beziehungen von Gesellschaften zu ihrem jeweiligen Personalstatut insbesondere vor dem Hintergrund der unionsrechtlich gewährleisteten Mobilität und der durch das MoMiG geschaffenen Möglichkeit der Verwaltungssitznahme im Ausland (§§ 4a GmbHG, 5 AktG) längst nicht so ausgeprägt wie dies etwa für ein in einem bestimmten Staat belegenes Grundstück der Fall ist, was die Ausnahmeregelung in Art. 11 Abs. 4 EGBGB rechtfertigt[575]. Bei der zukünftigen Normierung des Umwandlungskollisionsrechts sollte damit auf eine Ausnahme von der alternativen Anknüpfung nach Art. 11 Abs. 1 EGBGB verzichtet werden.

e) Verschmelzungsbeschluss

Nach dem materiellen Umwandlungsrecht wird das Wirksamwerden des Verschmelzungsvertrags von zustimmenden Beschlüssen der Anteilsinhaber der beteiligten Rechtsträger abhängen[576]. Da es sich hierbei um einen eigenständigen Rechtsakt des jeweiligen Rechtsträgers handelt, muss es insoweit zu einer distributiven Anknüpfung kommen, d.h. die an den Beschluss zu stellenden Erfordernisse wie Inhalt und Mehrheitserfordernis sowie etwaige Zustimmung bestimmter Anteilsinhaber[577] richten sich nach dem Personalstatut des jeweiligen Rechtsträgers[578].

---

[575] Vgl. näher oben § 3 V. 3. b).
[576] Vgl. § 13 Abs. 1 S. 1 UmwG, § 221 öAktG, Art. 18 FusG.
[577] Vgl. exemplarisch die §§ 13 und 43 UmwG für Verschmelzungen unter Beteiligung von Personenhandelsgesellschaften.
[578] Vgl. MüKoBGB/*Kindler*, 6. Aufl. 2015, IntGesR Rn. 810.

f) Gläubigerschutz

Wesentliche Bedeutung im Rahmen von Umwandlungsmaßnahmen hat der Schutz von Gläubigern der betroffenen Rechtsträger[579]. Materiellrechtliche Regelungen hierzu enthält die deutsche Rechtsordnung in § 22 UmwG für die Binnenverschmelzung und in § 122j UmwG für die grenzüberschreitende Verschmelzung[580]. Kollisionsrechtlich stellt sich die Frage, nach welcher Rechtsordnung sich der Schutz der Gläubiger der betroffenen Rechtsträger zu richten hat.

Die Anwendung der Vereinigungstheorie führt grundsätzlich dazu, dass die gläubigerschützenden Vorschriften der beteiligten Rechtsordnungen in der Weise zu kumulieren sind, dass für die Gläubiger jedes Rechtsträgers die Schutzbestimmungen des jeweiligen Personalstatuts zur Anwendung kommen (distributive Anknüpfung).

Allerdings muss erwogen werden, wegen der spezifischen Gefahren, die durch eine Grenzüberschreitung entstehen können (z.B. erschwerter Zugriff auf das Gesellschaftsvermögen oder Erforderlichkeit, Forderungen im Ausland durchzusetzen[581]), durch eine Kumulation im engeren Sinne zusätzlich das Statut des jeweils anderen Rechtsträgers zu berufen. Es stellt sich mit anderen Worten die Frage, ob unter Zugrundelegung der Anknüpfungsmaximen die nur distributive Anknüpfung des Gläubigerschutzes der internationalen Dimension der Umwandlung gerecht werden kann.

Dass eine einzelne Rechtsordnung aber durchaus in der Lage ist, Schutzinstrumente auch für grenzüberschreitende Sachverhalte bereitzustellen, zeigt gerade die Regelung des § 122j UmwG[582]. Ebenso wie § 22 UmwG, der für reine In-

---

[579] Zur gesellschafts- und nicht forderungsrechtlichen Qualifikation des Gläubigerschutzes im Rahmen von Umwandlungsmaßnahmen vgl. *Lennerz,* Die internationale Verschmelzung und Spaltung unter Beteiligung deutscher Gesellschaften, 2001, S. 207 f., 212.
[580] Vgl. auch § 226 öAktG und Art. 25 FusG bzw. Art. 163b Abs. 3 IPRG.
[581] Im Einzelnen zu spezifischen Gefahren grenzüberschreitender Verschmelzungen für Gläubiger *Wolter,* Der Gläubigerschutz bei der grenzüberschreitenden Verschmelzung von Kapitalgesellschaften unter Beteiligung einer GmbH, 2012, S. 179 ff. Zur Berücksichtigung des Umstandes, dass im Fall einer grenzüberschreitenden Verschmelzung das Haftungssubstrat über die Grenze abwandert, durch das schweizerische Recht (Art. 163b Abs. 3 S. 1 IPRG) *Veil* Der Konzern 2007, 98, 100.
[582] Entsprechendes gilt für den soeben erwähnten Art. 163b Abs. 3 IPRG aus dem schweizerischen Recht. Zu Zweifeln an der Vereinbarkeit des § 122j UmwG mit dem Unionsrecht vgl.

landssachverhalte gilt, regelt diese Norm einen Anspruch der Gläubiger auf Sicherheitsleistung. Wegen der spezifischen Gefährdungslage bei einer grenzüberschreitenden Verschmelzung ist jedoch abweichend von § 22 UmwG bestimmt, dass dieses Schutzinstrument bereits vor Vollzug der Verschmelzung greift (Gläubigerschutz *a priori*, vgl. auch §§ 122k Abs. 1 S. 3 und 122l Abs. 1 S. 2 UmwG), wohingegen § 22 UmwG erst nach Vollzug der Verschmelzung anzuwenden ist (Gläubigerschutz *a posteriori*)[583]. Der Gläubigerschutz muss folglich nur distributiv an das Statut der jeweiligen Schuldnergesellschaft angeknüpft werden[584].

g) Arbeitnehmerschutz

Soweit es umwandlungsrechtliche Schutzmechanismen[585] in Bezug auf Arbeitnehmer der beteiligten Rechtsträger betrifft, sind auch diese nach der Vereinigungstheorie distributiv an das Statut des jeweils betroffenen Rechtsträgers anzuknüpfen[586].

Fraglich ist hingegen, wie kollisionsrechtlich mit der unternehmerischen Mitbestimmung in Kontrollgremien umzugehen ist. Diese ist grundsätzlich gesellschaftsrechtlich zu qualifizieren[587], sodass sie sich vor dem Wirksamwerden der Verschmelzung nach dem ursprünglichen, danach nach dem neuen Personalstatut richtet[588]. Freilich stellt sich bei einem Wechsel des Personalstatuts die Frage, ob dieser zu einer Veränderung, insbesondere Schwächung der Mitbestimmung führt[589]. In Betracht kommt dies etwa im Falle der Verschmelzung einer

---

jedoch *Bayer/J. Schmidt* ZIP 2016, 841, 847; *Lutter/ders./dies.*, EuropUR, 6. Aufl. 2018, 22.156; *Grunewald* Der Konzern 2007, 106, 107. Den hier angestellten Gedanken, für den § 122j UmwG nur als Beispiel dient, berührt dies freilich nicht.
[583] Vgl. *Grunewald* Der Konzern 2007, 106, 107.
[584] Ausführlich zum Gläubigerschutz bei innerstaatlichen und grenzüberschreitenden Verschmelzungen *Wolter*, Der Gläubigerschutz bei der grenzüberschreitenden Verschmelzung von Kapitalgesellschaften unter Beteiligung einer GmbH, 2012, S. 101 ff.
[585] Zu von den umwandlungsrechtlichen zu unterscheidenden arbeitsrechtlichen Schutzmechanismen vgl. oben zur Qualifikation § 3 IV.
[586] Vgl. auch Art. 121 Abs. 1 lit. b) iVm Abs. 2 GesRRL (Art. 4 Abs. 1 lit. b) iVm Abs. 2 CBMD).
[587] *Eberspächer* ZIP 2008, 1951; MüKoBGB/*Kindler*, 6. Aufl. 2015, IntGesR Rn. 568.
[588] Vgl. auch Art. 133 Abs. 1 GesRRL (Art. 16 Abs. 1 CBMD) und den darauf basierenden § 4 MgVG (unten Fn. 592).
[589] Ausführlich zur materiellrechtlichen Seite dieser Thematik *Teichmann* Der Konzern 2007, 89.

an das deutsche MitbestG[590] gebundenen Gesellschaft auf eine ausländische, mitbestimmungsfreie oder weniger strengen Mitbestimmungsregeln unterliegende Gesellschaft[591].

Die Veränderung der Mitbestimmung ist damit aber nur Reflex des mit der Umwandlung zusammenhängenden Wechsels des Personalstatuts. Damit sind selbst solche Regelungen, die die Mitbestimmung in dem aus der Verschmelzung hervorgehenden Rechtsträger aufgrund der Verschmelzung besonders regeln, zwar gesellschaftsrechtlich, aber nicht speziell umwandlungsrechtlich zu qualifizieren. In Art. 133 Abs. 2 und 3 GesRRL (Art. 16 Abs. 2 und 3 CBMD), die in der Bundesrepublik in dem MgVG[592] umgesetzt wurden, sind etwa besondere Regelungen unter anderem für den Fall vorgeschrieben, in dem nach dem künftig maßgebenden Recht die Mitbestimmung nicht mindestens den gleichen Umfang hat wie nach dem bis dahin maßgebenden Recht[593].

Die Feststellung, dass die Mitbestimmung nicht speziell umwandlungsrechtlich zu qualifizieren ist, hat zur Folge, dass sich die Frage nach einer Kumulation der ursprünglichen und der neuen Rechtsordnung im engeren Sinne nicht stellt. Denn die (künftige) Organverfassung eines Rechtsträgers kann nicht von einem fremden Recht modifiziert oder überlagert werden. Dafür spricht auch das Anknüpfungskriterium der Eindeutigkeit, nach dem sich ein Rechtsverhältnis grundsätzlich nur nach einer Rechtsordnung richten soll. Freilich wurde bereits gezeigt, dass dieses Kriterium im Zusammenhang mit grenzüberschreitenden Umwandlungen keine hervorgehobene Bedeutung haben kann, da die Kumulation mehrerer Rechtsordnungen aus anderen Gründen weitgehend zwingend ist[594]. Die Kumulation ist allerdings nur in Bezug auf das Umwandlungsverfahren selbst notwendig, nicht aber darüber hinausgehend. So muss schon aus Gründen der Rechtsklarheit die innere Organisation, zu der auch Fragen der Mitbestimmung gehören, sich nach Abschluss des Umwandlungsverfahrens ausschließlich nach der „neuen" Rechtsordnung richten. Es ist damit Angelegenheit dieser (gegebenenfalls unionsrechtlich gebundenen, vgl. Art. 133 GesRRL (Art. 16

---

[590] Gesetz über die Mitbestimmung der Arbeitnehmer (Mitbestimmungsgesetz - MitbestG) v. 4.5.1976, BGBl. I, 1153.
[591] *Rehberg*, in: Eidenmüller, Ausländische Kapitalgesellschaften, 2004, § 6 Rn. 175.
[592] Gesetz über die Mitbestimmung der Arbeitnehmer bei einer grenzüberschreitenden Verschmelzung (MgVG) v. 21.12.2006, BGBl. I, 3332.
[593] Art. 133 Abs. 2 lit. a) GesRRL (Art. 16 Abs. 2 lit. a) CBMD), zur Umsetzung in das deutsche Recht vgl. §§ 1 Abs. 1, 5 Nr. 2 MgVG.
[594] Oben 1.

CBMD)) Rechtsordnung, inwieweit sie Rücksicht auf nach anderen Rechtsordnungen erworbene Mitbestimmungsrechte nimmt. Eine Einflussnahme der früheren Rechtsordnung ist damit nur in der Weise möglich, dass sie den Vollzug der Verschmelzung davon abhängig macht, dass in der neuen Rechtsordnung ein bestimmtes Maß an Mitbestimmung gewährleistet ist.

h) Wirksamwerden der Verschmelzung

Ein zentraler Verfahrensschritt einer Verschmelzung ist deren Wirksamwerden. Insoweit stellt sich (materiellrechtlich) die Frage, welcher der hierfür maßgebende Zeitpunkt ist. Mögliche Zeitpunkte sind der Abschluss des Verschmelzungsvertrags, die Beschlussfassung hierüber, die Eintragung der Verschmelzung in das Register des jeweiligen Rechtsträgers oder ein durch die Parteien bestimmter Zeitpunkt[595]. Für die Binnenverschmelzung nach deutschem Recht ist in § 20 Abs. 1 UmwG (Wirkungen der Eintragung) geregelt, dass die Verschmelzung mit ihrer Eintragung in das Register des Sitzes des übernehmenden Rechtsträgers wirksam wird[596]. Aufgrund der Beteiligung mehrerer Rechtsträger und damit häufig mehrerer Registergerichte ist es notwendig, das Registrierungsverfahren zu koordinieren. § 19 Abs. 1 S. 1 UmwG bestimmt dahingehend, dass die Verschmelzung in das Register des Sitzes des übernehmenden Rechtsträgers erst eingetragen werden darf, nachdem sie im Register des Sitzes jedes der übertragenden Rechtsträger eingetragen worden ist.

In grenzüberschreitenden Fällen ist die kollisionsrechtliche Frage nach der maßgebenden Rechtsordnung zu vernachlässigen, wenn die beteiligten Rechtsordnungen denselben Zeitpunkt als maßgebend für das Wirksamwerden der Verschmelzung bestimmen. Es mag jedoch vorkommen, dass die beteiligten Rechtsordnungen verschiedene Zeitpunkte bestimmen[597]. So kommt es im schweizerischen anders als im deutschen Recht nach herrschender Lehre und Praxis bei der Fusion zweier Aktiengesellschaften auf die Handelsregistereintra-

---

[595] Vgl. *Bessenich*, Die grenzüberschreitende Fusion nach den Bestimmungen des IPRG und des OR, 1991, S. 126 ff.; *Kunz/Rodriguez*, in: Basler Kommentar IPRG, 3. Aufl. 2013, Art. 163a Rn. 15, Art. 163b Rn. 29.
[596] Vgl. auch § 225a Abs. 3 öAktG für das österreichische und Art. 22 FusG für das schweizerische Recht.
[597] Vgl. *Bohrenkämper*, Transnationale Sitzverlegung und Umstrukturierung von Kapitalgesellschaften im bilateralen Verhältnis Deutschland – Schweiz, 2013, S. 502.

gung des Fusionsbeschlusses der übertragenden Gesellschaft an, nicht hingegen auf die Eintragung bei der übernehmenden Gesellschaft[598]. In derartigen Fällen muss auf der kollisionsrechtlichen Ebene entschieden werden, welche Rechtsordnung maßgebend ist.

In Art. 129 GesRRL (Art. 12 CBMD) hat der europäische Gesetzgeber sich insoweit für die Maßgeblichkeit der Rechtsordnung entschieden, der die aus der Verschmelzung hervorgehende Gesellschaft unterliegt. Eine entsprechende Regelung findet sich zudem in Art. 10a Abs. 3 des Referentenentwurfs zum Internationalen Gesellschaftsrecht und in Art. 5 Abs. 4 VO-E bzw. Art. 10b Abs. 4 EGBGB-E des Vorschlags des Deutschen Rates für IPR für die Neugestaltung des Internationalen Gesellschaftsrechts[599].

Unter Heranziehung der Anknüpfungsmaximen spricht für eine solche Regelung insbesondere das Kriterium der Eindeutigkeit, welches besagt, dass auf einen jeden zu beurteilenden Sachverhalt grundsätzlich nur eine Rechtsordnung zur Anwendung kommen soll[600]. Mit Blick auf das Wirksamwerden einer Verschmelzung bietet die Berufung lediglich einer Rechtsordnung hierbei den Vorteil, Konflikte aufgrund von Abweichungen in den materiellen Umwandlungsrechten der beteiligten Rechtsordnungen von vornherein auszuschließen; mit anderen Worten würden der grenzüberschreitenden Umwandlung hierdurch nicht bereits auf der Ebene des Kollisionsrechts Hürden in den Weg gestellt.

Auf der anderen Seite ist die Berufung lediglich der Rechtsordnung der aus der Verschmelzung hervorgehenden Gesellschaft jedoch auch nicht unproblematisch. Bestimmen nämlich die anderen betroffenen Personalstatuten in ihrem materiellen Recht einen anderen Zeitpunkt für das Wirksamwerden der Verschmelzung, der mangels Berufung dieser Rechtsordnungen aber nicht für maßgebend

---

[598] *Forstmoser/Meier-Hayoz/Nobel*, Schweizerisches Aktienrecht, 1996, § 57 N 150; *Lennerz*, Die internationale Verschmelzung und Spaltung unter Beteiligung deutscher Gesellschaften, 2001, S. 261. Im Falle einer Binnenverschmelzung wird die Problematik möglicherweise divergierender Eintragungszeitpunkte bzgl. übertragender und übernehmender Gesellschaft hierbei durch eine vorrangige Zuständigkeit des Handelsregisteramtes am Sitz der übernehmenden Gesellschaft vermieden, Art. 130 Abs. 2 HRegV Schweiz (Handelsregisterverordnung (HRegV) v. 17.10.2007, AS 2007 4851). Im deutschen Recht wird der Problematik hingegen in anderer Weise begegnet, nämlich dergestalt, dass die Eintragung zunächst für den übertragenden Rechtsträger zu erfolgen hat und diese mit dem Vermerk zu versehen ist, dass die Verschmelzung erst mit der Eintragung für den übernehmenden Rechtsträger wirksam wird, sofern die Eintragungen in den Registern aller beteiligten Rechtsträger nicht am selben Tag erfolgen, § 19 Abs. 1 UmwG.
[599] Dazu oben § 9 II. bzw. § 10 I.
[600] Oben § 12 II. 2. a).

gehalten wird, so ist nicht ohne weiteres mit der Akzeptanz des Vorgangs in diesen Rechtsordnungen zu rechnen (Kriterium der Durchsetzbarkeit)[601]. Umgekehrt stellt sich dasselbe Problem, wenn nur die Rechtsordnung eines übertragenden Rechtsträgers für maßgebend erachtet wird und die Rechtsordnung des aus der Verschmelzung hervorgehenden Rechtsträgers unbeachtet bleibt.
Vergegenwärtigt man sich den Grundsatz, dass das Personalstatut regelt, wie ein Rechtsträger „entsteht, lebt und vergeht"[602], und dass durch die Verschmelzung der übertragende Rechtsträger erlischt und (bei Neugründung) der übernehmende Rechtsträger entsteht, es mit dem Wirksamwerden mithin zum eigentlichen Vollzug der Umwandlung kommt, so spricht dies dafür, dass das Wirksamwerden nicht an ein einzelnes Personalstatut angeknüpft werden kann[603]. Denn wenn gilt, dass – was praktisch unbestritten ist – sich das Erlöschen einer übertragenden Gesellschaft nach deren Personalstatut richten muss[604], so folgt hieraus im Grunde auch zwanglos, dass diese Rechtsordnung auch über den dafür maßgebenden Zeitpunkt (mit-) bestimmen muss (Zweck der Norm).
Dementgegen wird in Art. 129 S. 1 GesRRL (Art. 12 S. 1 CBMD), dem Referentenentwurf zum Internationalen Gesellschaftsrecht[605] und dem Vorschlag des Deutschen Rates für IPR[606] dennoch jeweils ausschließlich das Recht der aus der Verschmelzung hervorgehenden Gesellschaft für maßgebend erachtet[607]. In der Begründung zu dem Vorschlag des Deutschen Rates für IPR heißt es hierzu, dass nur das Statut der aus der Verschmelzung hervorgehenden Gesellschaft den Zeitpunkt des Wirksamwerdens der Verschmelzung sinnvoll festlegen könne, ohne dass dies näher begründet wird[608].
Die ausschließliche Berufung des Statuts der aus der Verschmelzung hervorgehenden Gesellschaft mag somit vordergründig Konflikte mit anderen Rechtsordnungen vermeiden, was der primäre Grund für die Regelung in Art. 129 S. 1 GesRRL (Art. 12 S. 1 CBMD) sein mag. Spätestens aber wenn die Anerkennung

---

[601] Zur Notwendigkeit der Berücksichtigung aller Personalstatuten vgl. auch *Kunz/Rodriguez*, in: Basler Kommentar IPRG, 3. Aufl. 2013, Art. 163a Rn. 17 f.
[602] BGHZ 25, 134, 144.
[603] Vgl. auch *Bohrenkämper*, Transnationale Sitzverlegung und Umstrukturierung von Kapitalgesellschaften im bilateralen Verhältnis Deutschland – Schweiz, 2013, S. 530.
[604] Oben § 7 II. zur Aufnahmetheorie.
[605] Art. 10a Abs. 3 EGBGB-RefE.
[606] Art. 5 Abs. 4 VO-E bzw. Art. 10b Abs. 4 EGBGB-E.
[607] Vgl. Vorschlagsbegründung der Kommission, KOM/2003/0703 endgültig (dort Art. 9) sowie Begründung zum Referentenentwurf, aaO S. 13 (Fn. 369).
[608] *Sonnenberger/Bauer*, in: Sonnenberger, Vorschläge und Berichte zur Reform des europäischen und deutschen internationalen Gesellschaftsrechts, 2007, S. 54.

des Vorgangs in diesen anderen Rechtsordnungen in Frage steht, kann sich die vermeintlich einfache Kollisionsnorm als nachteilig erweisen. In der Gesamtschau sprechen somit zwar auch Gründe für eine Umsetzung der Vorgabe des Art. 129 S. 1 GesRRL (Art. 12 S. 1 CBMD) (auch über den Anwendungsbereich der Art. 118 ff. GesRRL (Art. 1 ff. CBMD) hinaus[609]). Die besseren Gründe sprechen – bei isolierter Betrachtung – jedoch dafür, es außerhalb des Anwendungsbereichs der Richtlinie hinsichtlich des Wirksamwerdens einer Verschmelzung zu einer Kumulation der betroffenen Personalstatuten im engeren Sinne kommen zu lassen[610].

Die praktische Durchführbarkeit einer grenzüberschreitenden Verschmelzung würde hierdurch nicht grundsätzlich in Frage gestellt, selbst wenn die betroffenen Personalstatuten verschiedene Zeitpunkte für das Wirksamwerden der Verschmelzung bestimmen. Ist dies der Fall, so kann und muss auf der *materiellrechtlichen* Ebene eine Koordinierung/Anpassung erfolgen. Insoweit ist naheliegend, es auf den späteren Zeitpunkt ankommen zu lassen und damit im Ergebnis die „strengere" Rechtsordnung für maßgebend zu erachten[611]. Freilich ist eine Rechtsordnung, die einen späteren Zeitpunkt bestimmt als eine andere nicht unbedingt strenger, sondern nur anders, etwa aus Praktikabilitätserwägungen[612]. Das Abstellen auf den späteren Zeitpunkt gewährleistet allerdings auch, dass die Interessen der weniger „strengen" Rechtsordnung gewahrt bleiben, da die Verschmelzung nicht früher als wirksam geworden angesehen wird, als dies bei alleiniger Maßgeblichkeit dieser Rechtsordnung der Fall wäre. Die Kollisionsnorm sollte in Bezug auf das Wirksamwerden der Verschmelzung daher dahingehend lauten, dass dieses sich nach allen betroffenen Personalstatuten richtet. Etwaige Normkonflikte sind sodann auf der materiellrechtlichen Ebene zu lösen.

---

[609] D.h. auch für Verschmelzungen unter Beteiligung von Personengesellschaften und im Verhältnis zu Drittstaaten.
[610] So auch *Eidenmüller*, in: Eidenmüller, Ausländische Kapitalgesellschaften, 2004, § 4 Rn. 110; MüKoBGB/*Kindler*, 6. Aufl. 2015, IntGesR Rn. 814; *Lennerz*, Die internationale Verschmelzung und Spaltung unter Beteiligung deutscher Gesellschaften, 2001, S. 263 f. Zu den Konsequenzen hieraus für Verschmelzungen innerhalb und außerhalb des Anwendungsbereichs der Art. 118 ff. GesRRL (Art. 1 ff. CBMD) unten IV.
[611] Ähnlich *Kunz/Rodriguez*, in: Basler Kommentar IPRG, 3. Aufl. 2013, Art. 163a Rn. 17, die aus schweizerischer Sicht vorschlagen, den fusionswilligen Parteien zu erlauben, im Fusionsvertrag zu vereinbaren, dass die Universalsukzession erst im späteren von den beteiligten Gesellschaftsrechten vorgesehenen Zeitpunkt eintritt.
[612] Dazu oben § 7 III.

i) Vermögensübertragung

Abschließend soll der Frage nachgegangen werden, wie die Übertragung des Vermögens des bzw. der übertragenden Rechtsträger im Rahmen der Verschmelzung anzuknüpfen ist. Die Vermögensübertragung unterliegt im Grundsatz den Personalstatuten der beteiligten Rechtsträger[613]. Diese regeln damit, ob, wie und wann das Vermögen übertragen bzw. erworben wird. Als Umwandlungsfolge wird die Übertragung in der Regel durch Gesamtrechtsnachfolge mit dem Wirksamwerden der Verschmelzung eintreten[614]. Da der Vermögenserwerb eines übernehmenden Rechtsträgers stets das Spiegelbild des Vermögensverlustes eines übertragenden Rechtsträgers ist, ist es auch hier lediglich eine Frage der Perspektive, ob man insoweit von einer Kumulation der Personalstatuten im engeren Sinne oder von einer distributiven Anknüpfung spricht[615]. Gilt dieses bei isolierter Betrachtung der beteiligten Rechtsträger, so gilt jenes bei Betrachtung des Gesamtvorgangs der Vermögensübertragung. Folglich richtet sich die Vermögensübertragung nach den Personalstatuten aller beteiligten Rechtsträger[616].
Es wurde allerdings bereits gezeigt, dass die Übertragung nach dem Personalstatut für solche Gegenstände problematisch ist, deren Einzelstatut (z.B. Forderungsstatut[617] oder *lex rei sitae*[618]) besondere Übertragungsvoraussetzungen aufstellen[619]. Hintergrund ist das Kriterium der Durchsetzbarkeit[620], da in diesen Fällen die Anerkennung der Übertragung nach dem Personalstatut durch das Einzelstatut in Frage steht.
Die Lösung dieses Problems wurde im Zusammenhang mit dem Vorschlag des Deutschen Rates für IPR für eine Neugestaltung des Internationalen Gesellschaftsrechts bereits erarbeitet[621]: Die Vermögensübertragung richtet sich grundsätzlich nach dem Personalstatut, d.h. es wird in der Regel zur Gesamtrechts-

---

[613] Vgl. oben § 3 III. 1.
[614] § 20 Abs. 1 Nr. 1 UmwG. Vgl. auch § 225a Abs. 3 Nr. 1 öAktG, Art. 22 Abs. 1 S. 2 FusG.
[615] Vgl. oben a) zur Existenz des Rechtsinstituts der Verschmelzung sowie d) (1) zum Verschmelzungsvertrag.
[616] Für die Maßgeblichkeit aller Rechtsordnungen auch *Weng*, Zulässigkeit und Durchführung grenzüberschreitender Verschmelzungen, 2008, S. 278. A.A. MüKoBGB/*Kindler*, 6. Aufl. 2015, IntGesR Rn. 811 (nur Maßgeblichkeit des Statuts der übertragenden Gesellschaft).
[617] Art. 3, 4 Rom I-VO.
[618] Art. 43 Abs. 1 EGBGB.
[619] Oben § 3 III. 2., 3.
[620] Dazu oben § 12 II. 2. a).
[621] Oben § 10 I. 2.

nachfolge des übernehmenden Rechtsträgers in das Vermögen des übertragenden Rechtsträgers kommen. Sieht jedoch das Einzelstatut im Einzelfall die Beachtung besonderer Übertragungsvoraussetzungen vor, so gebietet es das Kriterium der Durchsetzbarkeit, dass diese Voraussetzungen grundsätzlich einzuhalten sind. Aus den im Zusammenhang mit dem Vorschlag des Deutschen Rates für IPR dargelegten Gründen sollte die zusätzliche Maßgeblichkeit des Einzelstatuts dabei jedoch entsprechend der Regelung in Art. 131 Abs. 3 GesRRL (Art. 14 Abs. 3 CBMD) auf das Verhältnis zu Dritten beschränkt werden. Zwar birgt dies die Gefahr „hinkender Rechtsverhältnisse"[622]. Würde das Einzelstatut jedoch generell, unabhängig von der Betroffenheit Dritter, neben das Gesamtstatut treten, so würde dies die grenzüberschreitende Verschmelzung bereits auf der Ebene des Kollisionsrechts in Frage stellen[623]. Die Berücksichtigung des Einzelstatuts nur gegenüber Dritten bietet damit die ausgewogenste Lösung zwischen der grundsätzlichen Gewährleistung der Vorteile der Universalsukzession einerseits und der Berücksichtigung von Verkehrsschutzinteressen andererseits.

Materiellrechtlich bedeutet dies im Ergebnis jedoch nicht unbedingt, dass tatsächlich jeder Vermögensgegenstand auch nach dem Einzelstatut übertragen werden muss, damit die Vermögensübertragung gegenüber betroffenen Dritten Wirkung entfaltet. So sind richtigerweise drei Fallgruppen zu unterscheiden[624]: Ist das Einzelstatut mit dem Personalstatut identisch, so vollzieht sich die Vermögensübertragung durch Gesamtrechtsnachfolge auch ohne die Beachtung etwaiger besonderer Voraussetzungen für die Einzelübertragung. Schließlich wird die Gesamtrechtsnachfolge bei Beachtung der dafür geltenden Voraussetzungen gerade als Alternative zur Einzelrechtsnachfolge gewährleistet. Dies kann anhand eines einfachen Beispiels aus der deutschen Rechtsordnung gezeigt werden: Ist diese das maßgebende Personalstatut und betrifft die Verschmelzung ein dem deutschen Recht unterliegendes Grundstück, so geht als Verschmelzungsfolge das Eigentum hieran durch Gesamtrechtsnachfolge nach § 20 Abs. 1 Nr. 1 UmwG über, ohne dass es der für die Einzelübertragung nach §§ 873 Abs. 1, 925 Abs. 1 S. 1 BGB erforderlichen Auflassung und Eintragung im Grundbuch bedarf[625].

---

[622] Dazu oben § 12 II. 2. a).
[623] Vgl. für die Spaltung *Prüm*, Die grenzüberschreitende Spaltung, 2006, S. 44.
[624] Vgl. MüKoBGB/*Kindler*, 6. Aufl. 2015, IntGesR Rn. 812.
[625] *Stratz*, in: Schmitt/Hörtnagl/Stratz, UmwG/UmwStG, 7. Aufl. 2016, UmwG § 20 Rn. 31.

Eine zweite Gruppe wird gebildet von solchen Fällen, in denen das Einzelstatut vom Personalstatut verschieden ist, die Gesamtrechtsnachfolge durch Verschmelzung allerdings auch dem Einzelstatut bekannt ist, mit anderen Worten auch in dieser Rechtsordnung eine Regelung der Verschmelzung oder eines wesensgleichen Vorgangs mit dem Element der Gesamtrechtsnachfolge existiert[626]. In diesen Fällen ist in der Regel mit einer Anerkennung der Gesamtrechtsnachfolge durch das Einzelstatut zu rechnen[627]. Schließlich ist davon auszugehen, dass in umgekehrten Fällen, in denen sich die Übertragung nach dieser Rechtsordnung als Personalstatut richtet, diese Rechtsordnung auch von dritten Einzelstatuten die Anerkennung des Vorgangs erwartet. Dementsprechend ist auch die Regelung in Art. 131 Abs. 3 GesRRL (Art. 14 Abs. 3 CBMD) dahingehend auszulegen, dass hierdurch die Gesamtrechtsnachfolge nur in besonders gelagerten Ausnahmefällen beschränkt wird[628].

In solchen Fällen hingegen, in denen dem Einzelstatut das Element der Gesamtrechtsnachfolge nicht bekannt ist, ist mit einer Anerkennung der Übertragung allein nach dem Gesamtstatut durch das Einzelstatut nicht zu rechnen. Denn eben in der Aufstellung besonderer Übertragungsvoraussetzungen kommt zum Ausdruck, dass das Einzelstatut den betroffenen Vermögensgegenstand kontrollieren möchte (Zweck der Norm). Die besonderen Übertragungsvoraussetzungen des Einzelstatuts sind in dieser Fallgruppe damit zwingend zu erfüllen[629].

j) Zusammenfassung zur Einzeluntersuchung

Die Einzeluntersuchung hat gezeigt, dass die Elemente einer Verschmelzung zum größten Teil distributiv an das Personalstatut eines jeden beteiligten Rechtsträgers anzuknüpfen sind. In einigen Fällen ist es auch möglich, unterschiedslos von distributiver Anknüpfung oder Kumulation im engeren Sinne zu sprechen, da die Rechtsfolgen dieselben wären und es lediglich von der Perspektive ab-

---

[626] Im Recht der Mitgliedstaaten ist dies aufgrund Art. 105 Abs. 1 lit. a) GesRRL (Art. 19 Abs. 1 lit. a) der RL 2011/35/EU (Verschmelzungsrichtlinie)) und Art. 131 Abs. 1 lit. a) GesRRL (Art. 14 Abs. 1 lit. a) CBMD) der Fall. Dazu MüKoBGB/*Kindler*, 6. Aufl. 2015, IntGesR Rn. 812 Fn. 3118.
[627] Vgl. auch aus dem schweizerischen Recht Art. 164b IPRG.
[628] Hierzu eingehend unter Hinweis auf den Auslegungsgrundsatz des effet utile *Kollmorgen/Feldhaus* BB 2007, 2189, 2191.
[629] Vgl. MüKoBGB/*Kindler*, 6. Aufl. 2015, IntGesR Rn. 812: das Personalstatut tritt zugunsten des Belegenheitsrechts zurück.

hängt, welche Begrifflichkeit man bevorzugt. Exemplarisch sei insoweit an den Verschmelzungsvertrag erinnert[630]. Stellt man hier darauf ab, dass der Vertrag als gemeinsamer Rechtsakt aller beteiligten Rechtsträger die Voraussetzungen sämtlicher Personalstatuten zu erfüllen hat, so liegt nahe, von einer Kumulation im engeren Sinne zu sprechen. Stellt man hingegen auf die einzelnen Rechtsträger ab und fragt in Bezug auf diese isoliert, welche Anforderungen der Vertrag zu erfüllen hat, so wird man eher von distributiver Anknüpfung sprechen. Im Interesse der Klarheit der Kollisionsnorm ist es als Schlussfolgerung daraus jedoch sinnvoll, einheitlich von distributiver Anknüpfung zu sprechen.

Von der Regel der distributiven Anknüpfung sind jedoch zwei Ausnahmen zu machen. Zum einen für das Wirksamwerden der Verschmelzung. Insoweit kann nicht für jeden beteiligten Rechtsträger isoliert gefragt werden, wann die Verschmelzung wirksam wird. Vielmehr sollten für diese einheitliche Folge des Umwandlungsverfahrens sämtliche Personalstatuten der beteiligten Rechtsträger im engeren Sinne kumuliert werden, das heißt die Verschmelzung würde (einheitlich) erst wirksam, wenn sämtliche Personalstatuten diese Rechtsfolge anordnen[631].

Zum anderen wurde gezeigt, dass sich zwar auch das die Verschmelzung wesentlich prägende Element der Vermögensübertragung (Gesamtrechtsnachfolge) nach den Personalstatuten der beteiligten Rechtsträger richtet. Im Verhältnis zu Dritten tritt jedoch das Einzelstatut, dem ein von der Verschmelzung erfasster Vermögensgegenstand unterliegt, kumulativ neben das Personalstatut.

Die von diesen Ausnahmen abgesehen ausschließlich distributive Anknüpfung hat den Vorteil, dass auch eine künftige geschriebene Umwandlungskollisionsnorm relativ einfach formuliert sein kann, da nicht für verschiedene Elemente der Umwandlung verschiedene (Teil-) Kollisionsnormen formuliert werden müssen. Die von *Lennerz*[632] geäußerten Bedenken, dass aufgrund von Unterschieden zwischen den Umwandlungsrechten verschiedener Staaten nicht sinnvoll zwischen Voraussetzungen, Verfahren und Wirkungen des Vorgangs unterschieden und jeweils eine gesonderte Anknüpfungsregel aufgestellt werden kann, tragen damit nicht. So müssen die untersuchten Elemente nicht zwingend einer dieser drei Kategorien zugeordnet werden, da die Anknüpfungsregel von

---

[630] Oben d).
[631] Beachte jedoch sogleich IV.
[632] *Lennerz*, Die internationale Verschmelzung und Spaltung unter Beteiligung deutscher Gesellschaften, 2001, S. 143; dazu oben § 7 IV. 2.

155

oben genannten Ausnahmen abgesehen dieselbe wäre. Zwar orientiert sich die getroffene Auswahl der untersuchten Elemente einer Verschmelzung am – freilich unionsrechtlich geprägten[633] – deutschen materiellen Recht, das sich von anderen Rechtsordnungen unterscheiden wird. Allerdings steht dies im Einklang mit dem Grundsatz, dass bei der Zuordnung eines bestimmten Sachverhalts in Anlehnung an die materielle *lex fori* zu qualifizieren ist[634]. Eigenheiten einzelner Sachrechte finden zudem – in abstrakter Form – in der Umwandlungskollisionsnorm insofern Berücksichtigung, als deren Formulierung insbesondere die Kriterien des Zwecks der Norm und der Durchsetzbarkeit des Vorgangs in anderen Rechtsordnungen zugrunde liegen. Gewiss werden Unterschiede in den Umwandlungsrechten verschiedener Staaten die Durchführbarkeit einer Verschmelzung erschweren. Es ist aber auch nicht Aufgabe der nationalen Umwandlungskollisionsnorm, die grenzüberschreitende Verschmelzung zu gewährleisten. Die Umwandlungskollisionsnorm kann damit nicht mehr leisten, als ausgehend von der materiellen *lex fori* und unter abstrakter Berücksichtigung der Interessen dritter Rechtsordnungen die „richtigen" Sachrechte zu bestimmen.

IV. Abweichungen aufgrund der Art. 118 ff. GesRRL (Art. 1 ff. CBMD)

Bevor auf der Basis der angestellten Erwägungen nunmehr ein Vorschlag für eine geschriebene Umwandlungskollisionsnorm gemacht werden kann, muss abschließend erneut der Bogen zu den Art. 118 ff. GesRRL (Art. 1 ff. CBMD) über die Verschmelzung von Kapitalgesellschaften aus verschiedenen Mitgliedstaaten gespannt werden. Wie eingangs dargelegt, sind diesen Bestimmungen als höherrangigen Normen kollisionsrechtliche Vorgaben für in ihren Anwendungsbereich fallende Verschmelzungsvorgänge zu entnehmen. Diese Vorgaben decken sich mit den soeben gefundenen Ergebnissen weitgehend, aber nicht vollständig. So gilt gemäß Art. 121 Abs. 1 lit. b) GesRRL (Art. 4 Abs. 1 lit. b) CBMD) der Grundsatz, dass die Verschmelzung für jede daran beteiligte Gesellschaft distributiv an deren jeweiliges Personalstatut anzuknüpfen ist. Dies entspricht den soeben auf der Grundlage rechtstheoretischer Grundsätze gefunde-

---

[633] Art. 87 ff. bzw. 118 ff. GesRRL (Art. 1 ff. RL 2011/35/EU bzw. Art. 1 ff. CBMD).
[634] Oben § 3 I.

nen Ergebnissen zur Bestimmung der „richtigen" Kollisionsnorm. Für eine geschriebene Kollisionsnorm hat dies zur Folge, dass eine solche insoweit universell sein, d.h. für Verschmelzungen innerhalb und außerhalb des Anwendungsbereichs der Art. 118 ff. GesRRL (Art. 1 ff. CBMD) gleich lauten kann.

Im Rahmen der Einzeluntersuchung wurde jedoch gezeigt, dass sich das Wirksamwerden der Verschmelzung bei isolierter Betrachtung vorzugsweise im Sinne einer strengen Kumulation nach den Personalstatuten aller beteiligten Gesellschaften richten sollte[635], wohingegen Art. 129 S. 1 GesRRL (Art. 12 S. 1 CBMD) lediglich das Recht der aus der Verschmelzung hervorgehenden Gesellschaft für maßgebend erklärt.

Für eine geschriebene Kollisionsnorm, die auch Verschmelzungen außerhalb des Anwendungsbereichs der Art. 118 ff. GesRRL (Art. 1 ff. CBMD) erfasst, eröffnet dies zwei grundsätzliche Möglichkeiten:

Zum einen besteht die Möglichkeit einer im Ergebnis gespaltenen Kollisionsnorm für in den Anwendungsbereich dieser Bestimmungen fallende Vorgänge einerseits und nicht in diesen Anwendungsbereich fallende Vorgänge andererseits. Dafür spricht, dass das Unionsrecht abgesehen von in den Anwendungsbereich der Richtlinie fallenden Verschmelzungen für weite Teile grenzüberschreitender Umwandlungen gerade keine Vorgaben enthält[636]. Hinzu kommt, dass die Art. 118 ff. GesRRL (Art. 1 ff. CBMD) ganz wesentlich von materiellrechtlichen Regelungen geprägt wird und kollisionsrechtliche Aussagen eher nebenbei getroffen werden. Es erschiene daher zumindest fragwürdig, die kollisionsrechtlichen Vorgaben der Art. 118 ff. GesRRL (Art. 1 ff. CBMD) vorschnell über deren Anwendungsbereich hinaus zur Grundlage einer universellen Umwandlungskollisionsnorm zu machen, wenn diese Vorgaben nicht mit den nationalen Maßstäben, insbesondere der Prinzipien der engsten Verbindung und des Zwecks der Norm, übereinstimmen.

Die andere Möglichkeit lautet dahingehend, die kollisionsrechtliche Vorgabe des Art. 129 S. 1 GesRRL (Art. 12 S. 1 CBMD) überschießend auch für nicht in deren Anwendungsbereich fallende Vorgänge umzusetzen. Hierfür spricht insbesondere, dass dadurch die Schaffung einer einheitlichen, universellen Umwandlungskollisionsnorm ermöglicht wird[637]. Eine gespaltene Kollisionsnorm

---

[635] Eingehend oben III. 3. h).
[636] Vgl. oben § 12 I.
[637] Allgemein zum Interesse an einem einheitlichen Kollisionsrecht *Kieninger* NJW 2009, 292, 293.

hingegen erscheint schon aus Gründen der Rechtsklarheit wenig erstrebenswert[638]. So wird auch die im allgemeinen Internationalen Gesellschaftsrecht praktizierte gespaltene Anknüpfung zwischen Sitz- und Gründungstheorie[639] unter Hinweis auf ihre Kompliziertheit und die dadurch gestiftete Rechtsunsicherheit von nicht wenigen zu Recht abgelehnt[640].
Für beide Varianten lassen sich somit gute Gründe finden. Im Ergebnis dürfte – im Interesse eines einfachen und praktikablen Umwandlungskollisionsrechts und aus Gründen der Rechtssicherheit – beim gegenwärtigen Stand des Unionsrechts der Vermeidung einer gespaltenen Anknüpfung der Vorzug zu geben sein. Es soll daher an dieser Stelle dafür plädiert werden, trotz verbleibender Bedenken die kollisionsrechtliche Vorgabe des Art. 129 S. 1 GesRRL (Art. 12 S. 1 CBMD) in einer universellen, auch Verschmelzungen außerhalb des Anwendungsbereichs der Richtlinie erfassenden Umwandlungskollisionsnorm umzusetzen.

V. Vorschlag für eine geschriebene Kollisionsnorm

1. Normtext

Basierend auf der vorstehenden Untersuchung soll an dieser Stelle ein konkreter Normtext für eine Kollisionsnorm betreffend Verschmelzungen vorgeschlagen werden. Zu realisieren wäre eine entsprechende Norm vorzugsweise im internationalprivatrechtlichen Teil des EGBGB[641]. Nach dem Vorbild des Referentenentwurfs zum Internationalen Gesellschaftsrecht bietet sich insoweit eine Regelung im Ersten Teil, Zweites Kapitel, Zweiter Abschnitt an. Insoweit wäre zunächst die Überschrift im Hinblick auf die künftige Regelung des Internationalen Gesellschaftsrechts zu ändern. Sodann können der heutige Art. 9 EGBGB an die Stelle des weggefallenen Art. 8 EGBGB und der heutige Art. 10 EGBGB an die Stelle des Art. 9 EGBGB treten. Ein neuer Art. 10 EGBGB könnte sodann

---

[638] Vgl. *Leuering* ZRP 2008, 73, 75.
[639] BGHZ 178, 192 = NJW 2009, 289 Tz. 13 f., 19 ff. („Trabrennbahn").
[640] So etwa *Bayer/J. Schmidt* ZHR 173 (2009), 735, 772; *Frobenius* DStR 2009, 487, 491; *Hellgardt/Illmer* NZG 2009, 94, 96; *Lieder/Kliebisch* BB 2009, 338, 339 f., 343 (für generellen Übergang zur Gründungstheorie *de lege ferenda*). Vgl. oben § 4 V.
[641] Art. 3 ff. EGBGB.

nach dem Vorbild des Referentenentwurfs als allgemeine Regelung des Internationalen Gesellschaftsrechts die Gründungstheorie kodifizieren[642]. Hieran anschließend könnte ein künftiger Art. 10a EGBGB eine spezielle Umwandlungskollisionsnorm für die Verschmelzung enthalten. Nach den gefundenen Ergebnissen kann diese wie folgt lauten:

(1) Verschmelzungen unterliegen für jeden daran beteiligten Rechtsträger dem auf ihn gemäß Artikel 10 anwendbaren Recht.

(2) Der Zeitpunkt, zu dem eine Verschmelzung wirksam wird, bestimmt sich nach dem Recht des Staates, dem der aus der Verschmelzung hervorgehende Rechtsträger unterliegt.

(3) ¹Absatz 1 gilt auch für eine durch eine Verschmelzung bewirkte Übertragung von Vermögen. ²Erfordert jedoch das Recht eines Staates, dem ein von einer Verschmelzung erfasster Vermögensgegenstand ungeachtet der Verschmelzung unterliegt, die Beachtung besonderer Übertragungsvoraussetzungen, bevor ein solcher Vermögensgegenstand auf den aus der Verschmelzung hervorgehenden Rechtsträger übergeht, so bleiben diese Voraussetzungen gegenüber Dritten unberührt.

2. Erläuterung

Zu Absatz 1:

Absatz 1 trägt Art. 121 Abs. 1 lit. b) GesRRL (Art. 4 Abs. 1 lit. b) CBMD) Rechnung und trifft die grundlegende Bestimmung, dass sich Verschmelzungen für jeden daran beteiligten Rechtsträger nach dem auf ihn anwendbaren Personalstatut richten, mithin grundsätzlich distributiv angeknüpft werden muss. Da dies nach der angestellten Untersuchung auch für außerhalb des Anwendungsbereichs der Art. 118 ff. GesRRL (Art. 1 ff. CBMD) liegende Verschmelzungen die „richtige" Anknüpfungsregel ist[643], kann die Bestimmung in Absatz 1 inso-

---

[642] Zur Befürwortung der Gründungstheorie oben § 4 V.
[643] Oben III. 3. j).

weit universell sein und für Verschmelzungen innerhalb und außerhalb des Anwendungsbereichs der Richtlinie gleichermaßen gelten.

Konkreter Anknüpfungsgegenstand sind die Voraussetzungen und Rechtsfolgen einer Verschmelzung. Die im Bereich des Umwandlungskollisionsrechts häufig vorkommende Unterscheidung zwischen Voraussetzungen, Verfahren und Wirkungen der Umwandlung[644] hat sich nach den gewonnenen Erkenntnissen als nicht notwendig erwiesen[645], sodass nur der Begriff der Verschmelzung verwendet werden braucht, was ohne weiteres deren Voraussetzungen und Rechtsfolgen meint.

Der Begriff des „Rechtsträgers" wurde im Hinblick auf die identische Wortwahl im deutschen materiellen Umwandlungsrecht gewählt[646]. Alternativ kommt in Betracht, nach dem Vorbild des Referentenentwurfs[647] die Wendung „Gesellschaften, Vereine oder juristischen Personen" zu verwenden. Inhaltliche Veränderungen hätte dies jedoch nicht zur Folge, da sich die Frage nach der konkreten Umwandlungsfähigkeit eines bestimmten Rechtsträgers erst auf der Ebene des materiellen Rechts stellt[648]. Insofern erscheint es ausreichend, lediglich in einer allgemeinen Bestimmung des Internationales Gesellschaftsrechts die Wendung „Gesellschaften, Vereine und juristische Personen"[649] und in den darauf Bezug nehmenden Normen des Umwandlungskollisionsrechts nur noch den Oberbegriff des Rechtsträgers zu verwenden.

Zu erwägen war weiterhin, ob nach dem Vorbild des Art. 10a Abs. 2 EGBGB-RefE zur Konkretisierung des Absatzes 1 diesem eine nicht abschließende Aufzählung einzelner Umwandlungsvoraussetzungen angefügt werden sollte. Im Ergebnis erscheint dies jedoch weder zweckmäßig noch verspricht es ein erhöhtes Maß an Rechtssicherheit. So ist die Regelung in Absatz 1 bereits für sich genommen hinreichend klar. Hinzu kommt, dass Aufzählungen einzelner Umwandlungsvoraussetzungen die Gefahr einer Überbetonung der materiellen *lex fori* bergen, verbunden mit einer Verdrängung etwaiger Besonderheiten anderer Rechtsordnungen. Demzufolge erscheint es überzeugender, es bei der allgemeinen Regelung nach Absatz 1 zu belassen.

---

[644] Oben § 7 III.
[645] Oben III. 3. j).
[646] Vgl. §§ 1 Abs. 1, 2 UmwG.
[647] Art. 10a Abs. 1 EGBGB-RefE.
[648] Vgl. oben zur aktiven und passiven Verschmelzungsfähigkeit oben III. 3. b).
[649] Vgl. Art. 10 Abs. 1 EGBGB-RefE.

Zu Absatz 2:

Absatz 2 trägt der Regelung in Art. 129 S. 1 GesRRL (Art. 12 S. 1 CBMD) Rechnung. Zwar erscheint nach der vorgenommenen Einzeluntersuchung eine Regelung, die es hinsichtlich des Zeitpunkts des Wirksamwerdens einer Verschmelzung zu einer Kumulation der betroffenen Personalstatuten im engeren Sinne kommen lässt, als die „bessere" Anknüpfungsregel[650]. Insofern war zu erwägen, für nicht in den Anwendungsbereich der Art. 118 ff. GesRRL (Art. 1 ff. CBMD) fallende Verschmelzungen, für welche die Vorgabe des Art. 129 S. 1 GesRRL (Art. 12 S. 1 CBMD) nicht gilt, eine abweichende Anknüpfungsregel aufzustellen. Unter Abwägung des Für und Wider sollte die Vorgabe des Art. 129 S. 1 GesRRL (Art. 12 S. 1 CBMD) jedoch zur Vermeidung einer sonst gespaltenen Anknüpfung zur Grundlage einer universellen Anknüpfungsregel gemacht werden[651].

Zu Absatz 3:

Absatz 3 schließlich basiert auf Art. 131 Abs. 3 GesRRL (Art. 14 Abs. 3 CBMD) und würde diesen auch für Verschmelzungen außerhalb des Anwendungsbereichs der Art. 118 ff. GesRRL (Art. 1 ff. CBMD) umsetzen. Anders als Art. 131 Abs. 3 GesRRL (Art. 14 Abs. 3 CBMD) enthält Absatz 3 jedoch eine stärker kollisionsrechtlich geprägte Wortwahl, die sich darauf beschränkt, gegenüber Dritten die kumulative Maßgeblichkeit des Einzelstatuts, dem ein von einer Verschmelzung erfasster Vermögensgegenstand unterliegt, neben dem Gesamtstatut anzuordnen.

---

[650] Oben III. 3. h).
[651] Dazu oben IV.

§ 14 Das Statut der grenzüberschreitenden Spaltung und Vermögensübertragung

I. Spaltung

1. Parallelen zur Verschmelzung

Die Spaltung ist das Spiegelbild der Verschmelzung[652], d.h. Spaltung und Verschmelzung sind in weiten Teilen deckungsgleiche Vorgänge: An beiden sind mindestens zwei Rechtsträger beteiligt; wesentliche Rechtsfolge des Vorgangs ist die Übertragung von Vermögen durch Gesamtrechtsnachfolge gegen Gewährung von Anteilen an dem bzw. den übernehmenden Rechtsträger(n)[653]. Betrachtet man die Spaltung in ihren Einzelheiten, so sind (nach materiellem deutschen Recht) auch hier unter anderem Umwandlungsvertrag[654] bzw. im Fall der Spaltung zur Neugründung Umwandlungsplan[655], Umwandlungsbericht[656] sowie Instrumente zum Schutz der Anteilsinhaber und Gläubiger[657] vorgesehen. Die sehr weitgehende Übereinstimmung von Spaltung und Verschmelzung unterstreicht auch § 125 UmwG, der vorbehaltlich besonderer Bestimmungen die Spaltung der entsprechenden Anwendung der Vorschriften über die Verschmelzung unterstellt.

2. Bezugnahme auf die Regelung zur Verschmelzung

Aufgrund dessen ist es naheliegend, die für die Anknüpfung der Verschmelzung gefundenen Ergebnisse auf die Spaltung zu übertragen[658].

---

[652] Oben § 3 I. 2. zur Qualifikation.
[653] § 131 Abs. 1 Nr. 1 UmwG.
[654] § 126 UmwG.
[655] § 136 UmwG.
[656] § 127 UmwG.
[657] § 128 bzw. §§ 133, 134 UmwG.
[658] So auch *Sonnenberger/Bauer*, in: Sonnenberger, Vorschläge und Berichte zur Reform des europäischen und deutschen internationalen Gesellschaftsrechts, 2007, S. 52.

a) Erforderlichkeit einzelner Abweichungen?

Gleichwohl ist der Frage nachzugehen, ob einzelne Abweichungen der Spaltung von der Verschmelzung es erforderlich machen, für diese anders anzuknüpfen oder die Kollisionsnorm der Verschmelzung lediglich in modifizierter Form anzuwenden. So kommt es abweichend von der Verschmelzung in Fällen der Abspaltung und der Ausgliederung nicht zum Erlöschen des übertragenden Rechtsträgers, dieser besteht vielmehr ohne die abgespaltenen Vermögensteile fort[659]. Ferner sind in Fällen der Ausgliederung die Anteile an übernehmenden Rechtsträgern nicht den Anteilsinhabern des übertragenden Rechtsträgers, sondern diesem selbst zu gewähren[660].

Aus der Perspektive eines übertragenden Rechtsträgers kann eine Spaltung damit in ihren Rechtsfolgen letztlich ein sich durchaus von einer Verschmelzung unterscheidender Vorgang sein, was insbesondere für die Ausgliederung gilt. *Lennerz* hat daher nachvollziehbar erwogen, die Ausgliederung kollisionsrechtlich ähnlich wie einen Unternehmenskauf zu behandeln, der schuldrechtlich qualifiziert wird. Denn die Ausgliederung könne hinsichtlich des zu übertragenden Vermögensteils als asset deal, hinsichtlich der als Gegenleistung zu übertragenden Anteile an dem übernehmenden Rechtsträger als share deal aufgefasst werden[661]. Die Folge einer schuldrechtlichen Qualifikation wäre eine weitgehende Rechtswahlfreiheit der beteiligten Parteien[662].

Die Ähnlichkeit der Ausgliederung zum Unternehmenskauf ändert jedoch nichts daran, dass auch diese umwandlungs- und nicht vertragsrechtlich zu qualifizieren ist, wozu im Ergebnis auch *Lennerz*[663] gelangt. So sind der Unternehmenskauf und die Ausgliederung alternative Instrumente zur Umstrukturierung von Unternehmen. Deren wirtschaftliche Ergebnisse können zwar vergleichbar sein[664]. Da sich der Gesetzgeber jedoch entschieden hat, mit den verschiedenen Umwandlungsarten des UmwG besondere Instrumente mit zahlreichen zwingenden Bestimmungen zu schaffen, ist dies kollisionsrechtlich dahingehend zu

---

[659] Vgl. § 123 Abs. 2 und 3 sowie § 131 Abs. 1 Nr. 2 S. 1 UmwG.
[660] Vgl. § 123 Abs. 3 UmwG.
[661] *Lennerz*, Die internationale Verschmelzung und Spaltung unter Beteiligung deutscher Gesellschaften, 2001, S. 195.
[662] Vgl. Art. 3 Rom I-VO. *De lege lata* müsste freilich gesondert erklärt werden, weshalb die Bereichsausnahme nach Art. 1 Abs. 2 lit. f) Rom I-VO nicht eingreifen sollte.
[663] *Lennerz*, Die internationale Verschmelzung und Spaltung unter Beteiligung deutscher Gesellschaften, 2001, S. 196.
[664] Vgl. *Mertens* AG 1994, 66 ff., 76.

berücksichtigen, dass ein Vorgang, der die Strukturmerkmale einer Umwandlung nach dem UmwG aufweist, nicht dem durch Rechtswahlfreiheit geprägten Vertragsrecht, sondern dem Gesellschaftsrecht zuzuordnen ist, was mithin auch für die Ausgliederung gilt[665].

Schließlich bedarf es auch keiner besonderen, von der Regelung zur Verschmelzung abweichenden Regelung im Hinblick darauf, dass bei der Abspaltung und der Ausgliederung ein übertragender Rechtsträger nicht erlischt. Hieraus folgt lediglich, dass sich die gesellschaftsrechtlichen Rechtsverhältnisse eines übertragenden Rechtsträgers infolge seines Fortbestehens auch nach Durchführung der Umwandlung weiterhin nach seinem (ursprünglichen) Personalstatut richten. Eine Modifizierung der Umwandlungskollisionsnorm wird hierdurch nicht erforderlich.

b) Zwischenergebnis

Die für die Verschmelzung entwickelte Anknüpfungsregel[666] kann damit grundsätzlich auf die Spaltung übertragen werden. Das bedeutet, dass der Vorgang für jeden beteiligten Rechtsträger seinem jeweiligen Personalstatut zu unterstellen ist. Dieses entscheidet beispielsweise über die aktive und passive Spaltungsfähigkeit (mithin zugelassene Paarbildungen), die Anforderungen an etwaige Berichte und den Spaltungsvertrag bzw. Spaltungsplan und Instrumente zum Schutz der Anteilsinhaber und Gläubiger der betroffenen Rechtsträger. In Bezug auf die Vermögensübertragung gilt entsprechend zur Regelung der Verschmelzung, dass diese prinzipiell durch Gesamtrechtsnachfolge nach den Personalstatuten eintritt, etwaige besondere Übertragungsvoraussetzungen nach dem Einzelstatut jedoch kumulativ maßgeblich sind.

c) Wirksamwerden der Spaltung

Eine Modifizierung der für die Verschmelzung herausgearbeiteten Anknüpfungsregel ist jedoch in Bezug auf das Wirksamwerden der Spaltung erforderlich. Das ergibt sich aus Folgendem:

---

[665] Vgl. *Lennerz*, Die internationale Verschmelzung und Spaltung unter Beteiligung deutscher Gesellschaften, 2001, S. 197.
[666] Oben § 13 V.

Im Zusammenhang mit der Verschmelzung hat sich gezeigt, dass sich deren Wirksamwerden nach dem Statut des aus der Verschmelzung hervorgehenden Rechtsträgers richten sollte. Hierfür sprach – neben der Bindung des nationalen Gesetzgebers an Art. 129 S. 1 GesRRL (Art. 12 S. 1 CBMD) – insbesondere, dass eine solche Regelung aufgrund ihrer Eindeutigkeit Konflikte mit den Personalstatuten übertragender Rechtsträger vermeidet[667].

Würde eine die Spaltung regelnde Anknüpfungsregel nun jedoch ohne weiteres auf die Regelung zur Verschmelzung verweisen, so wären hinsichtlich des Wirksamwerdens eben solche Normkonflikte möglich. Denn an Spaltungen werden zwar nicht zwingend, jedoch zumeist mehrere übernehmende Rechtsträger (mit ggf. mehreren Personalstatuten) beteiligt sein[668]. Aus Verschmelzungen hingegen geht stets nur ein Rechtsträger hervor[669], sodass die Anknüpfung des Wirksamwerdens nach o.g. Regel nur im Fall der Verschmelzung stets zur Berufung einer ganz bestimmten Rechtsordnung führen wird.

Dass sich dieser Unterschied von Verschmelzung und Spaltung auf deren jeweiliges Wirksamwerden auswirken muss, hat auch bereits im materiellen Umwandlungsrecht Niederschlag gefunden. So bestimmt § 20 Abs. 1 UmwG, dass die Verschmelzung mit ihrer Eintragung in das Register des Sitzes des übernehmenden Rechtsträgers wirksam wird. § 131 Abs. 1 UmwG bestimmt demgegenüber für die Spaltung, dass diese mit der Eintragung in das Register des Sitzes des übertragenden Rechtsträgers wirksam wird. Dieser Unterschied zu § 20 Abs. 1 UmwG hat seinen Grund gerade darin, dass an der Spaltung spiegelbildlich zur Verschmelzung stets nur ein übertragender Rechtsträger beteiligt ist[670].

Für eine Umwandlungskollisionsnorm bedeutet dies, dass sie hinsichtlich des Wirksamwerdens zwischen Verschmelzung und Spaltung differenzieren muss. Da jedoch im Übrigen die für die Verschmelzung gefundene Anknüpfungsregel ohne weiteres auf die Spaltung übertragen werden kann, kann dem rechtstechnisch etwa in der Weise Rechnung getragen werden, dass auf die Spaltung die Anknüpfungsregel für die Verschmelzung mit der Maßgabe entsprechend anzu-

---

[667] Oben § 13 III. 3. h), IV.
[668] Vgl. § 123 UmwG. Dazu *Hörtnagl*, in: Schmitt/Hörtnagl/Stratz, UmwG/UmwStG, 7. Aufl. 2016, UmwG § 123 Rn. 3 ff sowie § 131 Rn. 3.
[669] Vgl. § 2 UmwG.
[670] *Hörtnagl*, in: Schmitt/Hörtnagl/Stratz, UmwG/UmwStG, 7. Aufl. 2016, UmwG § 131 Rn. 3.

wenden ist, dass sich das Wirksamwerden der Spaltung nach dem Personalstatut des übertragenden Rechtsägers richtet[671].

II. Vermögensübertragung

Ebenso wie auf die Spaltung kann die für die Verschmelzung entwickelte Anknüpfungsregel auch auf die Vermögensübertragung i.S.d. §§ 174 ff. UmwG übertragen werden[672]. Denn während die Vollübertragung i.S.d. § 174 Abs. 1 UmwG in ihrem Wesen der Verschmelzung entspricht, entspricht die Teilübertragung i.S.d. § 174 Abs. 2 UmwG der Spaltung[673]. Die §§ 174 bis 189 UmwG sind deshalb zum größten Teil durch Verweise auf die Vorschriften über die Verschmelzung bzw. Spaltung geprägt. Eine künftige Kollisionsnorm für die Vermögensübertragung kann folglich (da auch für die Spaltung auf die Verschmelzung verwiesen werden kann) grundsätzlich auf die Kollisionsnorm für die Verschmelzung verweisen[674].
Entspricht die Vermögensübertragung somit zum Teil der Verschmelzung, zum Teil aber auch der Spaltung, muss lediglich hinsichtlich des Wirksamwerdens des Vorgangs noch entschieden werden, wie dieses anzuknüpfen ist. Denn diesbezüglich wurden für Verschmelzung (Statut des aus der Verschmelzung hervorgehenden Rechtsträgers) und Spaltung (Statut des übertragenden Rechtsträgers) verschiedene Regelungen herausgearbeitet[675]. Zweckmäßig erscheint es insoweit – trotz der partiellen Parallelen zur Verschmelzung – das Wirksamwerden einer jeden Vermögensübertragung ebenso anzuknüpfen wie das Wirksamwerden der Spaltung, mithin auf das Statut des übertragenden Rechtsträgers abzustellen. Denn sowohl im Fall der Teilübertragung als auch im Fall der Vollübertragung kann an einer Vermögensübertragung stets nur ein übertragender

---

[671] Zu weiteren Möglichkeiten der Gestaltung einer entsprechenden Kollisionsnorm unten III.
[672] Zur geringen praktischen Relevanz der Vermögensübertragung *Stratz*, in: Schmitt/Hörtnagl/Stratz, UmwG/UmwStG, 7. Aufl. 2016, UmwG Vor §§ 174-189 Rn. 6.
[673] Vgl. bereits oben zur Qualifikation § 3 I. 3.
[674] Vgl. auch Art. 6 VO-E bzw. Art. 10c EGBGB-E des Vorschlags der Spezialkommission des Deutschen Rates für IPR für die Neugestaltung des Internationalen Gesellschaftsrechts auf europäischer/deutscher Ebene (*Sonnenberger/Bauer*, in: Sonnenberger, Vorschläge und Berichte zur Reform des europäischen und deutschen internationalen Gesellschaftsrechts, 2007, S. 9, 13 sowie zur Begründung S. 52 f.).
[675] Zur Notwendigkeit der Abweichung oben I. zur Spaltung.

Rechtsträger beteiligt sein[676]. Für die Berufung des Statuts des übertragenden Rechtsträgers sprechen daher die Einheitlichkeit und Eindeutigkeit einer entsprechenden Anknüpfungsregel.

III. Vorschlag für eine geschriebene Kollisionsnorm

Rechtstechnisch kann eine für die Spaltung und Vermögensübertragung geltende Kollisionsnorm damit wie folgt realisiert werden: Erstens kann eine Regelung geschaffen werden, die in ihrem Wortlaut der für die Verschmelzung vorgeschlagenen Regelung weitgehend entspricht und den Begriff der Verschmelzung lediglich durch den der Spaltung und Vermögensübertragung ersetzt.

Zweitens kann auf eine separate Kollisionsnorm für die Spaltung und Vermögensübertragung verzichtet und eine einheitliche Regelung für Verschmelzung, Spaltung und Vermögensübertragung geschaffen werden[677]; innerhalb dieser Regelung wäre dann lediglich hinsichtlich des Wirksamwerdens der einzelnen Umwandlungsarten zu differenzieren.

Drittens kann eine Norm geschaffen werden, die bestimmt, dass die für die Verschmelzung geltende Kollisionsnorm auf die Spaltung und Vermögensübertragung – mit der erforderlichen Differenzierung hinsichtlich des Wirksamwerdens – entsprechend anzuwenden ist[678]. Dem soll an dieser Stelle aus Gründen der Übersichtlichkeit der Vorzug gegeben werden. Ein neuer Art. 10b EGBGB-E könnte dementsprechend lauten:

Auf Spaltungen und Vermögensübertragungen findet Artikel 10a mit der Maßgabe entsprechende Anwendung, dass sich der Zeitpunkt, zu dem eine Spaltung oder Vermögensübertragung wirksam wird, nach dem Recht des Staates richtet, dem der übertragende Rechtsträger unterliegt.

---

[676] Vgl. § 174 Abs. 1 und 2 UmwG; dazu *Stratz*, in: Schmitt/Hörtnagl/Stratz, UmwG/UmwStG, 7. Aufl. 2016, UmwG § 174 Rn. 4, 8.
[677] So Art. 10a EGBGB-RefE.
[678] So Art. 6 VO-E bzw. Art. 10c EGBGB-E des Vorschlags der Spezialkommission des Deutschen Rates für IPR für die Neugestaltung des Internationalen Gesellschaftsrechts auf europäischer/deutscher Ebene (*Sonnenberger/Bauer*, in: Sonnenberger, Vorschläge und Berichte zur Reform des europäischen und deutschen internationalen Gesellschaftsrechts, 2007, S. 9, 13).

§ 15 Das Statut des grenzüberschreitenden Formwechsels

Konnte die Untersuchung für die Spaltung und Vermögensübertragung aufgrund deren weitgehender Vergleichbarkeit mit der Verschmelzung noch relativ kurzgehalten und weitgehend auf die zur Verschmelzung gefundenen Ergebnisse verwiesen werden, bedarf der Formwechsel aufgrund der Besonderheiten dieses Instruments einer eingehenderen Untersuchung. So zeigt zwar die Betrachtung des materiellen Umwandlungsrechts einerseits, dass auch der Formwechsel der Verschmelzung in vielen Aspekten ähnelt. Denn auch er setzt insbesondere voraus: die aktive und passive Umwandlungsfähigkeit der betroffenen Rechtsformen[679], einen Umwandlungsbericht[680], einen Umwandlungsbeschluss[681] sowie die Gewährleistung des Schutzes der Gläubiger[682]. Allerdings weist der Formwechsel verglichen mit der Verschmelzung andererseits auch einige Besonderheiten auf, die sich auf die Abfassung der Kollisionsnorm auswirken können, namentlich: An dem Formwechsel ist stets nur ein Rechtsträger beteiligt, der unter Wahrung seiner Identität eine andere Rechtsform annimmt[683]. Aufgrund der Identität kommt es bei dem Formwechsel gerade nicht zu einer Übertragung von Vermögen und zu keinem Erlöschen des formwechselnden Rechtsträgers. Der Formwechsel unterscheidet sich somit schon in seiner Grundstruktur wesentlich von der Verschmelzung oder Spaltung. Anschaulich kann dieser Unterschied dahingehend bezeichnet werden, dass im Fall der grenzüberschreitenden Verschmelzung oder Spaltung „lediglich" eine Umstrukturierung *zwischen* verschiedenen Rechtsordnungen unterliegenden Rechtsträgern erfolgt, während im Fall des grenzüberschreitenden Formwechsels der Rechtsträger bildlich gesprochen selbst die Grenze überschreitet.

Die folgende Untersuchung soll unter Berücksichtigung dieser Besonderheiten klären, ob und inwieweit die Anknüpfung des Formwechsels anders erfolgen muss als die der Verschmelzung oder Spaltung. Dabei wird auch erörtert werden, ob für den Formwechsel aufgrund der Beteiligung nur eines Rechtsträgers

---

[679] § 191 UmwG.
[680] § 192 UmwG.
[681] § 193 UmwG.
[682] §§ 204, 22 UmwG.
[683] Oben § 3 I. 4. zur Qualifikation.

nicht einer der Einzeltheorien (Übertragungs- oder Aufnahmetheorie) anstatt der Vereinigungstheorie zu folgen ist.

I. Allgemeine Überlegungen zum Statutenwechsel

Zunächst soll jedoch der Versuch unternommen werden, aus allgemeinen Überlegungen zum Statutenwechsel Rückschlüsse auf das auf einen grenzüberschreitenden Formwechsel anzuwendende Recht zu ziehen. Anlass hierfür soll die oftmals synonyme Verwendung der Begriffe Formwechsel und Statutenwechsel sein[684]. So ist es denn auch wie dargelegt gerade das Wesen des Formwechsels, dass der betroffene Rechtsträger seine Rechtsform und in grenzüberschreitenden Fällen damit das Personalstatut wechselt[685].

Im Allgemeinen bezeichnet der internationalprivatrechtliche Begriff des Statutenwechsels den Wechsel des auf ein bestimmtes Rechtsverhältnis anwendbaren Rechts[686]. Folglich sind bei jedem Statutenwechsel zwei Rechtsordnungen betroffen, weshalb sich auch bei jedem Statutenwechsel die Frage stellen kann, wie diese beiden Rechtsordnungen bei der Beurteilung des in Rede stehenden Rechtsverhältnisses zusammenwirken. In der allgemeinen Betrachtung des Statutenwechsels wird die Frage nach dem Zusammenwirken der Rechtsordnungen wie folgt konkretisiert: Es wird gefragt, ob bereits nach der ersten Rechtsordnung eingetretene Rechtsfolgen auch nach dem Statutenwechsel erhalten bleiben, die jeweiligen Voraussetzungen mithin nicht nochmals nach der zweiten Rechtsordnung erfüllt werden müssen, oder ob schon abgeschlossene Tatbestän-

---

[684] Vgl. *Behrens* ZGR 94, 1, 10 („Der Vorgang des Statutenwechsels lässt sich [...] wie eine formwechselnde Umwandlung betrachten"); MüKoAktG/*Altmeppen/Ego*, Band 7, Europäisches Aktienrecht, 3. Aufl. 2012, B. Rn. 333 („Ziel eines derartigen Vorgangs ist es, die Gesellschaft im Wege eines geordneten Statutenwechsels unter Beibehaltung der „Identität" dem Gesellschaftsrecht eines anderen Staates zu unterstellen."); *Sagasser/Link*, in: Sagasser/Bula/Brünger, Umwandlungen, 4. Aufl. 2011, § 32 Rn. 114 („grenzüberschreitende Satzungssitzverlegung ohne Abwicklung und Neugründung jedoch unter Wechsel des Gesellschaftsstatutes (grenzüberschreitender Formwechsel)").
[685] Vgl. oben § 3 I. 4. Zur Abhängigkeit des (materiellrechtlichen) Formwechsels vom kollisionsrechtlichen Statutenwechsel oben § 8 II., III. zum Vorentwurf einer Sitzverlegungsrichtlinie.
[686] *Neuhaus*, Die Grundbegriffe des Internationalen Privatrechts, 2. Aufl. 1976, S. 292.

de nach der zweiten Rechtsordnung neu zu beurteilen sind[687]. *Neuhaus* bezeichnet denn auch zutreffend die Rückwirkung als das Hauptproblem des Statutenwechsels[688]. Für sogenannte gemischte Rechtsverhältnisse, denen der grenzüberschreitende Formwechsel nahe stehen könnte[689], gelte die Grundregel, dass alle zurückliegenden Sachverhalte dem zunächst anwendbaren Recht unterworfen bleiben, künftige Wirkungen sich hingegen nach dem neuen Statut richten (sog. „uneigentliche Rückwirkung")[690].

Angewandt auf den grenzüberschreitenden Formwechsel könnte diese Überlegung Folgendes ergeben: Der zurückliegende Sachverhalt ist die Gründung bzw. die Existenz des Rechtsträgers nach der Ausgangsrechtsordnung. Die Gründung müsste folglich nicht nach der Zielrechtsordnung erneut durchgeführt werden. Die Zielrechtsordnung hätte damit die Möglichkeit, an die bestehende Identität anzuknüpfen und den betroffenen Rechtsträger zum Gegenstand einer Umwandlung zu machen, wobei sich dies als „neuer" Sachverhalt ausschließlich nach der Zielrechtsordnung richten würde. Im Ergebnis würde dies die Anwendung der sogleich noch gesondert zu besprechenden Aufnahmetheorie bedeuten[691].

Der Formwechsel als materiellrechtlicher Vorgang ist einem kollisionsrechtlichen Statutenwechsel jedoch nicht gleichzusetzen. Denn im Zusammenhang mit dem Vorentwurf einer Sitzverlegungsrichtlinie und dem Vorschlag des Deutschen Rates für IPR für die Neugestaltung des Internationalen Gesellschaftsrechts[692] wurde zwar gezeigt, dass der Formwechsel in der Weise durch das allgemeine Internationale Gesellschaftsrecht flankiert werden muss, dass sich die gesellschaftsrechtlichen Rechtsverhältnisse nach Wirksamwerden des Formwechsels nach der Zielrechtsordnung richten, mit anderen Worten neben den Formwechsel der kollisionsrechtliche Statutenwechsel treten muss. Statutenwechsel und Formwechsel sind jedoch an sich selbständige Vorgänge. Der Statutenwechsel selbst ist ein für sich genommen völlig unkompliziertes Ereignis, das binnen einer „juristischen Sekunde", etwa aufgrund einer Veränderung des

---

[687] Beispiel Vertragsstatut: Muss der nach der zunächst maßgebenden Rechtsordnung geschlossene Vertrag nach der nunmehr maßgebenden Rechtsordnung neu abgeschlossen werden? Dazu MüKoBGB/*Martiny*, 6. Aufl. 2015, Rom I-VO Art. 4 Rn. 318.
[688] *Neuhaus*, Die Grundbegriffe des Internationalen Privatrechts, 2. Aufl. 1976, S. 295.
[689] Im Gegensatz zu den abgeschlossenen und offenen Rechtsverhältnissen, dazu *Neuhaus*, Die Grundbegriffe des Internationalen Privatrechts, 2. Aufl. 1976, S. 295 ff.
[690] *Neuhaus*, Die Grundbegriffe des Internationalen Privatrechts, 2. Aufl. 1976, S. 297 f.
[691] Unten III.
[692] Oben § 8 II., III. bzw. § 10 II. 3. b).

Anknüpfungsmoments, erfolgt[693]. Der Formwechsel hingegen ist zunächst selbst zum Gegenstand der Anknüpfung zu machen. Die Bestimmung der entsprechenden Umwandlungskollisionsnorm muss die von dem Vorgang betroffenen Interessen berücksichtigen, was durch Anwendung der Anknüpfungsmaximen[694] sichergestellt werden kann. Hierzu gehört unter anderem, ob eine sich aus der berufenen Rechtsordnung ergebende Rechtsfolge auch in dritten von dem Vorgang betroffenen Rechtsordnungen Anerkennung finden wird (Kriterium der Durchsetzbarkeit). Eben dies wäre nicht gewährleistet, würde der Formwechsel als „neuer Sachverhalt" lediglich der Zielrechtsordnung unterstellt. Demzufolge lassen sich aus allgemeinen Grundsätzen zum Statutenwechsel keine Erkenntnisse für das auf einen grenzüberschreitenden Formwechsel anwendbare Recht ableiten, sodass im Folgenden mit einer Untersuchung der Einzeltheorien und der Vereinigungstheorie fortzufahren ist.

II. Übertragungstheorie

Die bereits in Bezug auf die grenzüberschreitende Verschmelzung gegen die Übertragungstheorie sprechenden Argumente können weitgehend auf die Untersuchung zum grenzüberschreitenden Formwechsel übertragen werden. So wäre die ausschließliche Berufung des Statuts der Ausgangsrechtsform, zu der die Übertragungstheorie führen würde[695], schon der Natur der Sache nach die „falsche" Anknüpfung. Denn wenn eine Rechtsordnung (Zielrechtsordnung) im Fall einer Neugründung über die Voraussetzungen bestimmen kann, unter denen sie einem Rechtsträger dessen rechtliche Existenz in einer bestimmten Rechtsform verleiht, so muss dies ebenso selbstverständlich für die Umwandlung in eine solche Rechtsform gelten, die lediglich an die Stelle einer Neugründung tritt. Weiterhin steht auch das Kriterium der Durchsetzbarkeit der Anwendung der Übertragungstheorie entgegen, da insbesondere in der Zielrechtsordnung nicht

---

[693] Zu weiteren möglichen Gründen für einen Statutenwechsel *Neuhaus*, Die Grundbegriffe des Internationalen Privatrechts, 2. Aufl. 1976, S. 293 f.
[694] Oben § 12 II. 2.
[695] Der Begriff Übertragungstheorie ist in Bezug auf den Formwechsel freilich ungenau, da hieran kein sein Vermögen übertragender Rechtsträger beteiligt ist.

mit einer Anerkennung einer Umwandlung zu rechnen ist, die ausschließlich nach dem Statut der Ausgangsrechtsrechtsform vollzogen wurde[696].
Die Übertragungstheorie kann insbesondere auch nicht mit dem Argument gerechtfertigt werden, dass an einem Formwechsel im Gegensatz zur Verschmelzung und Spaltung nur ein Rechtsträger beteiligt ist und demzufolge ausschließlich das Personalstatut dieses (formwechselnden) Rechtsträgers zur Anwendung kommen könne[697]. Ziel des Formwechsels ist es nämlich, die Gesellschaft aus der Ausgangsrechtsordnung herauszulösen und in die Zielrechtsordnung zu integrieren. Zwar besteht der Rechtsträger erst ab dem Zeitpunkt des Wirksamwerdens des Formwechsels in der Zielrechtsform. Allein aus diesem Grunde die Anwendbarkeit der Zielrechtsordnung aber zu verneinen, kann nicht überzeugen. So ist es im Sinne der engsten Verbindung und des Zwecks der Norm zwingend, die Zielrechtsordnung darüber zu befragen, ob sie den Formwechsel anerkennt, sie die Gesellschaft also „übernehmen" möchte[698].

III. Aufnahmetheorie

Wie auch im Fall der grenzüberschreitenden Verschmelzung liegt nahe, dass die gegen die Übertragungstheorie genannten Argumente spiegelbildlich auch gegen die Aufnahmetheorie sprechen. Nach der Aufnahmetheorie wäre der grenzüberschreitende Formwechsel allein nach der Rechtsordnung der Zielrechtsform zu beurteilen. Die Belange der Gründungsrechtsordnung blieben außer Betracht.
Ein besonders gewichtiges Argument gegen die Aufnahmetheorie ist im Zusammenhang mit der grenzüberschreitenden Verschmelzung, dass das Recht des Zielstaates das Erlöschen des übertragenden Rechtsträgers nicht erklären kann[699]. Das Erlöschen eines Rechtsträgers müsse sich nach allgemeinen Prinzipien des Internationalen Privatrechts nach dessen eigenem Personalstatut (Ausgangsrechtsordnung) richten. Dieses Problem stellt sich im Fall des grenzüberschreitenden Formwechsels aufgrund der fortbestehenden Identität des betroffe-

---

[696] Freilich ist schon kaum vorstellbar, dass eine Ausgangsrechtsordnung sich dies überhaupt anmaßen würde, beachte aber die etwas näherliegende umgekehrte Konstellation am Beispiel des schweizerischen Rechts (sogleich III. zur Aufnahmetheorie).
[697] Zu dieser Auffassung oben § 7 I. 1.
[698] *Von Busekist* GmbHR 2004, 650, 651 spricht hier davon, dass das Statut der „neu" entstandenen Gesellschaft zu achten sei.
[699] Oben § 7 II.

nen Rechtsträgers aber nicht, sodass unter diesem Aspekt nichts gegen die Aufnahmetheorie spricht.

Zieht man die Anknüpfungsmaximen heran, so ist die Aufnahmetheorie gleichwohl (aus Sicht der Ausgangsrechtsordnung) insbesondere unter dem Aspekt des Zwecks der Norm und der Durchsetzbarkeit dieses Vorgangs problematisch. Zwar müsste das nach der Aufnahmetheorie berufene Zielstatut wie gezeigt nicht das Erlöschen eines übertragenden Rechtsträgers erklären. Dieses Problem wird allerdings durch ein anderes substituiert: Infolge der Identität des Rechtsträgers muss dieser in dem Zielstaat nicht neu gegründet werden. Damit geht einher, dass das Zielstatut, nach dem der Rechtsträger künftig beurteilt werden soll, an die Identität, die dem Rechtsträger von der Ausgangsrechtsordnung verliehen wurde, anknüpft. Befragt man die Ausgangsrechtsordnung hier nicht darüber, ob sie dies billigt, so implizierte dies die Möglichkeit der Zielrechtsordnung, ihr diesen Rechtsträger praktisch „wegzunehmen"[700]. Dies ist zwar nicht so fernliegend, wie es auf den ersten Blick erscheinen mag. So normiert beispielsweise Art. 161 Abs. 2 des schweizerischen IPRG, dass – wenn auch nur in besonders gelagerten Fällen – eine ausländische Gesellschaft dem Schweizer Recht ohne Berücksichtigung des ausländischen Rechts unterstellt werden kann[701]. Nun ist aber davon auszugehen, dass es im Ordnungsinteresse eines nationalen Gesellschaftsrechts liegt, darüber (mit) zu bestimmen, ob eine andere Rechtsordnung durch Verleihung einer eigenen Rechtsform, jedoch gerade ohne das Erfordernis einer Neugründung, an die durch die Ausgangsrechtsordnung verliehene Identität anknüpfen darf. Maßt sich eine andere Rechtsordnung dennoch an, den Rechtsträger fortan nach dem eigenen Recht zu beurteilen, so kann

---

[700] Vgl. *Beitzke* ZHR 127 (1964), 1, 29 f.: „Der Fortbestand der Gesellschaft oder juristischen Person ist unter drei Gesichtspunkten in Betracht zu ziehen: einmal nach der Rechtsordnung im Staate des bisherigen Sitzes der Gesellschaft, dann nach der Rechtsordnung im Staate des neuen Sitzes und schließlich von den Rechtsordnungen dritter Staaten aus. Auch wenn die Rechtsordnung des Staates des Wegzuges sich auf den Standpunkt stellt, mit der Sitzverlegung sei die betreffende juristische Person aufgelöst, so wäre doch immerhin denkbar, daß nach der Rechtsordnung des Zuzugslandes die Gesellschaft oder juristische Person als nicht aufgelöst betrachtet wird [...]."
[701] Voraussetzung ist die Betroffenheit erheblicher schweizerischer Interessen, etwa die drohende Konfiskation der Gesellschaft bzw. ihres Vermögens im Ausland (*Furrer/Girsberger/Müller-Chen/Schramm*, Internationales Privatrecht, 3. Aufl. 2013, S. 336). Die Grundregel des Art. 161 Abs. 1 IPRG besagt freilich, dass die Unterstellung unter das schweizerische Recht unter anderem davon abhängt, dass das ausländische Recht den Vorgang gestattet. Zum bislang einzigen bekannten Fall der Anwendung des Art. 161 Abs. 2 IPRG *Girsberger/Rodriguez*, in: Basler Kommentar IPRG, 3. Aufl. 2013, Art. 161 Rn. 14 (Vermeidung drohender Doppelbesteuerung).

die Akzeptanz durch und damit die Durchsetzbarkeit dieses Vorgangs in der Ausgangsordnung nicht erwartet werden[702]. Die Aufnahmetheorie ist damit ebenso wie die Übertragungstheorie auch für den Formwechsel zu verwerfen.

IV. Vereinigungstheorie

1. Grundsätzliche Vorzüge der Kumulation

Die bisherigen Erkenntnisse ergeben in der Konsequenz, dass auch für den grenzüberschreitenden Formwechsel im Ausgangspunkt der Vereinigungstheorie zu folgen ist, nach der sowohl die Ausgangs- als auch die Zielrechtsordnung anzuwenden sind. Hierfür sprechen sowohl die o.g. materialen als auch die formalen Maximen der Anknüpfung (Natur der Sache, Zweck der Norm sowie Durchsetzbarkeit). Parallel zu den bezüglich der Verschmelzung gemachten Ausführungen spricht allerdings das Kriterium der Eindeutigkeit/Klarheit gegen die Vereinigungstheorie. So ist zwar der Umstand, dass im Grundsatz mehrere Personalstatuten zu berufen sind, für sich genommen noch unproblematisch, da diese unschwer nach dem allgemeinen Internationalen Gesellschaftsrecht ermittelt werden können. Die Eindeutigkeit/Klarheit leidet aber dort, wo genau zu bestimmen ist, wie sich die so ermittelten Rechtsordnungen kollisionsrechtlich zueinander verhalten, sprich wie die Kumulation genau auszugestalten ist. Schon die Untersuchung zur Verschmelzung hat gezeigt, dass für einzelne Elemente der Umwandlung verschiedene Lösungen in Betracht kommen (Kumulation im engeren Sinne, distributive Anknüpfung), was zu einer differenzierenden und schwierigen Kollisionsnorm führen kann. Gleichwohl wäre die ausschließliche Berufung nur einer Rechtsordnung im Sinne der Übertragungs- oder Aufnahmetheorie zugunsten der Eindeutigkeit/Klarheit in sachlicher Hinsicht nicht angemessen, da sie der Komplexität des Formwechsels nicht Rechnung trüge. In der Gesamtschau muss damit auch für den Formwechsel der Vereinigungstheorie der Vorzug gegeben werden.

---

[702] In diesem Sinne kritisieren denn auch *Ebenroth/Messer* ZSchR NF 108/1 (1989), 49, 99 die genannte Ausnahmeregelung in Art. 161 Abs. 2 des schweizerischen IPRG, da sie „aus dogmatischen wie auch aus Gründen der Reziprozität zu bedauern" sei und sie ausländische Retorsionsmaßnahmen gegenüber der Schweiz erleichtere.

2. Kumulation der Rechtsordnungen im Einzelnen

Durch die Entscheidung für die Vereinigungstheorie steht noch nicht fest, wie die durch sie bewirkte Kumulation der Rechtsordnungen konkret auszugestalten ist. Da der Formwechsel wie auch die Verschmelzung ein zahlreiche Voraussetzungen umfassender Vorgang ist, wird wie bei der Verschmelzung auch die Bestimmung der „richtigen" Umwandlungskollisionsnorm nur gelingen, wenn dieser Komplexität Rechnung getragen wird. Auch der Formwechsel ist damit in Anlehnung an die materielle *lex fori* in seine einzelnen, prägenden Voraussetzungen zu zerlegen. Sodann ist für jede Voraussetzung zu untersuchen, welche Anknüpfungsregel für sie die „richtige" ist. Am Ende dieser Untersuchung ist zu ermitteln, ob und inwieweit sich die gefundenen Ergebnisse gleichen, sodass mehrere Voraussetzungen gruppiert werden können.

a) Existenz des Rechtsinstituts

Zu den grundlegenden Voraussetzungen des grenzüberschreitenden Formwechsels gehört zunächst, dass die berufene Rechtsordnung dieses Instrument überhaupt kennt[703]. Ist dies nicht der Fall, so muss der Vorgang von vornherein scheitern. Soll die Gesellschaftsstruktur dennoch verändert werden, wären Auflösung und Neugründung unumgänglich[704].
Die für die Verschmelzung vorgenommene Untersuchung ergab, dass die Frage nach der Existenz des Rechtsinstituts an die Personalstatuten aller beteiligten Rechtsträger zu richten ist. Dementsprechend sind im Fall des Formwechsels die Personalstatuten der beiden beteiligten Rechtsformen maßgebend. Die Maßgeblichkeit der Ausgangsrechtsordnung lässt sich zunächst so begründen, dass durch den Formwechsel an die durch diese verliehene Identität des Rechtsträgers angeknüpft wird, wodurch eine Neugründung in der Zielrechtsform entbehrlich wird. Ob dies grundsätzlich möglich ist, muss sich schon nach allgemeinen Grundsätzen des Internationalen Gesellschaftsrechts nach dem Statut des formwechselnden Rechtsträgers richten[705]. Auf der anderen Seite des Vorgangs muss

---

[703] Vgl. oben zur Verschmelzung § 13 III. 3. a).
[704] *Behrens* RIW 1986, 590, 591.
[705] Vgl. oben § 3 II.

ebenso das Statut der Zielrechtsform maßgebend sein, da der Formwechsel in die Zielrechtsform wie gezeigt eine entsprechende Neugründung ersetzt[706]. Bestimmt eine Rechtsordnung selbstverständlich über die Voraussetzungen einer Neugründung in einer ihr angehörenden Rechtsform, so muss Entsprechendes für den die Neugründung ersetzenden Formwechsel gelten. Wie diese Form der Kumulation genau zu bezeichnen ist, ob als Kumulation im engeren Sinne oder als distributive Anknüpfung, ist wie auch bei der Verschmelzung lediglich eine Frage der Perspektive – beides würde zum selben Ergebnis führen. Betrachtet man den Formwechsel als solchen und nicht die einzelnen Rechtsformen, so ist eher von einer Kumulation im engeren Sinne zu sprechen. Stellt man die Frage nach der grundsätzlichen Möglichkeit des Formwechsels jedoch in Bezug auf die jeweilige beteiligte Rechtsform, so kann ebenso von einer distributiven Anknüpfung gesprochen werden[707].

b) Aktive und passive Umwandlungsfähigkeit

Die Frage nach der Umwandlungsfähigkeit bedeutet bezogen auf den Formwechsel, dass die betroffenen Rechtsformen (Ausgangs- und Zielrechtsform) von der maßgebenden Rechtsordnung zum Formwechsel zugelassen sein müssen. Im Zusammenhang mit der Verschmelzung wurde gezeigt, dass aktive und passive Verschmelzungsfähigkeit in der Weise distributiv anzuknüpfen sind, dass das Statut eines jeden beteiligten Rechtsträgers sowohl darüber zu bestimmen hat, ob der eigene Rechtsträger in seiner konkreten Rechtsform zur Verschmelzung zugelassen ist, wie auch darüber, ob die jeweils anderen Rechtsträger zugelassene Umwandlungspartner sind. Entsprechendes gilt für den Formwechsel. So entscheidet auf der einen Seite das Statut des formwechselnden Rechtsträgers darüber, ob dieser aktiv formwechselfähig ist, sowie auch darüber, ob die gewählte Zielrechtsform passiv zum Formwechsel zugelassen ist[708]. Dass sich auch die Teilfrage nach der Tauglichkeit der Zielrechtsform nach dem Statut des formwechselnden Rechtsträgers richten muss, hängt damit zusammen, dass diese Rechtsordnung ein legitimes Interesse daran haben kann, bestimmte

---

[706] Oben § 5 II.
[707] Entsprechendes galt für die Verschmelzung, dazu oben § 13 III. 3. a).
[708] Vgl. aus dem deutschen Recht § 191 Abs. 1 bzw. Abs. 2 UmwG, aus dem österreichischen Recht §§ 239, 245 öAktG und aus dem schweizerischen Recht Art. 54 FusG.

Paarbildungen zu vermeiden[709]. Auf der anderen Seite müssen beide Rechtsformen durch das Statut der Zielrechtsform als aktiv bzw. passiv formwechselfähig zugelassen sein. Auch beim Formwechsel ist die Anknüpfung der Umwandlungsfähigkeit damit eine distributive, bezogen auf die jeweilige Rechtsform.

c) Umwandlungsbericht

Im Rahmen des Umwandlungsverfahrens wird das Vertretungsorgan des formwechselnden Rechtsträgers über den geplanten Formwechsel zu berichten haben. Nach der Regelung im deutschen materiellen Umwandlungsrecht in § 192 Abs. 1 S. 1 UmwG[710] sind der Formwechsel und insbesondere die künftige Beteiligung der Anteilsinhaber rechtlich und wirtschaftlich zu erläutern und zu begründen. Der Bericht dient vor allem dem Schutz der Anteilsinhaber, die dadurch in die Lage versetzt werden sollen, ihr Stimmrecht bei dem Umwandlungsbeschluss in Kenntnis aller für den Formwechsel relevanten Umstände sachgerecht auszuüben und die erwarteten Vorteile gegen die möglichen Risiken abwägen[711].

Infolge der Beteiligung nur eines Rechtsträgers an dem Formwechsel ergibt sich in Entsprechung zu dem bei der Verschmelzung gefundenen Ergebnis, dass sich die Anforderungen an den Umwandlungsbericht ausschließlich nach dem Statut des formwechselnden Rechtsträgers richten müssen, da nur dessen Anteilsinhaber von der Umwandlung betroffen werden. Die zusätzliche Maßgeblichkeit der Rechtsordnung der Zielrechtsform im Sinne einer Kumulation im engeren Sinne ist hingegen nicht erforderlich. So wird zwar über die Art der künftigen Beteiligung zu berichten sein, die sich nach dem Statut der Zielrechtsform richten wird. Die bloße Information hierüber durch einen Bericht ist jedoch ein davon zu unterscheidender Anknüpfungsgegenstand, den das Statut des formwechselnden Rechtsträgers ohne weiteres zu regeln in der Lage ist[712].

---

[709] Vgl. auch oben § 13 III. 3. b) zur Verschmelzung.
[710] Vgl. auch aus dem schweizerischen Recht Art. 61 FusG.
[711] *Bärwaldt*, in: Semler/Stengel, UmwG, 3. Aufl. 2012, § 192 Rn. 2; *Stratz*, in: Schmitt/Hörtnagl/Stratz, UmwG/UmwStG, 7. Aufl. 2016, UmwG § 192 Rn. 1.
[712] Vgl. zum Umwandlungsbeschluss bei der Verschmelzung oben § 13 III. 3. e).

d) Umwandlungsbeschluss

(1) Inhalt

Der Umwandlungsbeschluss hat in Bezug auf die Zielrechtsform bereits den Charakter eines Gründungsaktes. Vergegenwärtigt man sich nämlich, dass der Formwechsel eine Alternative zur Auflösung und Neugründung ist, so wird deutlich, dass der Umwandlungsbeschluss einerseits den Auflösungsbeschluss nach der Ausgangsrechtsordnung ersetzt[713]. Auf der anderen Seite reicht der Beschluss aber auch in die Zielrechtsordnung hinein, da er an die Stelle eines Beschlusses zur Neugründung nach der Zielrechtsordnung tritt. So wird er Angaben zu dem Rechtsträger in seiner neuen Rechtsform zu enthalten haben, die sich mit den Angaben decken, die auch der Gesellschaftsvertrag bzw. die Satzung zu enthalten haben, etwa die Rechtsform, die Firma oder Zahl, Art und Umfang der Anteile[714].
Damit steht der Umwandlungsbeschluss beim Formwechsel dem bei der Verschmelzung zu schließenden Verschmelzungsvertrag nahe[715]. Die sich dort ergebende Besonderheit, dass der Vertrag als gemeinsamer Rechtsakt die Voraussetzungen sämtlicher Personalstatuten zu erfüllen hat und es lediglich eine Frage der Perspektive ist, ob dies als Kumulation im engeren Sinne oder als distributive Anknüpfung zu bezeichnen ist, entspricht damit der Situation in Bezug auf den Umwandlungsbeschluss im Rahmen eines Formwechselverfahrens. Der Beschluss hat die Voraussetzungen sowohl der Ausgangs- als auch der Zielrechtsordnung zu erfüllen[716]. Betont man insoweit die Einheitlichkeit dieses Rechtsaktes, wäre eher von einer Kumulation im engeren Sinne zu sprechen, wohingegen bei der Betrachtung des Beschlusses jeweils im Hinblick auf die Ausgangs- und die Zielrechtsform eher von einer distributiven Anknüpfung zu sprechen wäre.

---

[713] Vgl. *Stiegler*, Der grenzüberschreitende Rechtsformwechsel in der Europäischen Union, 2013, S. 45 f.
[714] Vgl. für den Binnenformwechsel den Mindestinhalt gem. § 194 Abs. 1 UmwG, der die Ausgangs- (Nr. 3, 6) wie auch die Zielrechtsform (Nr. 1 bis 5, 7) betrifft; dazu *Jaensch* EWS 2007, 97, 104; vgl. auch § 239 öAktG, Art. 64 FusG.
[715] *Meister/Klöcker*, in: Kallmeyer, UmwG, 5. Aufl. 2013, § 194 Rn. 7.
[716] *Beitzke* FS Hallstein, 1966, S. 14, 22 f.; *Jaensch* EWS 2007, 97, 104.

(2) Verfahren

Auch das Verfahren der Beschlussfassung hat sich nach beiden Personalstatuten zu richten. Konsequenz der Tatsache, dass es sich um ein einheitliches Verfahren handeln wird, ist, dass im Ergebnis die Rechtsordnung mit den strengeren Verfahrensbestimmungen, insbesondere der höheren erforderlichen Abstimmungsmehrheit, maßgebend sein wird[717].
Die Maßgeblichkeit zunächst der Ausgangsrechtsordnung muss insoweit daraus folgen, dass (Minderheits-) Anteilsinhaber in dem Vertrauen schutzwürdig sind, dass sich die Rechtsform und damit ihre Beteiligung an dem Rechtsträger nur unter Wahrung der Mehrheitserfordernisse der Ausgangsrechtsordnung ändern wird.
Die Maßgeblichkeit der Zielrechtsordnung ergibt sich daraus, dass das erforderliche Maß des Schutzes der Anteilsinhaber, der durch das Mehrheitserfordernis gewährleistet wird, von der künftigen Art der Beteiligung an dem Rechtsträger, mithin der Zielrechtsform abhängen kann. So macht es etwa im Hinblick auf das Haftungsregime einen Unterschied, ob eine Kapitalgesellschaft sich in eine Kapitalgesellschaft anderer Rechtsform oder in eine Personengesellschaft umwandelt[718]. Hier muss die Zielrechtsordnung darüber (mit-) entscheiden, welche Hürden insoweit überwunden werden müssen.

(3) Form

Hinsichtlich der Form des Umwandlungsbeschlusses gilt entsprechend dem bei der Verschmelzung gefundenen Ergebnis zum Verschmelzungsvertrag[719], dass sie nach Art. 11 Abs. 1 EGBGB der alternativen Anknüpfung an das Wirkungsstatut oder das Ortsrecht unterliegt. Wirkungsstatuten sind beim Formwechsel das Statut der Ausgangs- und das Statut der Zielrechtsform. Da der Beschluss beide Rechtsformen betrifft, ist er nur dann nach dem Wirkungsstatut formwirksam, wenn die Erfordernisse beider Rechtsordnungen erfüllt sind. Praktisch setzt sich bei verschieden hohen Anforderungen damit die strengere Rechtsordnung

---

[717] *Jaensch* EWS 2007, 97, 104.
[718] Vgl. für den Binnenformwechsel § 240 UmwG für die Umwandlung in eine Kapitalgesellschaft anderer Rechtsform bzw. § 233 UmwG für die Umwandlung in eine Personengesellschaft.
[719] Oben § 13 III. 3. d) (2).

durch[720]. Allerdings kann ein jedes Personalstatut zugleich Ortsrecht nach Art. 11 Abs. 1 Alt. 2 EGBGB sein, sodass gegebenenfalls auch seine alleinige Beachtung zur Formwirksamkeit führen kann.

e) Gläubigerschutz

Die Untersuchung zum Gläubigerschutz hat für die Verschmelzung dazu geführt, dass sich der Schutz der Gläubiger der beteiligten Gesellschaften nach deren jeweiligem Personalstatut zu richten hat (distributive Anknüpfung). Im Fall des grenzüberschreitenden Formwechsels ist im Unterschied zur Verschmelzung stets nur ein Rechtsträger beteiligt, sodass auch nur eine Gruppe von Gläubigern betroffen sein kann, nämlich die Gläubiger des formwechselnden Rechtsträgers. Übernimmt man hier die für die grenzüberschreitende Verschmelzung geltende Konzeption, so wäre nur die Rechtsordnung des formwechselnden Rechtsträgers über den Schutz der Gläubiger zu befragen[721]. Hierfür spricht insbesondere, dass die Gläubiger (nur) auf den Schutz vertrauen können, den das Personalstatut ihrer Schuldnergesellschaft ihnen gewährt[722].

Zwar muss erwogen werden, zusätzlich das Statut der Zielrechtsform zu berufen, da eine grenzüberschreitende Umwandlung spezifische, sich gerade aus der Grenzüberschreitung ergebende Gefahren mit sich bringen kann, die eine Binnenumwandlung nicht aufweist (etwa erschwerte Rechtsdurchsetzung in einer anderen Rechtsordnung)[723]. Bereits im Zusammenhang mit der Verschmelzung wurde aber gezeigt, dass eine einzelne Rechtsordnung durchaus in der Lage ist, die Grenzüberschreitung berücksichtigende Gläubigerschutzregelungen zu schaffen. Es ist damit eine Frage des materiellen Umwandlungsrechts, ob und inwieweit der Gläubigerschutz bei grenzüberschreitenden Umwandlungen weiter geht als bei Binnenumwandlungen. Der Gläubigerschutz richtet sich beim Formwechsel damit ausschließlich nach dem Statut des formwechselnden Rechtsträgers in seiner Ausgangsrechtsform.

---

[720] *Jaensch* EWS 2007, 97, 104.
[721] Vgl. zu möglichen Schutzinstrumenten aus der deutschen Rechtsordnung §§ 204, 22 UmwG, aus der österreichischen Rechtsordnung § 243 öAktG und aus der schweizerischen Rechtsordnung Art. 68 FusG.
[722] *Jaensch* EWS 2007, 97, 105.
[723] Vgl. dazu oben § 13 III. 3. f) zur Verschmelzung.

f) Arbeitnehmerschutz

Der Formwechsel kann sich auf die Arbeitnehmer des formwechselnden Rechtsträgers in der Weise auswirken, dass die unternehmerische Mitbestimmung entfällt oder erst begründet wird[724]. Denn die Mitbestimmung ist gesellschaftsrechtlich zu qualifizieren[725], d.h. sie richtet sich vor dem Wirksamwerden des Formwechsels nach dem Personalstatut des Rechtsträgers in seiner Ausgangsrechtsform und nach dem Wirksamwerden des Formwechsels nach dem Personalstatut der Zielrechtsform.
Wie jedoch bereits im Zusammenhang mit der grenzüberschreitenden Verschmelzung dargelegt wurde, ist die Mitbestimmung als solche vor und nach dem Wirksamwerden einer Umwandlung nicht unmittelbarer Gegenstand des Umwandlungsverfahrens, ihre (mögliche) Veränderung nur Folge des Vorgangs[726]. Die Frage nach einer Statutenkumulation in Bezug auf die Umwandlung stellt sich insoweit folglich nicht.
Von Veränderungen hinsichtlich der Mitbestimmung abgesehen, ergibt sich aus der Identität des Rechtsträgers, dass die Interessen der Arbeitnehmer allein durch den Formwechsel nicht berührt werden; insbesondere kommt es anders als bei Verschmelzung oder Spaltung zu keinem Wechsel des Arbeitgebers[727].
Gleichwohl können sich aus dem materiellen Umwandlungsrecht bestimmte Informationsrechte der Arbeitnehmer im Zusammenhang mit einem Formwechsel ergeben. Aus § 194 Abs. 2 UmwG ergibt sich etwa, dass der Entwurf des Umwandlungsbeschlusses dem zuständigen Betriebsrat zuzuleiten ist. Hierdurch wird eine Informationspflicht zugunsten der Arbeitnehmer statuiert, die es deren Vertretungsorgan möglich machen soll, etwaige Einwendungen gegen den Formwechsel geltend zu machen und auf Änderungen hinzuwirken[728].

---

[724] *Jaensch* EWS 2007, 97, 106; *Willemsen*, in: Kallmeyer, UmwG, 5. Aufl. 2013, § 194 Rn. 58.
[725] Dazu oben § 13 III. 3. g).
[726] Oben § 13 III. 3. g).
[727] Für den Binnenformwechsel *Willemsen*, in: Kallmeyer, UmwG, 5. Aufl. 2013, § 194 Rn. 58; *Stratz*, in: Schmitt/Hörtnagl/Stratz, UmwG/UmwStG, 7. Aufl. 2016, UmwG § 194 Rn. 9. Anders ist dies etwa im Fall der grenzüberschreitenden Verschmelzung, bei der sich arbeitsrechtliche Fragen, etwa des Betriebsübergangs, stellen können, die nach dem Arbeitsvertragsstatut zu beantworten sind, vgl. aus der deutschen Rechtsordnung § 613a BGB (dazu MüKoBGB/*Kindler*, 6. Aufl. 2015, IntGesR Rn. 811).
[728] *Bärwaldt/Simon*, in: Semler/Stengel, UmwG, 3. Aufl. 2012, § 194 Rn. 38 iVm § 5 Rn. 140, für Betriebe ohne Betriebsrat § 5 Rn. 148.

Die an die Information der Arbeitnehmer zu stellenden Voraussetzungen richten sich, soweit sie umwandlungsrechtlich zu qualifizieren sind[729], ausschließlich nach dem Statut des formwechselnden Rechtsträgers. Entgegen *Jaensch*[730] ist eine zusätzliche Maßgeblichkeit der Rechtsordnung der Zielrechtsform nicht erforderlich. So geht es an dieser Stelle um die bloße Information der Arbeitnehmer über die Auswirkungen des Formwechsels und deren Modalitäten, was hinreichend durch die Ausgangsrechtsordnung geregelt werden kann, nicht hingegen um materielle Veränderungen der Rechte der Arbeitnehmer.

g) Anzuwendende Gründungsvorschriften

Die im Hinblick auf die neue Rechtsform einzuhaltenden Gründungsvorschriften[731] ergeben sich notwendigerweise aus der Zielrechtsordnung. Im Hinblick auf die Vereinigungstheorie kommt auch insoweit der Gedanke der distributiven Anknüpfung zum Tragen. Denn die entsprechende Anwendung der Gründungsvorschriften für die Zielrechtsform betrifft den formwechselnden Rechtsträger ausschließlich in seiner neuen Rechtsform, sodass im Sinne distributiver Anknüpfung insoweit auch nur diese Rechtsordnung maßgebend sein kann[732].

h) Wirksamwerden des Formwechsels

Das Wirksamwerden des Formwechsels[733] sollte sich entsprechend dem zur Verschmelzung gefundenen Ergebnis[734] nach der Rechtsordnung richten, der die anlässlich des Formwechsels angenommene Rechtsform angehört. Zwar lassen sich die dort angeführten Gründe, die für eine strenge Kumulation der betroffenen Personalstatuten sprechen[735], auch auf den Formwechsel übertragen. Die Berufung nur der Zielrechtsordnung bietet jedoch den im Ergebnis überwiegenden Vorteil eines eindeutigen, einheitlichen und damit praktikablen Umwand-

---

[729] Dazu oben § 3 IV.
[730] EWS 2007, 97, 106.
[731] Vgl. § 197 UmwG, Art. 57 FusG.
[732] Vgl. auch *Stiegler*, Der grenzüberschreitende Rechtsformwechsel in der Europäischen Union, 2013, S. 45.
[733] Vgl. aus dem deutschen Recht § 202 UmwG, aus dem österreichischen Recht § 241 öAktG und aus dem schweizerischen Recht Art. 67 FusG.
[734] Oben § 13 V.
[735] Oben § 13 III. 3. h).

lungskollisionsrechts. Dem nahe steht auch die materiellrechtliche Regelung in § 202 Abs. 2 UmwG, die für den Binnenformwechsel u.a. dann, wenn für Ausgangs- und Zielrechtsform verschiedene Registergerichte zuständig sind, die Eintragung im Register der Zielrechtsform für maßgebend erklärt.

i) Zusammenfassung zur Einzeluntersuchung

In der vorstehenden Betrachtung ging es um die Frage, inwieweit für die einzelnen Voraussetzungen eines grenzüberschreitenden Formwechsels die Ausgangs- und die Zielrechtsordnung im Sinne der Vereinigungstheorie zur Anwendung kommen müssen. Dabei hat sich gezeigt, dass hierüber keine einheitliche Aussage getroffen werden kann. So muss zum Teil nur die Ausgangsrechtsordnung[736], zum Teil nur die Zielrechtsordnung[737] maßgebend sein; hinsichtlich einiger Voraussetzungen müssen auch beide Rechtsordnung kumulativ maßgebend sein[738].

Die Bestimmung des auf den grenzüberschreitenden Formwechsel anzuwendenden Rechts erscheint nach alledem schwieriger als bei der grenzüberschreitenden Verschmelzung. Denn für diese ließ sich die Grundaussage treffen, dass aufgrund der Beteiligung mehrerer Rechtsträger die einzelnen Voraussetzungen sich im Sinne distributiver Rechtsanwendung für jeden beteiligten Rechtsträger nach seinem eigenen Personalstatut richten; nur hinsichtlich des Wirksamwerdens der Verschmelzung und der Übertragung von Vermögen muss es zu Abweichungen kommen[739]. Auf den Formwechsel lässt sich diese Aussage nicht ohne weiteres übertragen. So ist die Bestimmung der Kollisionsnorm für die Verschmelzung einfacher, da hieran mehrere selbständige Rechtsträger beteiligt sind und in der Rechtsfolge im Wesentlichen lediglich (in einem rechtlichen Sinne) die Übertragung von Vermögen über die Grenze erklärt werden muss, wohingegen eine Grenzüberschreitung der beteiligten Rechtsträger selbst nicht erfolgt. Beim Formwechsel hingegen wird der betroffene Rechtsträger aus der Ausgangsrechtsordnung gelöst und identitätswahrend in die Zielrechtsordnung integriert – folglich überschreitet der Rechtsträger in einem rechtlichen Sinne

---

[736] Z.B. bezüglich des Umwandlungsberichts.
[737] Z.B. bezüglich der anzuwendenden Gründungsvorschriften für die Zielrechtsform.
[738] Z.B. bezüglich des Umwandlungsbeschlusses sowie des Wirksamwerdens des Formwechsels.
[739] Oben § 13 III. 3. j), V.

selbst die Grenze. Der Formwechsel ersetzt damit eine Auflösung nach der Ausgangsrechtsordnung und eine Neugründung nach der Zielrechtsordnung, was die kollisionsrechtliche Koordinierung der Personalstatuten verglichen mit der Verschmelzung scheinbar komplizierter macht.

Wenn aber der Formwechsel die Auflösung des formwechselnden Rechtsträgers einerseits und die Gründung eines neuen Rechtsträgers andererseits ersetzt, so lässt sich doch aus den aus der Einzeluntersuchung gewonnenen Erkenntnissen folgende allgemeingültige Regel herleiten: Soweit die jeweilige Voraussetzung des Formwechsels den Rechtsträger ausschließlich in seiner ursprünglichen Rechtsform betrifft, kommt hierauf allein die Ausgangrechtsordnung zur Anwendung. Ist der Rechtsträger hingegen ausschließlich in seiner Zielrechtsform betroffen, kommt nur die Zielrechtsordnung zur Anwendung. Soweit der Rechtsträger schließlich in seiner ursprünglichen und in seiner neuen Rechtsform betroffen ist, kommen beide Rechtsordnungen zur gemeinsamen Anwendung[740].

Es kann somit zwar nicht die für die Verschmelzung hergeleitete Anknüpfungsregel ohne weiteres auch auf den Formwechsel angewandt werden. Es hat sich jedoch gezeigt, dass im Fall eines Formwechsels die Ausgangs- bzw. die Zielrechtsform im Grunde die Rolle einnimmt, die im Fall einer Verschmelzung einem daran beteiligten Rechtsträger zukommt.

V. Vorschlag für eine geschriebene Kollisionsnorm

1. Normtext

Die vorstehende Untersuchung hat gezeigt, dass auch für den (grenzüberschreitenden) Formwechsel im Ausgangspunkt die Vereinigungstheorie zu kodifizieren ist. Die weitergehende Frage nach der konkreten Ausgestaltung der Kumulation der beteiligten Personalstatuten wurde dahingehend beantwortet, dass diese sich danach richtet, inwieweit der formwechselnde Rechtsträger durch eine bestimmte Voraussetzung bzw. Rechtsfolge in seiner ursprünglichen und/oder seiner künftigen Rechtsform betroffen ist. Ist er nur in seiner ursprünglichen

---

[740] Ähnlich *Jaensch* EWS 2007, 97, 98.

Rechtsform betroffen, kommt ausschließlich die Ausgangsrechtsordnung zur Anwendung. Ist er nur in seiner Zielrechtsform betroffen, kommt ausschließlich die Zielrechtsordnung zur Anwendung. Ist der Rechtsträger schließlich in beiden Rechtsformen betroffen, kommen beide Rechtsordnungen hinsichtlich der in Rede stehenden Voraussetzung bzw. Rechtsfolge zur kumulativen Anwendung. Mittels des Kriteriums der Betroffenheit eines Rechtsträgers in seiner Ausgangs- bzw. Zielrechtsform lässt sich die den Formwechsel regelnde Kollisionsnorm der für die Verschmelzung vorgeschlagenen annähern. So besagt diese, dass sich die Verschmelzung im Grundsatz für jeden beteiligten Rechtsträger nach dem jeweiligen Personalstatut richten muss. Für den Formwechsel kann diese Regelung dahingehend modifiziert werden, dass an die Stelle der beteiligten Rechtsträger der formwechselnde Rechtsträger in seiner Ausgangs- bzw. Zielrechtsform tritt[741]. Ein neuer Art. 10c EGBGB kann daher wie folgt lauten:

(1) Auf einen Formwechsel findet Artikel 10a Absatz 1 mit der Maßgabe entsprechende Anwendung, dass an die Stelle der beteiligten Rechtsträger der formwechselnde Rechtsträger in seiner ursprünglichen beziehungsweise in seiner künftigen Rechtsform tritt.

(2) ¹Der Zeitpunkt, zu dem ein Formwechsel wirksam wird, bestimmt sich nach dem Recht des Staates, dem die anlässlich des Formwechsels angenommene Rechtsform angehört. ²Von diesem Zeitpunkt an unterliegt der formwechselnde Rechtsträger gemäß Artikel 10 dem Recht dieses Staates.

2. Erläuterung

Zu Absatz 1:

Absatz 1 erklärt den ersten Absatz der für die Verschmelzung vorgeschlagenen Anknüpfungsregel für auf den Formwechsel entsprechend anwendbar. Da an einem Formwechsel jedoch stets nur ein Rechtsträger beteiligt ist, steht dies unter der Maßgabe, dass an die Stelle der (mehreren) beteiligten Rechtsträger der

---

[741] Vgl. auch *Jaensch* EWS 2007, 97, 98.

formwechselnde Rechtsträger in seiner ursprünglichen und seiner künftigen Rechtsform tritt.

Zu Absatz 2:

Absatz 2 Satz 1 bestimmt abweichend von Absatz 1, dass sich das Wirksamwerden des Formwechsels nach dem Recht des Staates richtet, dem die durch den Formwechsel angenommene Rechtsform angehört. Die Regelung entspricht damit Absatz 2 der zur Verschmelzung vorgeschlagenen Regelung.
Absatz 2 Satz 2 gewährleistet eine Koordinierung von materiellem Umwandlungsrecht und Internationalem Gesellschaftsrecht. Denn wie im Zusammenhang mit der Betrachtung des Vorentwurfs einer Sitzverlegungsrichtlinie festgestellt wurde, ist eine Regelung zweckmäßig, die das materiellrechtliche Wirksamwerden eines Formwechsels und den (etwaigen) Statutenwechsel nach dem allgemeinen Internationalen Gesellschaftsrecht aufeinander abstimmt. So stünde die materiellrechtliche Annahme einer Rechtsform der Zielrechtsordnung in Frage, wenn dieser Vorgang nicht dadurch kollisionsrechtlich flankiert wird, dass auch eben diese Rechtsordnung künftig, d.h. ab dem Wirksamwerden des Formwechsels, das maßgebende Personalstatut bildet[742]. Dem trägt Absatz 2 Satz 2 Rechnung.

---

[742] Oben § 8 II., III.

Fünfter Teil: Zusammenfassung und Ausblick

I. Zusammenfassung

Gegenstand der vorliegenden Arbeit war die kollisionsrechtliche Anknüpfung von Umwandlungsvorgängen. Als gesellschaftsrechtliche Strukturmaßnahmen sind Umwandlungen gesellschaftsrechtlich zu qualifizieren, sodass sie in den Anwendungsbereich des in der Bundesrepublik nicht kodifizierten Internationalen Gesellschaftsrechts fallen. Dieses ist nach derzeitigem Stand in der Weise durch eine gespaltene Anknüpfung geprägt, dass die Rechtsprechung zur Bestimmung des Personalstatuts auf in den Anwendungsbereich der Niederlassungsfreiheit[743] fallende Gesellschaften die Gründungstheorie, im Übrigen aber die Sitztheorie anwendet[744]. Im Interesse eines einheitlichen Kollisionsrechts plädiert der Verfasser insoweit für einen umfassenden Übergang zur Gründungstheorie nach dem Vorbild des Referentenentwurfs zum Internationalen Gesellschaftsrecht[745].

Die eigentlichen kollisionsrechtlichen Probleme von Umwandlungen gehen jedoch weit über die Differenzen zwischen Sitz- und Gründungstheorie hinaus. So sind Umwandlungen dadurch geprägt, dass hieran stets mehrere Rechtsträger[746] bzw. Rechtsformen[747] beteiligt sind, sodass in grenzüberschreitenden Fällen auch grundsätzlich mehrere Personalstatuten von der Umwandlung betroffen werden. Wesentliche Aufgabe des Umwandlungskollisionsrechts als Teilmaterie des Internationalen Gesellschaftsrechts ist es daher, die mehreren von einer Umwandlung betroffenen Personalstatuten bereits auf der Ebene des Internationalen Privatrechts zu koordinieren.

Auf diesen im Ersten Teil der Arbeit ermittelten Grundlagen aufbauend wurde im Zweiten Teil die Bestimmung des Umwandlungsstatuts nach geltendem

---

[743] Art. 49, 54 AEUV.
[744] Zu diesen Theorien oben § 4 I., II.
[745] Art. 10 EGBGB-RefE.
[746] Im Fall von Verschmelzung, Spaltung und Vermögensübertragung.
[747] Im Fall des Formwechsels.

Recht untersucht. Hierbei hat sich gezeigt, dass weder § 1 Abs. 1 UmwG noch die §§ 122a ff. UmwG (versteckte) kollisionsrechtliche Regelungen in Bezug auf Umwandlungen enthalten. Deren Anknüpfung erfolgt vielmehr auf Basis der herrschenden, insbesondere für die Verschmelzung entwickelten Vereinigungstheorie. Hiernach ist zunächst zwischen den Voraussetzungen, dem Verfahren und den Wirkungen der Umwandlung zu unterscheiden. Die Voraussetzungen und das Verfahren werden sodann für jeden beteiligten Rechtsträger distributiv an sein eigenes Personalstatut angeknüpft; soweit die beteiligten Rechtsträger jedoch gemeinsam tätig werden und betreffend die Wirkungen der Umwandlung sollen die betroffenen Personalstatuten hingegen im strengen Sinne kumuliert werden.

Im Dritten Teil wurden mit dem Vorentwurf einer Sitzverlegungsrichtlinie, dem Referentenentwurf zum Internationalen Gesellschaftsrecht und dem Vorschlag des Deutschen Rates für IPR für die Neugestaltung des Internationalen Gesellschaftsrechts Regelungsentwürfe von Relevanz für das Umwandlungskollisionsrecht betrachtet und bewertet. Im Rahmen des sich anschließenden rechtsvergleichenden Blicks in die Schweiz hat sich gezeigt, dass sogenannte IPR-Sachnormen, welche sowohl kollisionsrechtliche als auch materiellrechtliche Regelungen enthalten, keinen substanziellen Vorteil gegenüber der klassischen Trennung von Kollisions- und materiellem Recht mit sich bringen.

Hieran anschließend wurde im Vierten Teil ein eigener Vorschlag für geschriebene Umwandlungskollisionsnormen entwickelt.
Insoweit galt es, in einem ersten Abschnitt zunächst die hierfür geltenden Maßstäbe zu ermitteln. Hierbei hat sich gezeigt, dass der nationale Gesetzgeber im Bereich des Umwandlungskollisionsrechts partiell an unionsrechtliche Vorgaben gebunden ist. So lassen sich zwar dem Primärrecht, insbesondere der Niederlassungsfreiheit, keine unmittelbaren Vorgaben für das mitgliedstaatliche Umwandlungskollisionsrecht entnehmen. Aus den Art. 118 ff. GesRRL (Art. 1 ff. CBMD) ergeben sich jedoch – neben hauptsächlich materiellrechtlichen Vorgaben – auch kollisionsrechtliche Vorgaben für Verschmelzungen von Kapitalgesellschaften aus verschiedenen Mitgliedstaaten. Im Übrigen jedoch, d.h. für Verschmelzungen unter Beteiligung von Personengesellschaften und im Verhältnis zu Drittstaaten sowie für Spaltungen, Vermögensübertragungen und Formwechsel, ist der nationale Gesetzgeber im Bereich des Umwandlungskollisionsrechts

nicht durch unionsrechtliche Vorgaben gebunden. Auch hinsichtlich dieser Umwandlungsvarianten muss es dem Gesetzgeber freilich darum gehen, anhand geeigneter Maßstäbe eine Kollisionsnorm zu schaffen, durch welche auf eine konkrete Umwandlungsmaßnahme die „richtige" Rechtsordnung zur Anwendung kommt. Insoweit wurde gezeigt, dass dies gelingen kann, wenn der Abfassung der Umwandlungskollisionsnorm grundlegende Prinzipien des Internationalen Privatrechts, namentlich die Prinzipien der engsten Verbindung und des Zwecks der Norm, zugrunde gelegt werden.

In der sich anschließenden Erarbeitung eines Regelungsvorschlags für die Verschmelzung hat sich ergeben, dass deren Anknüpfung – innerhalb wie auch außerhalb des Anwendungsbereichs der Art. 118 ff. GesRRL (Art. 1 ff. CBMD) und damit einheitlich – grundsätzlich nach Maßgabe der Vereinigungstheorie in der Weise zu erfolgen hat, dass für jeden daran beteiligten Rechtsträger distributiv an sein jeweiliges Personalstatut anzuknüpfen ist.

Für das Wirksamwerden der Verschmelzung war hingegen Art. 129 S. 1 GesRRL (Art. 12 S. 1 CBMD) zu berücksichtigen, wonach sich dieses nach dem Recht des aus der Verschmelzung hervorgehenden Rechtsträgers zu richten hat. Der Verfasser ist der Auffassung, dass insoweit eine Kumulation aller betroffenen Personalstatuten im strengen Sinne die „bessere" Anknüpfungsregel wäre und die sich hieraus möglicherweise ergebenden Normkonflikte vorzugsweise auf der Ebene des materiellen Rechts durch Anpassung gelöst werden sollten. Es war daher der Frage nachzugehen, ob in Bezug auf das Wirksamwerden Verschmelzungen außerhalb des Anwendungsbereichs der Art. 118 ff. GesRRL (Art. 1 ff. CBMD) anders angeknüpft werden sollten als Verschmelzungen, welche der Vorgabe des Art. 129 S. 1 GesRRL (Art. 12 S. 1 CBMD) unterliegen. Unter Abwägung des Für und Wider plädiert der Verfasser im Interesse eines einheitlichen Kollisionsrechts im Ergebnis dafür, beim gegenwärtigen Stand des Unionsrechts die Vorgabe des Art. 129 S. 1 GesRRL (Art. 12 S. 1 CBMD) über deren Anwendungsbereich hinaus in einer universellen Kollisionsnorm umzusetzen. Schließlich wurde herausgearbeitet, dass in Bezug auf die Übertragung von Vermögensgegenständen, die von einer Verschmelzung erfasst werden, neben dem Personalstatut im Verhältnis zu Dritten auch etwaige besondere Übertragungsvoraussetzung nach dem jeweiligen Einzelstatut (etwa der *lex rei sitae*) maßgebend sein müssen[748].

---

[748] Vgl. Art. 131 Abs. 3 GesRRL (Art. 14 Abs. 3 CBMD).

In der sich anschließenden Untersuchung der weiteren Umwandlungsarten der Spaltung und Vermögensübertragung hat sich gezeigt, dass es aufgrund der Parallelen dieser Umwandlungsinstrumente zur Verschmelzung insoweit – mit Ausnahme des Wirksamwerdens der Umwandlung – keiner abweichenden Kollisionsnorm bedarf. Es sollte daher lediglich eine Bestimmung geschaffen werden, welche die für die Verschmelzung geltende Kollisionsnorm für auf die Spaltung und die Vermögensübertragung entsprechend anwendbar erklärt.

Eine Sonderrolle unter den verschiedenen Umwandlungsarten nimmt schließlich der Formwechsel ein, da hiervon abweichend von Verschmelzung, Spaltung und Vermögensübertragung stets nur ein Rechtsträger betroffen ist. Die für die Verschmelzung vorgeschlagene Kollisionsnorm, die grundsätzlich eine distributive Anknüpfung an die Personalstatuten der beteiligten Rechtsträger vorsieht, kann somit nicht ohne weiteres auf den Formwechsel übertragen werden. Allerdings hat sich gezeigt, dass die Regel der grundsätzlich distributiven Anknüpfung auch im Fall des Formwechsels die richtige ist. Insoweit kommt es beim Formwechsel entscheidend darauf an, ob der formwechselnde Rechtsträger durch eine bestimmte Umwandlungsvoraussetzung in seiner ursprünglichen oder seiner künftigen Rechtsform betroffen ist. An die Stelle der beteiligten Rechtsträger im Fall einer Verschmelzung tritt mit anderen Worten im Fall eines Formwechsels der formwechselnde Rechtsträger in seiner Ausgangs- bzw. Zielrechtsform. Die für den Formwechsel vorgeschlagene Kollisionsnorm konnte hierdurch jener für die Verschmelzung vorgeschlagenen angenähert werden.

Die für die einzelnen Umwandlungsarten vorgeschlagenen Regelungen im internationalprivatrechtlichen Teil des EGBGB seien nunmehr abschließend nochmals im Zusammenhang wiedergegeben:

ENTWURF –

Einführungsgesetz zum Bürgerlichen Gesetzbuche

Erster Teil. Allgemeine Vorschriften

[...]

Zweites Kapitel. Internationales Privatrecht

[...]

Zweiter Abschnitt: Recht der natürlichen und juristischen Personen, der Gesellschaften und Vereine sowie der Rechtsgeschäfte[749]

[Art. 7 bis 9: Anpassungen nach Vorbild EGBGB-RefE]

Art. 10[750] **Gesellschaften, Vereine und juristische Personen.** ¹Gesellschaften, Vereine und juristische Personen des Privatrechts unterliegen dem Recht des Staates, in dem sie in ein öffentliches Register eingetragen sind. ²Sind sie nicht oder noch nicht in ein öffentliches Register eingetragen, unterliegen sie dem Recht des Staates, nach dem sie organisiert sind.

Art. 10a Verschmelzung. (1) Verschmelzungen unterliegen für jeden daran beteiligten Rechtsträger dem auf ihn gemäß Artikel 10 anwendbaren Recht.

---

[749] Überschrift nach dem Vorschlag gemäß dem Referentenentwurf eines Gesetzes zum Internationalen Privatrecht der Gesellschaften, Vereine und juristischen Personen (oben § 9).
[750] Wortlaut nach dem Vorschlag gemäß Art. 10 Abs. 1 EGBGB-RefE (oben § 9). Wahlweise könnte in einem zusätzlichen Absatz nach dem Vorbild des Art. 10 Abs. 2 EGBGB-RefE eine Aufzählung einzelner gesellschaftsrechtlicher Anknüpfungsgegenstände erfolgen. Deren Wert dürfte allerdings nur rein deklaratorischer Natur sein, ohne dass hiermit ein signifikanter Gewinn an Rechtssicherheit verbunden wäre. Denn zum einen steht die Reichweite des Personalstatuts nach Maßgabe der Einheitstheorie (dazu oben § 3 II.) ohnehin weitgehend fest. Zum anderen dürfte eine solche Aufzählung aufgrund ihres nicht abschließenden Charakters in tatsächlich problematischen Fällen gerade nicht weiterhelfen.

(2) Der Zeitpunkt, zu dem eine Verschmelzung wirksam wird, bestimmt sich nach dem Recht des Staates, dem der aus der Verschmelzung hervorgehende Rechtsträger unterliegt.

(3) [1]Absatz 1 gilt auch für eine durch eine Verschmelzung bewirkte Übertragung von Vermögen. [2]Erfordert jedoch das Recht eines Staates, dem ein von einer Verschmelzung erfasster Vermögensgegenstand ungeachtet der Verschmelzung unterliegt, die Beachtung besonderer Übertragungsvoraussetzungen, bevor ein solcher Vermögensgegenstand auf den aus der Verschmelzung hervorgehenden Rechtsträger übergeht, so bleiben diese Voraussetzungen gegenüber Dritten unberührt.

Art. 10b Spaltung und Vermögensübertragung. *Auf Spaltungen und Vermögensübertragungen findet Artikel 10a mit der Maßgabe entsprechende Anwendung, dass sich der Zeitpunkt, zu dem eine Spaltung oder Vermögensübertragung wirksam wird, nach dem Recht des Staates richtet, dem der übertragende Rechtsträger unterliegt.*

Art. 10c Formwechsel. *(1) Auf einen Formwechsel findet Artikel 10a Absatz 1 mit der Maßgabe entsprechende Anwendung, dass an die Stelle der beteiligten Rechtsträger der formwechselnde Rechtsträger in seiner ursprünglichen beziehungsweise in seiner künftigen Rechtsform tritt.*

(2) [1]Der Zeitpunkt, zu dem ein Formwechsel wirksam wird, bestimmt sich nach dem Recht des Staates, dem die anlässlich des Formwechsels angenommene Rechtsform angehört. [2]Von diesem Zeitpunkt an unterliegt der formwechselnde Rechtsträger gemäß Artikel 10 dem Recht dieses Staates.

[...]

II. Ausblick

Der Entwicklung des Rechts grenzüberschreitender Umwandlungen darf mit Spannung entgegengeblickt werden. Die heute insoweit noch zentrale CBMD wird möglicherweise schon bald nur noch als erster Schritt einer umfassenden Harmonisierung grenzüberschreitender Umwandlungen nationaler Gesellschaften angesehen werden. Ihre bloße Konsolidierung gemeinsam mit fünf weiteren gesellschaftsrechtlichen Richtlinien in der neuen Gesellschaftsrechts-Richtlinie (EU) 2017/1132 hat auf der inhaltlichen Ebene freilich noch nicht weitergeführt[751]. In diesem Zusammenhang wird jedoch bereits vorgeschlagen, diese neue Richtlinie zu einer allgemeinen „Mobilitäts-Richtlinie" auszubauen, die in Bezug auf grenzüberschreitende Umwandlungen nicht nur die Verschmelzung von Kapitalgesellschaften, sondern ebenso die Verschmelzung von Personengesellschaften, die Spaltung und die Sitzverlegung im Sinne eines Formwechsels umfasst[752]. Hierbei soll auch eine Kodifizierung des allgemeinen Gesellschaftskollisionsrechts im Sinne der Gründungstheorie angegangen werden[753].

Zu begrüßen ist, dass eine in jüngerer Zeit von der Europäischen Kommission in Auftrag gegebene „Studie in Bezug auf das geltende Recht für Unternehmen mit dem Ziel einer möglichen Harmonisierung der diesbezüglichen Kollisionsnormen" eine Harmonisierung des Gesellschaftskollisionsrechts im Sinne der Gründungstheorie und die Schaffung eines konkreten Rechtsrahmens zum grenzüberschreitenden Formwechsel empfiehlt[754]. Ferner hat die Kommission eine Gesetzgebungsinitiative zu grenzüberschreitenden Verschmelzungen und Spaltungen angekündigt[755]; die Ergebnisse bleiben abzuwarten. Sollte hierdurch kein Durchbruch hin zu einer umfassenden Harmonisierung gelingen, so ist dem nationalen Gesetzgeber zu raten, sich jedenfalls im Bereich des Kollisionsrechts

---

[751] Vgl. *Bayer/J. Schmidt*, BB 2017, 2114.

[752] Dazu *Bayer/J. Schmidt* BB 2017, 2114, 2118; ZIP 2016, 841, 849; *Lutter/ders./dies.*, EuropUR, 6. Aufl. 2018, 7.111 f., 30.34; *J. Schmidt*, Cross-border mergers and divisions, transfers of seat: Is there a need to legislate?, study upon request of the JURI committee of the European Parliament, Juni 2016, PE 559.960, S. 37; *dies.* ZVglRWiss 116 (2017), 313, 337.

[753] *J. Schmidt*, Cross-border mergers and divisions, transfers of seat: Is there a need to legislate?, study upon request of the JURI committee of the European Parliament, Juni 2016, PE 559.960, S. 33 f., 38.

[754] *Gerner-Beuerle/Mucciarelli/Schuster/Siems*, Study on the law applicable to companies, Juni 2016, S. 278, 294 f., 338.

[755] Vgl. COM(2015) 550, 6, 8, 25.

nicht länger auf ein Tätigwerden seines europäischen Pendants zu verlassen[756]. Denn bereits heute ist das Bedürfnis an der Regelung grenzüberschreitender Umwandlungen unabweisbar[757]. Hinzu kommt, dass eine fortschreitende Harmonisierung auf europäischer Ebene im Bereich des materiellen Rechts nach dem Vorbild der Art. 118 ff. GesRRL (Art. 1 ff. CBMD) nur Vorgänge innerhalb von EU/EWR erfassen wird. Aus der Perspektive des Kollisionsrechts wird sich daher die Frage stellen, ob – sofern eine künftige weitere Harmonisierung von Umwandlungsmaßnahmen das Kollisionsrecht überhaupt umfasst – ein harmonisiertes Kollisionsrecht auch Nicht-EU/EWR-Sachverhalte erfassen wird. Sollte dies nicht der Fall sein, so hätte ein nationales Umwandlungskollisionsrecht jedenfalls im Hinblick auf Drittstaat-Sachverhalte langfristige Bedeutung.

---

[756] Vgl. auch *Neye* EWiR 2007, 715, 716; *Sethe/Winzer* WM 2009, 536, 540.
[757] *Bayer*, Grenzüberschreitende Mobilität europäischer und nationaler Rechtsformen – aktuelle Entwicklungen und Perspektiven, in: Bergmann u.a., 10 Jahre SE, S. 230, 238.

Literaturverzeichnis

Audretsch, Claudia, Die grenzüberschreitende Verschmelzung von Personengesellschaften – Regelungsvorschläge unter Berücksichtigung der Interessen der Gesellschafter, Gläubiger und Arbeitnehmer, Berlin 2008

Bamberger, Heinz Georg/Roth, Herbert (Hrsg.), Beck'scher Online-Kommentar BGB, 40. Edition, München 2016

Baumbach, Adolf/Hueck, Alfred, GmbHG, 20. Auflage, München 2013

Von Bar, Christian, Internationales Privatrecht, Band 1: Allgemeine Lehren, München 1987

Basler Kommentar Internationales Privatrecht, 3. Auflage, Basel 2013

Bayer, Walter/Schmidt, Jessica, Aktuelle Entwicklungen im Europäischen Gesellschaftsrecht (2004-2007), BB 2008, 454

Bayer, Walter/Schmidt, Jessica, BB-Rechtsprechungs- und Gesetzgebungsreport im Europäischen Gesellschaftsrecht 2008/09, BB 2010, 387

Bayer, Walter/Schmidt, Jessica, BB-Gesetzgebungs- und Rechtsprechungsreport Europäisches Unternehmensrecht 2016/17, BB 2017, 2114

Bayer, Walter/Schmidt, Jessica, Das Vale-Urteil des EuGH: Die endgültige Bestätigung der Niederlassungsfreiheit als „Formwechselfreiheit", ZIP 2012, 1481

Bayer, Walter/Schmidt, Jessica, Die neue Richtlinie über die grenzüberschreitende Verschmelzung von Kapitalgesellschaften – Inhalt und Anregungen zur Umsetzung in Deutschland, NJW 2006, 401

Bayer, Walter/Schmidt, Jessica, Gläubigerschutz bei (grenzüberschreitenden) Verschmelzungen, ZIP 2016, 841

Bayer, Walter/Schmidt, Jessica, Grenzüberschreitende Mobilität von Gesellschaften: Formwechsel durch isolierte Satzungssitzverlegung, ZIP 2017, 2225

Bayer, Walter/Schmidt, Jessica, Grenzüberschreitende Sitzverlegung und grenzüberschreitende Restrukturierungen nach MoMiG, Cartesio und Trabrennbahn, ZHR 173 (2009), 735

Behrens, Peter, Das Internationale Gesellschaftsrecht nach dem Centros-Urteil des EuGH, IPRax 1999, 323

Behrens, Peter, Identitätswahrende Sitzverlegung einer Kapitalgesellschaft von Luxemburg in die Bundesrepublik Deutschland, RIW 1986, 590

Beitzke, Günther, Anerkennung und Sitzverlegung von Gesellschaften und juristischen Personen im EWG-Bereich, ZHR 127 (1964), 1

Bergmann u.a. (Hrsg.), 10 Jahre SE, Frankfurt am Main 2015

Bessenich, Balthasar, Die grenzüberschreitende Fusion nach den Bestimmungen des IPRG und des OR, Basel u.a. 1991

Von Bismarck, Wiebke, Grenzüberschreitende Sitzverlegung von Kapitalgesellschaften in Europa, Frankfurt am Main 2005

Bohrenkämper, Jan, Transnationale Sitzverlegung und Umstrukturierung von Kapitalgesellschaften im bilateralen Verhältnis Deutschland – Schweiz, Frankfurt am Main 2013

Brambring, Günter, Zur Anerkennung der ausländischen Beurkundung bei Geltung des deutschen Rechts, NJW 1975, 1255

Bruhn, Heike, Niederlassungsfreundliche Sitzverlegung und Verschmelzung über die Grenze nach italienischem Recht, Frankfurt am Main 2002

Bungert, Hartwin, Grenzüberschreitende Verschmelzungsmobilität – Anmerkung zur Sevic-Entscheidung des EuGH, BB 2006, 53

Von Busekist, Konstantin Philipp, Umwandlung einer GmbH in eine im Inland ansässige EU-Kapitalgesellschaft am Beispiel der englischen Ltd. – Möglichkeiten und Gestaltungen in gesellschafts- und steuerrechtlicher Sicht, GmbHR 2004, 650

Calliess, Christian/Ruffert, Matthias (Hrsg.), EUV/AEUV, 5. Auflage, München 2016

Däubler, Wolfgang/Heuschmid, Johannes, Cartesio und MoMiG – Sitzverlagerung ins Ausland und Unternehmensmitbestimmung, NZG 2009, 493

Dignas, André, Die Auslandsbeurkundung von gesellschaftsrechtlichen Vorgängen einer deutschen GmbH, Münster 2004

Dinkhoff, Holger, Internationale Sitzverlegung von Kapitalgesellschaften unter besonderer Berücksichtigung des internationalen Gesellschaftsrechts und des Steuerrechts, Frankfurt am Main 2001

Doralt, Maria, Österreichischer OGH zur verschmelzenden Umwandlung über die Grenze nach Deutschland, NZG 2004, 396

Doralt, Maria, Sevic: Traum und Wirklichkeit – die grenzüberschreitende Verschmelzung ist Realität, IPRax 2006, 572

Dorr, Robert/Stukenborg, Gabriela, „Going to the Chapel": Grenzüberschreitende Ehen im Gesellschaftsrecht – Die ersten transnationalen Verschmelzungen nach dem UmwG (1994), DB 2003, 647

Ebenroth, Carsten Thomas, Neuere Entwicklungen im deutschen internationalen Gesellschaftsrecht – Teil 1, JZ 1988, 18

Ebenroth, Carsten Thomas/Messer, Ulrich, Das Gesellschaftsrecht im neuen schweizerischen IPRG, ZSchR NF 108/1 (1989), 49

Ebenroth, Carsten Thomas/Wilken, Oliver, Kollisionsrechtliche Einordnung transnationaler Unternehmensübernahmen, ZVglRWiss 90 (1991), 235

Eberspächer, Friedemann, Unternehmerische Mitbestimmung in zugezogenen Auslandsgesellschaften: Regelungsmöglichkeiten des deutschen Gesetzgebers?, ZIP 2008, 1951

Eidenmüller, Horst (Hrsg.), Ausländische Kapitalgesellschaften, München 2004

Eidenmüller, Horst, Die GmbH im Wettbewerb der Rechtsformen, ZGR 2007, 168

Eidenmüller, Horst, Mobilität und Restrukturierung von Unternehmen im Binnenmarkt – Entwicklungsperspektiven des europäischen Gesellschaftsrechts im Schnittfeld von Gemeinschaftsgesetzgeber und EuGH, JZ 2004, 24

Feldhaus, Heiner, Das Erfordernis wirtschaftlicher Inlandstätigkeit beim grenzüberschreitenden (Herein-) Formwechsel nach „Polbud", BB 2017, 2819

Festschrift für Frank Vischer, hrsg. von Böckli, Peter u.a., Zürich 1983

Festschrift für Walter Hallstein, hrsg. von Caemmerer, Ernst von u.a., Frankfurt am Main 1966

Festschrift für Wolfang Hefermehl, hrsg. von Fischer, Robert u.a., München 1976

Fingerhuth, Jörn/Rumpf, Joachim, MoMiG und die grenzüberschreitende Sitzverlegung – Die Sitztheorie ein (lebendes) Fossil?, IPRax 2008, 90

Forsthoff, Ulrich, EuGH fördert Vielfalt im Gesellschaftsrecht – Traditionelle deutsche Sitztheorie verstößt gegen Niederlassungsfreiheit, DB 2002, 2471

Forstmoser, Peter/Meier-Hayoz, Arthur/Nobel, Peter, Schweizerisches Aktienrecht, Bern 1996

Franz, Alexander, Internationales Gesellschaftsrecht und deutsche Kapitalgesellschaften im In- bzw. Ausland, BB 2009, 1250

Franz, Alexander/Laeger, Lars, Die Mobilität deutscher Kapitalgesellschaften nach Umsetzung des MoMiG unter Einbeziehung des Referentenentwurfs zum internationalen Gesellschaftsrecht, BB 2008, 678

Frobenius, Tilmann, „Cartesio": Partielle Wegzugsfreiheit für Gesellschaften in Europa, DStR 2009, 487

Furrer, Andreas/Girsberger, Daniel/Müller-Chen, Markus/Schramm, Dorothee, Internationales Privatrecht, 3., nachgeführte Auflage, Zürich u.a. 2013

Gerner-Beuerle, Carsten/Mucciarelli, Federico/Schuster, Edmund/Siems, Mathias, Study on the Law Applicable to Companies, Juni 2016, doi 10.2838/527231 (https://bookshop.europa.eu/en/study-on-the-law-applicable-to-companies-pbDS0216330/)

Gerold, André-Fabian, Die Verschmelzung nach dem neuen Umwandlungsrecht, MittRhNotK 1997, 205

Geyrhalter, Volker/Weber, Thomas, Transnationale Verschmelzungen – im Spannungsfeld zwischen SEVIC Systems und der Verschmelzungsrichtlinie, DStR 2006, 146

Goette, Wulf, Auslandsbeurkundungen im Kapitalgesellschaftsrecht, DStR 1996, 709

Grabitz, Eberhard/Hilf, Meinhard/Nettesheim, Martin, Das Recht der Europäischen Union, Band I, EUV/AEUV, 58. Ergänzungslieferung, München 2016

Grohmann, Uwe, Grenzüberschreitende Mobilität von Gesellschaften nach der Rechtsprechung des EuGH – von Daily Mail bis Cartesio, DZWIR 2009, 322

Grohmann, Uwe/Gruschinske, Nancy, Die identitätswahrende grenzüberschreitende Satzungssitzverlegung in Europa – Schein oder Realität?, GmbHR 2008, 27

Großfeld, Bernhard, Internationales Umwandlungsrecht, AG 1996, 302

Großfeld, Bernhard/König, Thomas, Das Internationale Gesellschaftsrecht in der Europäischen Gemeinschaft, RIW 1992, 433

Gruchots Beiträge zur Erläuterung des Deutschen Rechts, 65. Jahrgang, Berlin 1921

Grunewald, Barbara, Der Gläubigerschutz bei grenzüberschreitenden Verschmelzungen nach dem Entwurf eines zweiten Gesetzes zur Änderung des UmwG, Der Konzern 2007, 106

Günes, Menderes, Grenzüberschreitende Verschmelzungen unter Beteiligung von Kapitalgesellschaften aus Drittstaaten, IStR 2013, 213

Haerendel, Holger, Die Beurkundung gesellschaftsrechtlicher Akte im Ausland, DStR 2001, 1802

Heckschen, Heribert, Auslandsbeurkundung und Richtigkeitsgewähr, MittRhNotK 1990, 14

Heidenhain, Martin, Ausländische Kapitalgesellschaften mit Verwaltungssitz in Deutschland, NZG 2002, 1141

Hellgardt, Alexander/Illmer, Martin, Wiederauferstehung der Sitztheorie?, NZG 2009, 94

Henssler, Martin/Strohn, Lutz (Hrsg.), Gesellschaftsrecht, 3. Auflage, München 2016

Herrler, Sebastian, Ermöglichung grenzüberschreitender Verschmelzungen von Kapitalgesellschaften durch Änderung des Umwandlungsgesetzes – Umsetzung der Verschmelzungsrichtlinie unter Vernachlässigung der primärrechtlichen Rahmenbedingungen, EuZW 2007, 295

Herrler, Sebastian, Gewährleistung des Wegzugs von Gesellschaften durch Art. 43, 48 EG nur in Form der Herausumwandlung – Anmerkungen zum Urt. des EuGH v. 16. 12. 2008 - Rs. C-210/06 (Cartesio), DNotZ 2009, 484

Herrler, Sebastian/Schneider, Susanne, Go ahead, come back – von der Limited (zurück) zur GmbH – Zivil- und steuerrechtliche Grundlagen mit Erfahrungsbericht, DStR 2009, 2433

Hirte, Heribert, Die „Große GmbH-Reform" – Ein Überblick über das Gesetz zur Modernisierung des GmbH-Rechts und zur Bekämpfung von Missbräuchen (MoMiG), NZG 2008, 761

Von Hoffmann, Bernd/Thorn, Karsten, Internationales Privatrecht, 9. Auflage, München 2007

Hoffmann, Jochen, Die Bildung der Aventis S. A. – ein Lehrstück des europäischen Gesellschaftsrechts, NZG 1999, 1077

Hoffmann, Jochen, Die stille Bestattung der Sitztheorie durch den Gesetzgeber, ZIP 2007, 1581

Hoffmann, Jochen, Neue Möglichkeiten zur identitätswahrenden Sitzverlegung in Europa? – Der Richtlinienvorentwurf zur Verlegung des Gesellschaftssitzes innerhalb der EU, ZHR 164 (2000), 43

Horn, Norbert, Internationale Unternehmenszusammenschlüsse, ZIP 2000, 473

Hueffer, Uwe/Koch, Jens, Aktiengesetz, 12. Auflage, München 2016

Inwinkl, Petra/Schneider, Georg, Fusionsstrategien – Die Umsetzung der IntVRiL ins österreichische Recht, Der Konzern 2007, 705

Inwinkl, Petra/Schneider, Georg, Fusionsverbote nach der Internationalen Verschmelzungsrichtlinie 2005/56/EG und dem österreichischen EU-VerschG, RIW 2008, 4

Jaensch, Michael, Der grenzüberschreitende Formwechsel vor dem Hintergrund der Rechtsprechung des EuGH, EWS 2007, 97

Jaensch, Michael, Der grenzüberschreitende Formwechsel: Das EuGH-Urteil VALE, EWS 2012, 353

Kallmeyer, Harald, Umwandlungsgesetz, 5. Auflage, Köln 2013

Kallmeyer, Harald, Das neue Umwandlungsgesetz, ZIP 1994, 1746

Kallmeyer, Harald, Grenzüberschreitende Verschmelzungen und Spaltungen?, ZIP 1996, 535

Kegel, Gerhard/Schurig, Klaus, Internationales Privatrecht, 9. Auflage, München 2004

Kieninger, Eva-Maria, Anm. zu BGH v. 27.10.2008 – II ZR 158/06 („Trabrennbahn"), NJW 2009, 292

Kieninger, Eva-Maria, Grenzüberschreitende Verschmelzungen in der EU – das SEVIC-Urteil des EuGH, EWS 2006, 49

Kindler, Peter, Ende der Diskussion über die sogenannte Wegzugsfreiheit, NZG 2009, 130

Kindler, Peter, Grundzüge des neuen Kapitalgesellschaftsrechts –
Das Gesetz zur Modernisierung des GmbH-Rechts und zur Bekämpfung von Missbräuchen (MoMiG), NJW 2008, 3249

Kindler, Peter, Internationales Gesellschaftsrecht 2009: MoMiG, Trabrennbahn, Cartesio und die Folgen, IPRax 2009, 189

Kindler, Peter, Keine Geltung des Ortsstatuts für Geschäftsanteilsabtretungen im Ausland, BB 2010, 74

Klein, Stefan, Grenzüberschreitende Verschmelzung von Kapitalgesellschaften, RNotZ 2007, 565

Kleinhenz, Holger, Die grenzüberschreitende Verschmelzung unter Beteiligung deutscher Unternehmen nach Umsetzung der Richtlinie 2005/56/EG, Taunusstein 2008

Kloster, Lars, Grenzüberschreitende Unternehmenszusammenschlüsse, Hamburg 2004

Knop, Jan, Die Wegzugsfreiheit nach dem Cartesio-Urteil des EuGH, DZWIR 2009, 147

Koch, Raphael/Eickmann, Marco, Gründungs- oder Sitztheorie? Eine „never ending story"?, AG 2009, 73

Kollmorgen, Alexander/Feldhaus, Heiner, Probleme der Übertragung von Vermögen mit Auslandsbezug nach dem Umwandlungsgesetz, BB 2007, 2189

Kronke, Herbert, Deutsches Gesellschaftsrecht und grenzüberschreitende Strukturänderungen, ZGR 1994, 26

Kropholler, Jan, Internationales Privatrecht, 6. Auflage, Tübingen 2006

Kuntz, Thilo, Internationales Umwandlungsrecht – zugleich eine Besprechung des Urteils „Sevic Systems", IStR 2006, 224

Kuntz, Thilo, Zur Möglichkeit grenzüberschreitender Fusionen – Die Schlussanträge in Sachen SEVIC Systems Aktiengesellschaft, EuZW 2005, 524

Kusserow, Berthold/Prüm, Thomas, Die Gesamtrechtsnachfolge bei Umwandlungen mit Auslandsbezug, WM 2005, 633

Leible, Stefan, Niederlassungsfreiheit und Sitzverlegungsrichtlinie, ZGR 2004, 531

Leible, Stefan/Hoffmann, Jochen, Grenzüberschreitende Verschmelzungen im Binnenmarkt nach „Sevic" – Zugleich eine Besprechung von EuGH, RIW 2006, 140 – Sevic, RIW 2006, 161

Leible, Stefan/Hoffmann, Jochen „Überseering" und das deutsche Gesellschaftskollisionsrecht, ZIP 2003, 925

Leible, Stefan/Hoffmann, Jochen, „Überseering" und das (vermeintliche) Ende der Sitztheorie – Anmerkung zu EuGH, Urteil vom 5.11.2002 – Rs. C-208/00, RIW 2002, 945 (in diesem Heft) – Überseering, RIW 2002, 925

Leible, Stefan/Hoffmann, Jochen, Cartesio – fortgeltende Sitztheorie, grenzüberschreitender Formwechsel und Verbot materiellrechtlicher Wegzugsbeschränkungen, BB 2009, 58

Lennerz, Ursula, Die internationale Verschmelzung und Spaltung unter Beteiligung deutscher Gesellschaften, Köln 2001

Leuering, Dieter, Von Scheinauslandsgesellschaften hin zu „Gesellschaften mit Migrationshintergrund", ZRP 2008, 73

Lieder, Jan/Kliebisch, René, Nichts Neues im Internationalen Gesellschaftsrecht: Anwendbarkeit der Sitztheorie auf Gesellschaften aus Drittstaaten?, BB 2009, 338

Looschelders, Dirk, Internationales Privatrecht, Berlin 2004

Lutter, Marcus (Hrsg.), Verschmelzung - Spaltung - Formwechsel nach neuem Umwandlungsrecht und Umwandlungssteuerrecht: Kölner Umwandlungsrechtstage, Köln 1995

Lutter, Marcus/Bayer, Walter/Schmidt, Jessica, Europäisches Unternehmens- und Kapitalmarktrecht, 6. Auflage, Berlin 2018

Meilicke, Wienand/Rabback, Dieter, Die EuGH-Entscheidung in der Rechtssache Sevic und die Folgen für das deutsche Umwandlungsrecht nach Handels- und Steuerrecht, GmbHR 2006, 123

Mertens, Kai, Zur Universalsukzession in einem neuen Umwandlungsrecht, AG 1994, 66

Michalski, Lutz (Hrsg.), Kommentar zum Gesetz betreffend die Gesellschaften mit beschränkter Haftung (GmbH-Gesetz), 2. Auflage, München 2010

Münchener Kommentar zum Aktiengesetz, Band 7: Europäisches Aktienrecht, 3. Auflage, München 2012

Münchener Kommentar zum Bürgerlichen Gesetzbuch, Band 10: IPR, 5. Auflage, München 2010

Münchener Kommentar zum Bürgerlichen Gesetzbuch, Band 10: IPR I, 6. Auflage, München 2015

Münchener Kommentar zum Bürgerlichen Gesetzbuch, Band 11: IPR II, 6. Auflage, München 2015

Münchener Kommentar zum GmbHG, Band 1: §§ 1 – 34 GmbHG, 2. Auflage, München 2015

Nentwig, Martin, Grenzüberschreitender Formwechsel setzt keine Verlegung des Verwaltungssitzes in den Zuzugstaat voraus, GWR 2017, 432

Neuhaus, Paul Heinrich, Die Grundbegriffe des Internationalen Privatrechts, 2. Auflage, Tübingen 1976

Neye, Hans-Werner, Kurzkommentar zu OLG München v. 4.10.2007 – 31 Wx 36/07, EWiR 2007, 715

Nolting, Ekkehard, Wegzugsbeschränkungen für Gesellschaften in Deutschland nach Cartesio, NotBZ 2009, 109

Otte, Sabine/Rietschel, Knut, Freifahrschein für den grenzüberschreitenden Rechtsformwechsel nach „Cartesio"?, GmbHR 2009, 983

Paefgen, Walter, „Cartesio": Niederlassungsfreiheit minderer Güte – Zum Urteil des EuGH vom 16.12.2008 („Cartesio") = WM 2009, 223 ff., WM 2009, 529

Paefgen, Walter, Umwandlung über die Grenze – ein leichtes Spiel?, IPRax 2004, 132

Paefgen, Walter, Umwandlung, europäische Grundfreiheiten und Kollisionsrecht, GmbHR 2004, 463

Palandt, Otto, Bürgerliches Gesetzbuch, 75. Auflage, München 2016

Peters, Carsten, Verlegung des tatsächlichen Verwaltungssitzes der GmbH ins Ausland – Aufgabe der Sitztheorie durch das MoMiG?, GmbHR 2008, 245

Preuß, Nicola, Die Wahl des Satzungssitzes im geltenden Gesellschaftsrecht und nach dem MoMiG-Entwurf, GmbHR 2007, 57

Priester, Hans-Joachim, EU-Sitzverlegung – Verfahrensablauf, ZGR 1999, 36

Prüm, Thomas, Die grenzüberschreitende Spaltung, Konstanz 2006

Racky, Klaus, Die Behandlung von im Ausland belegenen Gesellschaftsvermögen bei Verschmelzungen, DB 2003, 923

Ratka, Thomas/Wolfbauer, Veronika, Daily Mail: „I am not dead yet!", ZfRV 2009, 57

Reichelt, Gerte, Gesamtstatut und Einzelstatut im IPR, Wien 1985

Rixen, Siegfried/Böttcher, Reinhard, Erfahrungsbericht über eine transnationale Verschmelzung, GmbHR 1993, 572

Rolfs u.a. (Hrsg.), Beck'scher Online-Kommentar Arbeitsrecht, 40. Edition, München 2016

Rotheimer, Marietje, Referentenentwurf zum Internationalen Gesellschaftsrecht, NZG 2008, 181

Rüffler, Friedrich, Die Umwandlung auf den deutschen Alleingesellschafter – eine Kritik an der Entscheidung des OGH 6 Ob 283/02i, GesRZ 2004, 3

Sagasser, Bernd/Bula, Thomas/Brünger, Thomas R., Umwandlungen, 4. Auflage, München 2011

Sandrock, Otto, Ein amerikanisches Lehrstück für das Kollisionsrecht der Kapitalgesellschaften, RabelsZ 42 (1978), 227

Von Savigny, Friedrich Karl, System des heutigen römischen Rechts, Band 8, 2. Neudruck der Ausgabe Berlin 1849, Aalen 1981

Schädler, Markus, Die grenzüberschreitende Realsitzverlegung und sonstige grenzüberschreitende Restrukturierungsformen von Handelsgesellschaften im Verhältnis von Deutschland und Spanien, Marburg 1999

Schenk, Lukas/Scheibeck, Florian C., Vereinfachte Möglichkeit der Übertragung des Unternehmens einer österreichischen Tochter- auf die deutsche Muttergesellschaft, RIW 2004, 673

Schervier, Joachim, Beurkundung GmbH-rechtlicher Vorgänge im Ausland, NJW 1992, 593

Schmidt, Harry, Totalausgliederung nach § 123 Abs. 3 UmwG, AG 2005, 26

Schmidt, Holger, Beurkundungen im Ausland – Anmerkungen zu und Folgerungen aus dem Beschluß des OLG Hamm v. 1.2.1974, DB 1974, 1216

Schmidt, Jessica, Cross-border mergers and divisions, transfers of seat: Is there a need to legislate?, study upon request of the JURI committee of the European Parliament, Juni 2016, PE 559.960

Schmidt, Jessica, Grenzüberschreitende Mobilität von Gesellschaften – Vergangenheit, Gegenwart, Zukunft, ZVglRWiss 116 (2017), 313

Schmidt, Jessica, Grenzüberschreitender Formwechsel im "Bermuda-Dreieck" von Sevic, Cartesio und VALE – steuert Generalanwalt Jääskinen mit den Schlussanträgen in der Rs. VALE den richtigen Kurs?, GPR 2012, 144

Schmidt, Karsten, Sitzverlegungsrichtlinie, Freizügigkeit und Gesellschaftspraxis – Grundlagen, ZGR 1999, 20

Schmitt, Joachim/Hörtnagl, Robert/Stratz, Rolf-Christian, Umwandlungsgesetz, Umwandlungssteuergesetz, 7. Auflage, München 2016

Schneider, Carsten, Internationales Gesellschaftsrecht vor der Kodifizierung, BB 2008, 566

Schönhaus, Mathias/Müller, Michael, Grenzüberschreitender Formwechsel aus gesellschafts- und steuerrechtlicher Sicht, IStR 2013, 174

Schotten, Günther/Schmellenkamp, Cornelia, Das Internationale Privatrecht in der notariellen Praxis, 2. Auflage, München 2007

Schulz, Martin, (Schein-)Auslandsgesellschaften in Europa – Ein Schein-Problem?, NJW 2003, 2705

Semler, Johannes/Stengel, Arndt (Hrsg.), Umwandlungsgesetz, 3. Auflage, München 2012

Sethe, Rolf/Winzer, Katharina, Der Umzug von Gesellschaften in Europa nach dem Cartesio-Urteil, WM 2009, 536

Siems, Mathias, SEVIC: Der letzte Mosaikstein im Internationalen Gesellschaftsrecht der EU?, EuZW 2006, 135

Simon, Stefan/Hinrichs, Lars, Unterrichtung der Arbeitnehmer und ihrer Vertretungen bei grenzüberschreitenden Verschmelzungen, NZA 2008, 391

Sonnenberger, Hans Jürgen (Hrsg.), Vorschläge und Berichte zur Reform des europäischen und deutschen internationalen Gesellschaftsrechts, Tübingen 2007

Spahlinger, Andreas/Wegen, Gerhard, Deutsche Gesellschaften in grenzüberschreitenden Umwandlungen nach „SEVIC" und der Verschmelzungsrichtlinie in der Praxis, NZG 2006, 721

Von Spindler, Joachim, Wanderungen gewerblicher Körperschaften von Staat zu Staat als Problem des internen und des internationalen Privatrechts, Berlin 1932

Staudinger, J. von, Kommentar zum Bürgerlichen Gesetzbuch mit Einführungsgesetz und Nebengesetzen, Allgemeines Liegenschaftsrecht 1, Neubearbeitung 2012, Berlin 2012

Staudinger, J. von, Kommentar zum Bürgerlichen Gesetzbuch mit Einführungsgesetz und Nebengesetzen, Einführungsgesetz zum Bürgerlichen Gesetzbuche, IPR; Internationales Gesellschaftsrecht, 13. Bearbeitung, Berlin 1993

Staudinger, J. von, Kommentar zum Bürgerlichen Gesetzbuch mit Einführungsgesetz und Nebengesetzen, Internationales Recht der natürlichen Personen und der Rechtsgeschäfte, Berlin 2013

Staudinger, J. von, Kommentar zum Bürgerlichen Gesetzbuch mit Einführungsgesetz und Nebengesetzen, Internationales Vertragsrecht 1, Berlin 2016

Stelmaszczyk, Peter, Grenzüberschreitender Formwechsel durch isolierte Verlegung des Satzungssitzes – EuGH präzisiert den Anwendungsbereich der Niederlassungsfreiheit, EuZW 2017, 890

Stiegler, Sascha, Der grenzüberschreitende Rechtsformwechsel in der Europäischen Union, Frankfurt am Main 2013

Streinz, Rudolf (Hrsg.), EUV/AEUV, 2. Auflage, München 2012

Teichmann, Christoph, Mitbestimmung und grenzüberschreitende Verschmelzung, Der Konzern 2007, 89

Thiermann, Christoph, Grenzüberschreitende Verschmelzungen deutscher Gesellschaften – Das Spannungsfeld zwischen Gesellschaftsrecht und Niederlassungsfreiheit des AEUV nach "Cartesio", Hamburg 2010

Thöl, Heinrich, Einleitung in das deutsche Privatrecht, Göttingen 1851

Veil, Rüdiger, Kollisionsrechtliche und sachrechtliche Lösungen für eine Verschmelzung und eine Spaltung über die Grenze, Der Konzern 2007, 98

Wachter, Thomas, Anmerkung zur Polbud-Entscheidung des EuGH, NZG 2017, 1308

Wachter, Thomas, Grundbesitz in der Schweiz, RNotZ 2001, 66

Weng, Andreas, Die Rechtssache Cartesio – Das Ende Daily Mails?, EWS 2008, 264

Weng, Andreas, Zulässigkeit und Durchführung grenzüberschreitender Verschmelzungen, Berlin 2008

Wolter, Christoph R., Der Gläubigerschutz bei der grenzüberschreitenden Verschmelzung von Kapitalgesellschaften unter Beteiligung einer GmbH, Frankfurt am Main 2012

Ziemons, Hildegard/Jaeger, Carsten (Hrsg.), Beck'scher Online-Kommentar GmbHG, 27. Edition, München 2016

Zimmer, Daniel, Internationales Gesellschaftsrecht, Heidelberg 1996

Zimmer, Daniel/Naendrup, Christoph, Das Cartesio-Urteil des EuGH: Rück- oder Fortschritt für das internationale Gesellschaftsrecht?, NJW 2009, 545

Aus unserem Verlagsprogramm:

Uwe Becker
Konzeptionelle Grundlage und Adressaten der Existenzvernichtungshaftung in der GmbH
Hamburg 2018 / 436 Seiten / ISBN 978-3-8300-9921-5

Lun Tan
Angemessenheit der Vorstandsvergütung
Eine interdisziplinäre und rechtsvergleichende Perspektive
Hamburg 2018 / 310 Seiten / ISBN 978-3-8300-9867-6

Pia Rademaker
Die rechtliche Behandlung von Gesellschafterdarlehen im deutschen und österreichischen Recht
Eine rechtsvergleichende Untersuchung der Erweiterung der Risikobeiträge der GmbH-Gesellschafter infolge einer Gesellschafter-Fremdfinanzierung
Hamburg 2017 / 304 Seiten / ISBN 978-3-8300-9352-7

Dominik Gerlicher
Shareholder Activism im Regelungskontext des deutschen Aktien- und Kapitalmarktrechts
Hamburg 2017 / 418 Seiten / ISBN 978-3-8300-9534-7

Konstanze Peine
Der Organstreit im Recht der Aktiengesellschaft und der Gesellschaft mit beschränkter Haftung
Hamburg 2017 / 234 Seiten / ISBN 978-3-8300-9273-5

Atanas Mateev
Vergleich der außergerichtlichen und insolvenzrechtlichen Gestaltungsmöglichkeiten der Entschuldung durch Umwandlung von Verbindlichkeiten
Eine Betrachtung im Gesellschafts-, Insolvenz- und Steuerrecht
Hamburg 2017 / 518 Seiten / ISBN 978-3-8300-9259-9

Huailing Zhang
Die Rechtspflichten der Leitungsorgane der geschlossenen Kapitalgesellschaften
Ein Vergleich der gesetzlichen Regelungen im deutschen GmbHG, im Entwurf einer Verordnung der EU für die Privatgesellschaft und im chinesischen Gesellschaftsgesetz
Hamburg 2017 / 248 Seiten / ISBN 978-3-8300-9123-3

Postfach 57 01 42 · 22770 Hamburg · www.verlagdrkovac.de · info@verlagdrkovac.de